बेसिक होम कुकिंग

चन्द्रप्रभा

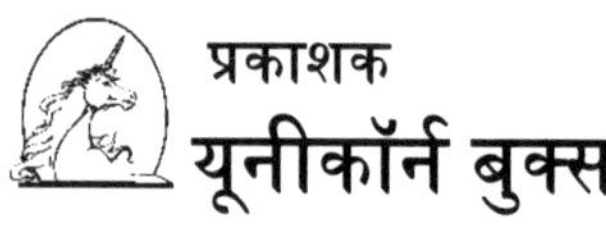

प्रकाशक
यूनीकॉर्न बुक्स

F-2/16, अंसारी रोड़, दरियागंज, नई दिल्ली-110002
23275434, 23262683, 23250704 • 011-23257790
ई-मेल: info@unicornbooks.in • वेबसाइट: www.unicornbooks.in

शाखा : मुम्बई
23-25, जाओबा वाड़ी, ठाकुरद्वार, मुम्बई-400002
022-22010941, 022-22053387
ई-मेल: rapidex@bom5.vsnl.net.in

ISBN: 978-81-7806-4024

संस्करण : 2019

मुद्रक: परम ऑफसेटर्स, ओखला, नई दिल्ली-110020

"बार-बार जैसे रामायण गाई जाती है। रोज सब पारायण करते हैं। सब साधु सन्त कथा-प्रसंग कहते हैं। सब जानते हैं फिर भी बार-बार कथा गाई जाती है, सुनी जाती है। अथवा जैसे गीता की कितनी ही टीकाएँ हैं, फिर भी टीकाएँ लिखी ही जा रही हैं। इसी तरह से भोजन एवं पाक विद्या है। सब अपनी-अपनी तरह से पकाते, गाते कहते हैं और अनुभवों को बाँटते हैं। अन्न को ब्रह्म कहा गया है। खाना बनाने में श्रम की जरूरत नहीं, कला की जरूरत है।"

"इस पृथ्वी पर अन्न की शक्ति से मर्त्य मनुष्य जीवित रहते हैं।"

—अथर्ववेद 12.1.22

आयु: सत्त्वबलारोग्य सुखप्रीतिविवर्धना : ।
रस्या: स्निग्धा: स्थिरा हृद्या आहारा: सात्त्विकप्रिया:।।

'आयु, बुद्धि, बल, आरोग्य, सुख और प्रीति को बढ़ानेवाले एवं रसयुक्त चिकने और स्थिर रहनेवाले (अर्थात् जिस भोजन का सार शरीर में बहुत काल तक रहता है) तथा स्वभाव से ही मन को प्रिय (ऐसे) आहार अर्थात् भोजन करने के पदार्थ तो सात्त्विक व्यक्तियों को प्रिय होते हैं।'

—गीता 17.8।।

"आहार ही औषधि है"।

"अन्नाद भवन्ति भूतानि"

'सम्पूर्ण प्राणी अन्न से ही उत्पन्न होते हैं।'

—गीता 3.14

प्रिय बेटी इला को

परिचय

घर का खाना उत्कृष्ट सादा और शानदार होता है। घर के खाने की नफासत, नज़ाकत, रंग और जायका पेट के लिए भारी नहीं होता, वह मसालों के सहारे की जगह, फन की महारत, हाथों की कुशलता होती है। इस तरह की चीज़ें आप किसी रेस्तराँ के मेन्यू में नहीं पाते, जब आप थके हुए हों और एकदम सादा कुछ खाना चाहते हों, बाहर जाकर आप तभी खाते हैं जब स्वस्थ अनुभव कर रहे हों। थके हुए हों तो घर पर ही हल्का कुछ खाना चाहते हैं, जो पेट पर भारी न हो। घर का खाना अपने स्वाद, जरूरत एवं पाचन शक्ति के अनुसार बना या बनवा लिया जाता है।

घर एक विशाल संस्था है। इसमें तैयार होकर युवक एवं युवती संसार के जीवन क्षेत्र में अपने कर्तव्य पथ पर निकलते हैं। स्त्री इस विशाल संस्था की सम्राज्ञी है, संचालिका है, स्वामिनी है। उसके लिए यह आवश्यक नहीं कि वह नित्य भोजन बनाने का काम करे, तभी उसमें निपुण हो। स्त्रियों को घर और बाहर के सभी कामों का ज्ञान प्राप्त करने के साथ-साथ अपने जीवन की उस महत्ता एवं विशेषता को अपने हाथों न खो देना चाहिए, जिसके लिए परम्परागत रूप से हज़ारों वर्षों से स्मरणातीत काल से आधी आबादी स्त्रियों पर निर्भर होती चली आई है। एक से एक नई डिश एवं मसालेदार खाने फाईव स्टार एवं सेवन स्टार होटलों में मिलते हैं, पर घर पर माँ के हाथ से बने सीधे सादे रसेदार आलुओं, चक्का जमी दही एवं फरवे में दबे सादे नरम पराठों का जो स्वाद एवं संतुष्टि बचपन में ली है, उसकी कहीं कोई तुलना नहीं, वह स्मृति में सदैव रहती है।

प्राय: ही बहुतों को यह कहते हुए सुना है, "छेना कैसे फटेगा, हमको छेना बनाना नहीं आता, बाज़ार से ले लेते हैं।" या, "दही कौन जमाए, हमसे तो ठीक जमती नहीं, कभी पानी छोड़ देती है, कभी खट्टी हो जाती है।" इनके बनाने के बहुत से सरल तरीके हैं, जिनके बारे में बहुतों को नहीं पता। बहुत तो दूध उबालना भी ठीक से नहीं जानते। अत: क्रमवार

इन सबकी जानकारी दी गई है। जो खाना बनाने की जिज्ञासा रखने वालों के लिए सहायक होगी।

स्वामी विवेकानन्द ने कहा है, "जो भोजन सुस्वादु बना सकता है, वही साधना का महत्त्व भी शीघ्र समझ सकता है।" स्वामी विवेकानन्द स्वयं बहुत अच्छा खाना पका लेते थे।

भोजन बनाने में स्वास्थ्यप्रद आहार एवं स्वच्छता के उपायों पर मुख्य जोर दिया जाता है।

मनुष्य की पहली इच्छा जिजीविषा है,वह सुख चाहता है और भूखे पेट कोई बुद्धि काम नहीं करती। शेख सादी कहते हैं, "मनुष्य के सुख का मूल पेट है। पेट भर जाता है तो सब कुछ सूझता है, अन्यथा कुछ नहीं"। अत: सबसे पहले आहार चाहिये। उसके बाद ही अन्य कोई चीज़ चाहिये। आहार का स्वास्थ्य से, अच्छी पाचन प्रणाली से संबंध है। शरीर तभी ऊर्जावान्, स्फूर्तिमान् हो सकता है जब ठीक से भोजन मिले। ठीक से भोजन तभी मिलेगा जब उसे ठीक प्रकार से चुना जायेगा, ठीक प्रकार से स्वच्छता से पकाया जायेगा, ठीक प्रकार से परोसा जायेगा और ठीक प्रकार से चबा चबाकर शान्ति से रुचि से खाया जायेगा। भोजन केवल रेसिपी नहीं है, भोजन जीवन के लिए है। भारतीय खाने में दाल, चावल एवं रोटी मुख्य भोजन हैं।

खाना पकाना और खाना सामाजिक गतिविधि है। भोजन बाँटकर खाना सामाजिक जीवन का आधार है। भोजन के संबंध में बेसिक जानकारी कि भोजन कहाँ से आता है और कैसे पकता है, सभी को आनी चाहिए। जीवन के लिए आवश्यक हुनर, कला सभी को आनी चाहिए। विनोबा भावे का कहना है, "संगीत, चित्रकला, नृत्य जैसे ललित कलाएँ हैं, वैसे ही रसोई भी ललित कला है। यह कला भी माता की बहुत बड़ी शक्ति हो सकती है।" महानगरों में रह रहे आजकल के वातावरण में तो बच्चों ने धान के खेत, गेहूँ के खेत, अरहर के खेत भी नहीं देखे होते हैं। और तो और लौकी व तोरी की बेलें, भिण्डी के पौधे, हरा धनिया, मेथी

व पालक की क्यारी भी नहीं देखी होती। न मसालों का नाम ठीक से जानते हैं, न पहिचानते हैं। बहुत सी दालों के भी नाम नहीं जानते, बस पीलीदाल या काली दाल इतना ही जानते हैं। जहाँ तक खाना पकाने की बात है, रसोई में माँ के काम में गिनती भर बच्चे ही आजकल हाथ बंटाते होंगे। बहुत से तो कुकर खोलना और बंद करना भी नहीं जानते। यह जानकारी भी नहीं है कि प्रेशर समाप्त होने पर ही कुकर खोलना है।

आजकल जो बच्चे माँ के साथ रहकर किसी कारण से खाना पकाना नहीं सीख पाते या होस्टल में रहकर पढ़ाई करते हैं उनका यह बेसिक प्रश्न होता है कि खाना कैसे बनाएँ, चावल कैसे बनाएँ, दाल में कितना पानी, कितना मसाला, कितना नमक, कितनी हल्दी डालें, और कैसी आँच पर कितनी देर पकाएँ, कब उतारें, कैसे छौंका दें, छौंके में क्या डालें, रोटी, पराठा, पूरी, कचौरी का आटा कैसे साने, कैसे बेलें, कैसे सेकें, या पुलाव में क्या-क्या पड़ता है अथवा बथुए का रायता कैसे बनता है, दही के आलू कैसे बनेंगे। ये प्रश्न सुनने को मिलते रहते हैं। जिज्ञासा तो प्रबल है, पर सही जानकारी नहीं है। केवल संक्षेप में किताब में लिखा हुआ देखकर सही से चीज़ नहीं बन पाती क्योंकि वहाँ न प्रश्न पूछने की सुविधा है न उत्तर पाने की। अत: किसी चीज़ की बेसिक जानकारी हो जाये तब ठीक से समझ में आता है। बहुत से बच्चे तो यह भी नहीं जानते कि आलू कैसे उबालें, कितना पानी उबालने के लिए डालें, कुकर कैसे बंद करें, कब खोलें।

कभी किसी बेटी का सिंगापुर से फोन आ जाता है कि "मूँग की दाल बना रही हूँ, जल्दी से बताओ कितना पानी डालूँ" या "पेट खराब है, खिचड़ी कैसे बनेगी"। इंटरनेट पर आजकल सारी सूचना मिल जाती है, पर उसके पास इंटरनेट खोलने का टाईम नहीं हैं कि यह ढूंढे। उसे तुरंत आधी मिनट में या कहिए कुछ सेकेण्ड में यह सूचना चाहिए क्योंकि उसे फिर आफिस के लिए निकलना है या यूनीवर्सिटी के लिए निकलना है। ऐसे ही कभी हांगकांग से फोन आ जाता है कि "करवा चौथ है, मीठी पूरी बनानी है, जल्दी बताईये आटे में कितनी चीनी कितना घी मिलाना

है।" क्या आपके पास भी विदेश में रह रही अपनी बेटी या बच्चों से आधी रात में कॉल आते है कि, "मैंने कड़ाही चढ़ा दी है, उसमें खाने में हल्दी कितनी डालूँ", या आप भी खाना पकाने से डरते हैं या घबराते हैं तो यह किताब आपके और आपके बच्चों के लिए है। बेसिक सरल टिप्स (सुझाव) आपकी खाना पकाने की घबराहट को दूर करेंगे। जिससे आप न केवल खाना बनाने को प्रेरित होंगे, बल्कि आनन्द भी प्राप्त करेंगे।

घर के परम्परागत खानों की ओर ध्यान दिया जाना चाहिए। यदि घर में खाना पकाने में सहायता करने के लिए कोई नहीं है, तो दिन में तीन बार खाना पकाना, यदि खाना पकाना पसन्द भी है, तो भी एक व्यक्ति को थकाने के लिए काफी है। इसलिए ज्यादा चीज़ें न बनाकर एक बार में एक या दो चीज़ ही सीधे सादे सरल तरीके से बनाइये और उसे अपनी कल्पना का इस्तेमाल कर सही तरीके से परोसिये, इससे संतुष्टि भी मिलेगी, थकान भी नहीं होगी। खूब बढ़िया खाने का भी कोई फायदा नहीं, यदि उसे गलत तरीके से रख दें, और ठीक से न पकाएँ। घर में आवश्यकता व रुचि के अनुसार सबके आरोग्य का ख्याल रखते हुए खाना पकाया जाता है। जैसे कि किसी को चीनी नहीं चाहिए, किसी को नमक कम चाहिए, किसी को मिर्च नहीं चाहिए तो किसी को घी तेल नहीं चाहिए। किसी को भोजन में मेथी तैरती हुई नहीं पसंद, तो किसी को बिना टमाटर की दाल, सब्जी पसंद है, किसी को दाल में जीरे का छौंका पसंद नहीं। रेस्तरां में केवल स्वाद के लिए खाना बनता है, सबके लिए एकसा बनता है। किसी को सांभर में मिर्च, तेल, इमली कम खाना है तो नहीं चलेगा। रेस्तरां, होटल में जैसा बना है वैसा ही मिलेगा।

पाक शास्त्र का ज्ञान हर एक के लिए आवश्यक है। किसी बड़े से बड़े कारखाने का संचालक यदि उस कारखाने के छोटे से छोटे काम का ज्ञान नहीं रखता तो वह उसका संचालक नहीं हो सकता। बरसों पहले जमशेदपुर के स्टील प्लांट को देखने का मौका मिला था, बहुत सारे कामगार काम कर रहे थे, स्टील की बड़ी-बड़ी भट्टियों में आग जल रही थी, पिघला हुआ स्टील आग के दरिया की तरह बह रहा था। जो सारे

काम के इंचार्ज और सुपरवाईज़र थे, उन्हें वहां हो रहे छोटे से छोटे काम एवं बड़े काम का पूरा ज्ञान था, और वह खुद भी काम में हाथ बंटा पाने में सक्षम थे। यह देखकर लगा कि बिना अपने से काम आये दूसरों से भी ठीक से काम नहीं लिया जा सकता। इसलिए खुद को जानकारी होना महत्वपूर्ण है।

इस पुस्तक के लिए जहाँ से भी प्रेरणा, सहायता मिली है, उसके लिए मैं कृतज्ञ हूँ। पुस्तक को उपयोगी, सहज, सरल एवं सुबोध बनाने का अपनी ओर से पूर्ण प्रयत्न किया गया है, फिर भी यदि कोई कमी रह गई है तो अपनी रुचि एवं अनुभव से उसे कृपया सुधार लें। अपनी कल्पनाशीलता एवं सृजनशीलता से नए-नए आयामों को प्राप्त करें। इसमें प्रधान बेसिक भोजन की जानकारी दी गई है। इस कड़ी की अन्य पुस्तक सब्जियों पर व अन्य चटपटे व्यंजनों पर शीघ्र प्रकाशित होकर आ रही है।

चन्द्रप्रभा

❑❑❑

विषय-सूची

प्रथम भाग

द्वितीय भाग

प्रथम भाग

खाना कैसे बनाएँ

प्रिय बेटी,

तुम्हारे लिए बहुत दिनों से एक रोजमर्रा का भोजन बनाने की विधि पर पुस्तिका लिखकर तुम्हें भेंट करना चाह रही थी जिससे तुम्हारे रोजमर्रा के प्रश्नों का समाधान हो सके। पर यह संभव नहीं हो पाया था। अभी तक तुम मुझसे पूछती रहतीं, बनाती रहती थीं या कभी-कभी नोट करके रख लिया करती थी। आज जब वह तुम्हारी नोट बुक छूट गई और तुमने उसे अपने पास मंगाने का आग्रह दिखाया तो मेरी यह इच्छा और भी बलवती हो गई कि तुम्हें सब नोट्स एक अच्छे साफ सुथरे रूप में दे दूं। एक माँ की ओर से तुम्हें यह उपहार होगा। पाकपरम्परा युगों से माँ से बेटी को सहजभाव से मिलती आई है और कभी-कभी बेटों को भी, क्योंकि बेटा या बेटी सभी को माँ के हाथ का खाना पसंद आता है। आज पाकशास्त्र पर एक से एक सुंदर पुस्तकों का अंत नहीं, परंतु उसमें मेरी बेटी को वह कुछ नहीं मिलता जो उसे मुझसे पूछकर मिलता है। तो यह किताब तुम्हें रोजमर्रा के कामों में मार्गदर्शक का काम करेगी। जब मुझसे कुछ पूछना चाहो इस किताब को देख लेना। हो सके कि कहीं माप तौल उतना तराजू पर सही न उतरे पर नाप उतना जरूरी भी नहीं। अंदाज, आँखें, खाने की खुशबू, रंग सब कुछ अपने आप बता देते हैं। एक बार समझने लगोगी तो अपने आप ही अभ्यास से निखरता जायेगा। विधि सब ठीक ही हैं पर स्वाद व पसंद के अनुसार और ऋतु व काल के अनुसार तथा जरूरत के अनुसार मसालों में कम ज़्यादा होता रहता है।

सबसे मुख्य बात यह है कि रोजमर्रा का साधारण खाना भी भगवान का प्रसाद समझकर यदि सावधानी मेहनत और प्यार से बनाया जाय और सुरुचि से परोसा जाय अर्थात अच्छे से साफ सुथरी टेबिल पर या चटाई पर लगाया जाय, अच्छे बर्तनों में दिया जाय, आस-पास फूलदान में एक दो फूल या प्लेट में थोड़ी सी सजावट कर दी जाय तो अच्छा

स्पेशल भोजन लगता है। सजावट कुछ विशेष नहीं, यही कि कभी हल्का सा ताजा कटा धनिया छिड़क दिया जाय, कभी हल्के से टमाटर के टुकड़े सजा दिए या कभी सुंदर से डोंगे में परोस दिया। क्रॉकरी पलट-पलटकर लगाते रहना चाहिए, इससे खाने में ताजगी व नवीनता बनी रहती है। सुंदरता की परिभाषा है— 'क्षणे क्षणे यन्नवतामुपैति, तदेव रूपं रमणीयताया:' अर्थात जो क्षण क्षण में नवीन बना रहे वहीं रूप सुंदरता का है। इसके लिए सुरुचि सम्पन्नता जरूरी है। यह सही है कि पैसे से महंगी चीज़ें खरीदी जा सकती हैं, पर सुरुचि नहीं। सुरुचि सम्पन्नता से पैसों का सही उपयोग किया जा सकता है। जितनी चादर है उतने पैर पसारे जायें। कम खर्च में भी नवीनता लाई जा सकती है। तीन तरह के बर्तनों को भी अदल-बदलकर रखा जा सकता है जिससे ताजगी एवं नयेपन का अहसास बना रहता है।

अभी आज की ही बात लगती है। नन्हीं ने खाना बड़े प्रसन्न मन से खाया। वह 'भूख नहीं है', 'भूख नहीं है', कह रही थी और टेबिल के एक कोने पर बैठी पढ़ रही थी। मैंने खाने के लिए गर्म पराठा लाकर रखा और परोसकर देने के लिए फूलवाली अच्छी प्लेट लाकर रखी तो वह खुश हो गई, कहने लगी कि 'मैं खाने को मना कर रही थी तो आपने यह प्लेट क्यों लगा दी?' मैंने कहा, 'तुम्हें खिलाने के लिए'। फिर मैं और पराठा बनाने चली गई। उसे प्लेट में रखकर दिया तो वह किताब पर ही नज़रे झुकाए बोली, "आप सब बना लो और आप भी आ जाओ"। मैंने कहा, "देखो तो कैसा गर्म पराठा है, आकर खाओ, आज मैं बाद में लूंगी, अभी मन नहीं है", तो वह आ गई। देखतेही बोली कि फूलवाली प्लेट में रखा पराठा कितना सुंदर लग रहा है। उसने खुश मन से सब्जी ली, खाया और उठ गई। उसके चेहरे की परितृप्ति, संतोष और चमक में मुझे सबकुछ मिल गया था। काम चाहे खुद करो या नौकर से कराओ, यह इतना महत्वपूर्ण नहीं है, मुख्य बात यह है कि हर चीज़ में थोड़ा 'पर्सनल टच' अर्थात् व्यक्तिगत स्पर्श रहना चाहिए। अर्थात् लगे कि वह तुम्हारा बनाया हुआ है। खाना एक नितान्त व्यक्तिगत चीज़ है जो हर व्यक्ति में

हर दूसरे व्यक्ति से भिन्न है। कहा भी गया है कि 'खावे मन भाता, पहिरे जग भाता'।

खाना बनाने में, रखने में, परोसने में व्यक्ति का व्यक्तित्व महसूस होता है। उसके मृदुल करों के स्पर्श का सुख एवं स्नेह उसमें झलकना चाहिए, साथ ही प्रसन्नता भी। इसमें कुछ खर्च नहीं होता। कुछ समय नहीं लगता। केवल अभ्यास डालना होता है, एक काम को सही तरीके व करीने से करने का। यदि सुबह स्नान कर, बाल संवार कर, शुद्ध साफ वस्त्र पहिनकर खाना बनाया जाय तो खाते समय वही चेहरा सामने आता है, चाहे खाना घर पर खाया जाय या ऑफिस में लंच के समय या स्कूल में टिफिन के समय। बिखरे बालों से, गंदे सिकुड़न भरे वस्त्र पहिनकर बनाये खाने में अच्छा होने पर भी स्वाद नहीं आ पाता।

मुझे याद आता है कि मेरी बड़ी बहिन जब पराठे बेलने सेकने बैठती थीं, तो हम सब छोटे भाई बहिनों को खाने के लिए बुलाना या पुचकारना नहीं पड़ता था। खाने के लिए अपने आप भागकर चले आते थे; और उनके हाथ के बनाए गर्म-गर्म पराठे जो हमने खाए है और जो स्मृति में सजे हुए हैं, उनका आज तक कोई जवाब नहीं मिला। वे 'एकमेव अद्वितीय' रहे। सब घरों में पराठे बनते हैं, सिकते हैं, आटा सब घरों में गूंधा जाता है। पर कहाँ गया आज वह अंदाज कि आटा कितनी देर भिगोकर छोड़ा जाय, फिर मुक्की मार मारकर और पानी के छींटे दे देकर उसमें लोच उठाया जाय। उसके बाद तवे की आँच का अंदाजा, पराठा पलटना, घी लगाना और ठीक मात्रा में सिक जाने का अंदाज। बड़ी बहिन का पराठे सेकना, पराठेबनाने की पूरी प्रक्रिया अपने आप में एक सुंदर कविता थी, लयकारी गान था, कला-वीथिका से गुजरता था। जिसने नहीं देखा है वह अनुभव नहीं कर सकता कि इतनी लय एवं छंद अग्नि, तवा, आटा एवं चकले बेलन के सहारे पराठे या रोटी के रूप में लाया जा सकता है।

इसी पर याद आ जाता है एक हमारे पुराने बरसों से रहे रसोईये का परात में ही हाथ से रोटी फैलाना। उसकी भी सरगम आटे व परात पर

चलती थी। सधे हाथों से कब लोई बनती, पलोथन लगता, हाथ से परात पर ही फैलाकर रोटी बढ़ती जाती और फिर हाथों पर थपकी जाती और उलटे तवे पर डाली जाती। हाँ, उलटा तवा, तुम्हें जानकर आश्चर्य होगा कि रोटी के लिए अलग तवा आता था जो उलटी तरफ से चिकना होता था। तवे की गोलाई ऊपर रहती थी जैसे कि छिछली कड़ाही उलटी कर दी हो। तवा भारी होता था लोहे का और उस पर रोटी,बहुत अच्छी सिकती थी। मिट्टी-गारे के लिपे-पुते चूल्हे में लकड़ी की आग जलती रहती थी। उसी के थोड़े से अंगारे चूल्हे से थोड़ा बाहर खींचकर रोटी चिमटे से पकड़कर फुलाना और फिर फूली फूली रोटी उठाकर, झाड़कर, हल्का घी चुपड़कर क्यारी में बैठकर खा रहे सबकी थालियों में डालते जाना। यहाँ मैंने घी लगाने के लिए घी चुपड़ना शब्द इस्तेमाल किया है, क्योंकि यही सही है। रोटी पर घी लगाने को घी चुपड़ना कहते हैं। लगता है कि 'चिकनी-चुपड़ी बाते' मुहावरा इसी से बना है। गरम रोटी पर गरम पिघला हुआ घी सफाई से लगाया जाता है, जिसका अपना एक अंदाज है और फिर रोटी को हाथ से जरा सा सिकोड़कर घुमाकर दिया जाता था। भाषा की भी अपनी खूबियाँ हैं। ये मातृभाषा की प्यारी खूबियाँ।जो बचपन की यादों या घर में सहज ही सीखे या अनायास प्राप्त शब्दों से जुड़ी है। रोटी पर घी चुपड़ना परिभाषिक शब्द है, ऐसे ही जैसे खीर या हलवे में कटे बादाम या दरड़ी हुई बड़ी इलायची डालने को इलायची बुरकना या बादाम की हवाई बुरकना कहते हैं।

सब्जी काटना भी एक कला है। विशेषकर कटहल काटना। जब भी कटहल आता है, मुझे अपने बाऊजी की याद आ जाती है। यह तो याद नहीं कि उन्हें कटहल प्रिय था या नहीं, पर इतना जरूर याद है कि जब भी बगीचे से कटहल आता, वे चौक में अपनी कुर्सी या चौकी बिछवा कर बैठ जाते। नौकर को सामनेही बैठा लेते। उसका चाकू अपने सामने धुलवाते, साफ तौलिये से पुँछवाते या फिर धीरे से अपने पास ही रखे श्वेत हिम से उज्ज्वल रूएंदार तौलिये से खुद ही चाकू पोंछते। फिर चाकू पर थोड़ा सा सरसों का तेल लगवाते, जिससे चाकू कटहल से चिपके नहीं, थोड़ा सा तेल हाथों पर विशेषकर अंगुलियों की पोरों पर लगाया

जाता, फिर कटहल बीच मे से काटा जाता। उसके बाद कटहल को करीब दो-दो इंच मोटी लम्बी-लम्बी फाँको में बिनार (काट) लिया जाता। फिर सफाई से छिलके कटते, इतनी सफाई से कि सारी सतह एक सी, कहीं ऊँची-नीची नहीं। फिर उसके छोटे-छोटे आधे-आधे इंच के टुकड़े करते। बीज़ों को हाथ से अलग धीरे-धीरे हटाते जाते। सब्जी कट जाने पर बीज के छिलके उतारते और बीज के भी दो या चार हिस्से आवश्यकतानुसार किए जाते। पूरा कटहल कटा हुआ बड़ा सुंदर दृश्य प्रस्तुत करता। उसके सफेद-सफेद बारीक लच्छे आज भी आँखों के समक्ष आ जाते हैं और लगता है कि हम कितना भी अच्छा काटें, उस पूर्णता को नहीं छू पाते। उसके बाद वे कड़ाही में अपने सामने कटहल छुकवाते थे। और उसके बाद जो हम बच्चे लोग खाने बैठते तो कटहल के सिवाय और कोई तरकारी खाना ही नहीं चाहते थे। कटहल आज भी आते हैं, बनते है। पर वैसे परिश्रम से आज न बनानेवाले हैं और न किसी को स्थिर चित्त से खाने का होश है। आज की भागम भाग-दौड़ की जिंदगी ने जीवन के सारे मूल्य ही बदलकर रख दिए है। पर क्या पाने के लिए? क्या हम जीवन को पहिले की अपेक्षा सुंदरतर कर पाए है? पहिले से अधिक सुविधा के साधन होते हुए भी भोजन में से कला खत्म हो गई है। टेबिल पर भोजन लगते ही, वह जो एक सात्त्विकता की मन्द मुखर अनुभूति होती है कि लगता है हल्की सी मलय समीर चली, कहीं कोई चिडिया मीठा सा बोल गई, जैसे कोई मनोमुग्धकारी लय-तान कहीं से आई हो या हल्की सी बूंदे कहीं पड़ी हों कि मिट्टी की सोंधी गंध आई हो, कि एक दिव्यता भव्यता की अनुभूति कि प्रसाद पा रहे है, कौर-कौर तृप्ति देता है और भोजन को देखना एक सुखद अनुभूति होती है।

आज भी मुझे याद आता है कि शुरू शुरू में एकबार मुझे सलाद सजाने को कहा गया। मेरे एक से कटे पतले बारीक गोल टमाटर के टुकड़ों एवं उन्हें तरीके से प्लेट में सजाने के ढंग को देखकर सभी ने सलाद की प्रशंसा की। मैं समझी कि नववधू के लिए औपचारिकतावश कहा गया होगा। नहीं तो सलाद में क्या था; केवल टमाटर काटे थे और मूली कद्दूकस (लच्छे) कर दी थी। हरी मिर्चें एवं कटे नींबू सजा दिए थे। पर

बाद में देखा तो जाना कि वैसे पतले गोल व सफाई से एवं सब टुकड़े नपे-तुले हो इस तरह बहुत ही कम लोग टमाटर काटते हैं। इसी तरह एकबार मैंने मीठा कददू (कोंहड़ा) बिनारा (काटा) तो सभी तारीफ करने लगे कि बड़ी सफाई से काटा है। तब मुझे तारीफ़ का कारण समझ में नहीं आया पर जब अन्य दिन दूसरे का काटा हुआ मीठा कददू देखा, तो अंतर समझ में आ गया। मेरे काटे टुकड़े एकदम एकसार साफ और सभी एक ही साईज़ के थे कि रखे हुए भी बहुत अच्छे लगते थे। छिलके भी तरीके से अलग पतले-पतले काटे थे। जबकि अन्य लोग ऐसे ही बेडौल टुकड़े काट डालते हैं, यह भी नहीं देखते कि टुकड़ा छोटा है या बड़ा।

सब्जी कैसे कटी है, इसका भी इस पर बहुत असर पड़ता है कि सब्जी कैसी बनी है। सब्जी काटने के ढंग से भी सब्जी का टेस्ट पलट जाता है। यह मुझे स्पष्टतया तब पता चला जब एकबार नन्हीं बिटिया ने पत्तागोभी खूब मोटी-मोटी लम्बी, मेरे काटने से पहिले ही, काट दी, आलू भी छिलके समेत लम्बे-लम्बे काट दिए और बोली कि बस आप सब्जी छौंक दीजिये, मैंने काट दी है, आप काटने में देर लगाते है। मैं क्या करती। मैंने भी उस दिन बजाय काटकर टुकड़ा छोटा करने के कड़ाही में ऐसे ही सब्जी छौंक दी। और जब सब्जी बनकर आई तो सबने कहा कि इतनी अच्छी आपने पहिले कभी क्यों नहीं बनाई, एकदम टेस्ट फर्क है। बिना पानी के ऐसे ही ताजी कटी पत्तागोभी एवं आलू जरा सी देर में मोटी तली की कड़ाही में भाप में तेज आँच में गल गए एवं स्वादिष्ट सब्जी बन गई केवल हल्के मसालों एवं नमक से।

किस बर्तन में तुम सब्जी बना रही हो इसका भी बहुत फर्क पड़ता है और किस आग पर पका रही हो, इसका भी बहुत अंतर पड़ता है। किस चीज़ का फोरन (छौंका) दे रही हो, इससे भी अंतर पड़ता है। कहते हैं कि रोज़-रोज़ वही सब्जी है, कैसे बनायें— पर जरा सा काटने का स्टाईल (ढंग) बदलकर देखें वही एक सब्जी रोजमर्रा फरक टेस्ट देगी। कभी धीमी आँच में पकायें, कभी तेज में, कभी मद्धिम आँच में पकायें, हर बार स्वाद पलट जायेगा, रंगत पलट जायेगी। कभी सूखा, कभी रसेदार, कभी

लटपट (कम रसे की), कभी दो तीन सब्जी मिलाकर, कभी कोफ़्ता, कभी किसी और तरह, तो सब्जियों में नयापन बना रहता है।

एक बार घर के खेत में कुम्हड़ा लगा था, ताजा-ताजा सुबह टूटा था। फिर बाहर जाने की हड़बड़ी थी और कोई तरकारी घर में इतनी सुबह नहीं थी, कि एक मेहमान भी आ गए, दोस्त थे। अब उन्हें भी तुरंत ही बाहर निकलना था। पर नाश्ता तो कराना ही था। क्या किया जाये? मैंने तुरंत हरे छिलकेवाला वह ताजा टूटा मीठा कद्दू (कुम्हड़ा) गूदे समेत ही काटा, केवल एक दो बड़े वाले बीज अलग किए और गूदे, छिलके, बीज समेत वह मीठा कद्दू कड़ाही में सरसों का तेल, मेथी का फोरन व एक साबुत लाल मिर्च आधी-आधी तोड़कर छौंक डाला। बिना पानी के ही। हल्की सी हल्दी व अंदाज का नमक डाल दिया। आग तेज कर दी। कड़ाही ढक दी। तुरंत भाप बनते ही चलाया। आधा गलने पर आग हल्की की। दस मिनट के अंदर सब्जी बनकर तैयार थी। इधर जबतक सब्जी बनी, पूरी का आटा गूंधा, और पूरी के लिए दूसरी गैस पर कड़ाही चढ़ा दी। गर्म पूरी व मीठे कद्दू की सब्जी, जिसे वे दोस्त भेलिया कहते थे, खाते ही वे मित्र परम प्रसन्न हो उठे। चिकने-चिकने चमकते हरे छिलके और एकदम उचित अनुपात में गली, उचित अनुपात में घी में भुनी मेथी की खुशबू छोड़ती सब्जी को देखकर पूछ ही बैठे कि यह किस चीज़ की सब्जी है। जब उन्हें बताया कि यह मीठा कद्दू या भेलिया है तो वे विस्मित हुए बोले— भेलिया! वही जो हम लोग सब्जी में मिलाते हैं? वे कहने लगे कि हमने आज तक ऐसा अलग बना हुआ भेलिया नहीं खाया, हमारे यहाँ तो इसे दूसरी सब्जियों में मिलाकर बनाया जाता है, अलग नहीं।

अब तुम पूछोगी कि मैंने ऐसा भेलिया (मीठा कद्दू) बनाना कहाँ से सीखा। तो बिटिया, कहीं से नहीं। मैं तो यही देखती आई थी कि भेलिगा काटा, कड़ाही में छौंका, पकने पर थोड़ी चीनी व अमचूर डाला फिर घोंटकर उतार लिया। सब लोग इसी को पसंद करते थे। क्योंकि हमारी बगल का रघुबीर हलवाई, जिसकी कचौड़ी की दुकान प्रसिद्ध थी, इसी तरह का मीठा कद्दू अपनी कचौरियों के साथ बेचता था और साथ में

तिकोने कटे पतले-पतले टुकड़ों की छिलके समेत आलू की भुजिया, जिसमें अमचूर पड़ा रहता था। बाद में यह भी देखा था कि जो लोग किसी वजह से अमचूर नहीं खाना चाहते तो भेलिये में अमचूरकी जगह टमाटर का उपयोग कर लेते हैं या सुंदर रंगत लाने की वजह से भी टमाटर डालते है।

अब उस दिन जब मेहमान आये, और कोई सब्जी मंगाने का समय नहीं था, घर में संयोगवश टमाटर भी खत्म थे, वह सीज़न ही बरसात का ऐसा था कि टमाटर बाजार में महंगे थे और कभी मिलते थे कभी नहीं, अमचूर भी खत्म था। तो उस दिन सब्जी मैं खुद ही काटकर छौंकने चली गई। क्योंकि सब्जी काटने का तरीका सब्जी के जायके को घटाता या बढ़ाता है। ज्यादा छोटे टुकड़े दूसरी तरह का स्वाद देंगे, तो ज्यादा बड़े टुकड़े दूसरी तरह का, एवं मध्यम आकार के टुकड़े दूसरी तरह का। नमक का सही अंदाज भी सब्जियों में अनोखे सौंदर्य की सृष्टि करता है। नमक को लवण भी कहते हैं। इसी लवण से लावण्य बना है। लावण्य का मतलब सुंदरता है, इसी को लुनाई कहते हैं, जिसका मतलब सौंदर्य है। तो उसदिन मीठे कद्दू की सब्जी बनाने में कमाल मेरा नहीं था, सब्जी ठीक से कटी होने, ठीक तेल व ठीक भुने मेथी के फोरन के साथ छुकी होने, ठीक नमक पड़ने व ठीक समय पर उतार लेने का था जिस सबने मिलकर उस सौंदर्य एवं अद्‌भूत् स्वाद की सृष्टि की थी। और अमचूर व टमाटर के अभाव में एक नई डिश तैयार हो गई थी जिसका मैंने बाद में कई बार प्रयोग किया।

इसी पर याद आते हैं तुम्हारे पिताजी के बनाए वे आलू, जिसको सुनाकर तुम्हें कई बार हँसा चुकी हूँ। तब तुम घर में ही थीं, कोई मेहमान तीन-चार आ गए, तुम्हारे पिताजी उन्हें बुलाकर इस बारे में बताना भूल गए थे। सुबह 10:30 बजे वे मेहमान नाश्ते के लिए आए। अब उस समय क्या नाश्ता बनता। उन्हें तो ब्रंच देना ठीक लगा। नाश्ता भी हो जाए, खाना भी हो जाए। मैं खीझी हुई थी कि इस समय क्या बने कि तुम्हारे पिता जी की तुरंत बुद्धि काम आई। उन्होंने एक किलो आलू नौकर से उबलवा लिए। मैंने कहा कि मैं केवल आलू छौंकने किचेन में नहीं

जाऊंगी, आप उबलवा तो रहे हैं। मुझे पता था कि आलू उबलवाये इसीलिए हैं कि मैं जाकर अपने हाथ से छौंक आऊँगी। आलू उबल गए और किसी ने कुछ नहीं कहा तो मैं स्वयं ही रसोई में चली गई। देखा कि तुम्हारे पिता जी ने नौकर से मदद लेकर खुद ही आलू छुकवा लिए और अपने बनाए आलुओं को देखकर परम प्रसन्न हो रहे हैं। देखा तो मुझे भी स्वाद व शक्ल फर्क लगी व भूख उत्तेजित करने वाली लगी। लग रहा था जैसे कोई स्पेशल डिश है। मैंने पूछा कि क्या डाला है आलुओं में, स्वादिष्ट बन गए। क्या चपरासी ने बना लिया? तो बोले, "नहीं, मैं बताता गया और आधा किलो दूध भी डलवा दिया। दूध में पके है"। मैंने कहा कि दूध डालने का आईडिया कहाँ से आया तो कहने लगे कि 'तुम्हीं कभी दही कभी मलाई सब्जी में डालती हो। आज दही, मलाई कुछ नहीं मिला तो दूध डलवा दिया।' एक नई तरह के आलू पक गए। पूरी के साथ मेहमानों के सामने रखे गए तो सबने एक स्वर से आलुओं की प्रशंसा की और पूछा कि कहाँ की डिश है। वे सब समझे कि मैंने ही कोई नई डिश बनाई है। तुम्हारे पिता जी ने बात बनाई, 'चम्बा पठानकोट में राजमा खाली शुद्ध घी में बनता है, जिसे मद्रा कहते हैं और वहीं की एक स्पेशल डिश यह भी है'। मेहमान समझे कोई नई चीज़ खिलाई गई है। पर वह सब आलुओं में पानी की जगह दूध का कमाल था। तो देखा तुमने, जरा सी कल्पना से एक नई तरह की विधा आलू के व्यंजन की तैयार हो गई। जैसे हर कण्ठ से गाया वही गीत फरक हो जाता है, चाहे वही सुर ताल हो, जैसे हर आवाज़ फरक है, ऐसे ही हर हाथ का बनाया खाना फरक होता है। और तुम्हारे उस समय के मूड, स्वभाव, मन:स्थिति सब्जी चुनने व बनाने में झलक उठते हैं।

ये सब तरीके किसी किताब से नहीं सीखे जा सकते। इसलिए 'व्यंजन कैसे बनायें' पर चाहे कितने ही शास्त्र लिख दिए जायें, कितने ही पांडित्य के साथ, किंतु हर पुस्तक अधूरी ही रहेगी। क्योंकि यह रचनात्मक शास्त्र है, सृजनात्मक है, हर हाथ के साथ पलटता है, हर स्वभावके साथ पलटता है। हमारे मनीषियों ने इस रहस्य को बहुत पहिले ही समझा था और इसीलिए खाना बनाने की पवित्रता पर जोर

दिया था। स्वामी विवेकानन्द का कहना था कि, "जो भोजन सुस्वादु बना सकता है, वही साधना का महत्त्व भी शीघ्र समझ सकता है"। भोजन एवं स्वास्थ्य का रिश्ता बहुत गहरे जुड़ा है, ऐसे ही भोजन और साधना का भी। स्वामी विवेकानन्द स्वयं बहुत अच्छा भोजन बना लेते थे।

खाना जो सभी को संपोषित करता है, पुष्ट करता है, उसे आधी दुनिया अर्थात् पुरुष वर्ग बना बनाया प्राप्त करते हैं और दूसरी आधी दुनिया अर्थात् महिलाओं के लिए खाना पकाने की जिम्मेदारी पुरातन समस्या है। आदर और जतन से करो तो बढिया, उत्कृष्ट व आकर्षक भोजन बनेगा, और आपको घर के सदस्यों की तृप्ति एवं प्रसन्नता का पारितोषिक मिलेगा, लापरवाह हो जाओ या अनियमित असावधान हो जाओ तो असन्तोष फैलेगा, स्वयं को भी शान्ति नहीं मिलेगी।

हमारे शास्त्रों में लिखा है कि खाना प्रसन्न चित्त से भोग समझकर बनाना चाहिए, साफ पवित्र जगह में, साफ सुथरे बर्तनों में। यही अच्छे स्वास्थ्य का सार है। और ऐसी अवस्था में बना भोजन चमत्कार उत्पन्न करता है। गीता में भी कहा है—

"युक्ताहारविहारस्य युक्तचेष्टस्य कर्मसु।
युक्त स्वप्नावबोधस्य योगो भवति दुःखहा।। ६.१८।।

अर्थात् "आहार मर्यादित हो और शक्ति के अनुसार हो तो दुःखों का नाश करने वाला योग सिद्ध होता है।" इस तरह का व्यक्ति सदा स्वस्थ सुखी रहेगा। संतुलित आहार का कितना महत्त्व है यह किसी से छिपा नहीं है। आजकल आहार एवं पोषण पर परामर्श देने के लिए बड़े-बड़े आहार विशेषज्ञ प्रतिष्ठित अस्पतालों में रखे जाते हैं।

प्राण अन्नमय है। हमारी माँजी (दादी) कहा करती थीं कि 'अनाज का कीड़ा तो अनाज ही खायेगा'। यह वे तब कहा करती थीं जब बच्चे लोग कहते थे कि 'भूख नहीं है'। वे कहती थीं कि समय पर खाओ, चाहे थोड़ा खाओ, यह 'भूख नहीं' 'भूख नहीं' क्या लगा रखी है। वे ज्यादा पढ़ी-लिखी नहीं थीं, किंतु व्यावहारिक ज्ञान बहुत था। यह तो बाद में

बड़े होने पर पता चला कि उनका यह कथन कितना सार्थक, कितना संतुलित था।

कहा गया है कि यही काफी नहीं है कि खाना जब भी पकाओ भगवान का प्रसाद समझकर पकाओ बल्कि खाना जरूर बाँटकर खाना चाहिए और सबके साथ खाना चाहिये। कभी अकेले पहिले मत खाओ। इसी को याद दिलाने के लिए दिन का खाना बनाते समय पहिली रोटी अग्नि के निमित्त और दूसरी रोटी गाय के निमित्त निकालने का रिवाज़ था। भगवान को अर्पित करके और उनका स्मरण करके हर कोई खा सकता है। ईशावास्योपनिषद में कहा गया है—

"ईशा वास्यमिदँ सर्वं यत्किंच जगत्यां जगत्।
तेन त्यक्तेन भुंजीथा मा गृध: कस्य स्विद् धनम्।।१।।

अर्थात् ईश्वर को साथ रखते हुए त्यागपूर्वक भोगो। भगवान को पहिले अर्पित कर दो तब स्वयं लो। ये रिवाज अच्छे थे, क्योंकि इससे पवित्रता शुद्धता का अहसास बना रहता था। यह नहीं लगता था कि खाना हम केवल अपने लिए बना रहे हैं, पर लगता था कि घर में ठाकुर जी हैं उनके लिए प्रसाद बनना है। इस भावना से कपड़ों की शुद्धता की ओर ध्यान जाता था, सफाई हो जाती थी और रसोईघर चमकता रहता था।

कहीं भूल न जाऊं, यहीं यह भी कह दूं कि खाना बनाने में तरकारियों के एकदम ताजी होने, नरम होने या बासी, सूखी और पकी हुई होने का भी बहुत फर्क पड़ता है। इसीलिए किचेन गार्डन पर बल दिया जाता है। यदि मकान के साथ लगी थोड़ी बहुत जमीन है तो फूलों के अलावा थोड़ी बहुत हरी सब्जियाँ भी उगानी चाहिये। एक सौंदर्य की सृष्टि करता है तो एक स्वास्थ्य की।

मसालों की ताजगी का भी उतना ही महत्त्व है। अभी याद आया, उस दिन एक मित्र की सुपुत्री, नवविवाहिता बहुत प्यारी-प्यारी सी हमारे यहाँ मिलने आई। खाना खाते समय बोली कि 'आंटी, आपके यहाँ खाना बहुत अच्छा लगता है, जबकि न अधिक मसाले हैं, न मिर्च न घी तेल ही। क्या बात है, न आप प्याज डालती है, न लहसुन, फिर भी

स्वादिष्ट है।' 'मैं क्या कह सकती थी, यही कह पाई कि खाना तो तुम भी अच्छा बनाती हो। वह कहने लगी कि 'नहीं,वहाँ मैं बनाती हूँ तो खाने में सब मिट्टी जैसा लगता है'। क्या बनाती हैं, कैसे बनाती हैं, आदि बातें होती रहीं। उसी क्रम में पता चला कि वह बाजार से पिसे हुए मसाले मँगाती हैं और उनसे बनाती हैं भोजन। वे मसाले भी काफी दिन के पुराने हो जाते हैं। तो पहिले से ही बासी मसाले और बासी होंगे तो सब्जी से स्वाद कैसे आयेगा? ताजे कुटे हुए मसालों की खुशबू अलग होती है। यह तुमने भी ताजी पिसी काली मिर्च या भुने जीरे को पीसते वक्त महसूस किया होगा। कालीमिर्च हाथ की हाथ टेबिल पर ही पीसकर ताजी ताजी दी जा सके, इसके लिए सुंदर सी शीशी में ही छोटी सी मशीन लगी आने लगी है जिसे घुमाकर कालीमिर्च ताजी पिसी हुई ली जा सके। आजकल बाजार में पिसे हुए जीरे तक आने लगे हैं, पर उनमें खुशबू नहीं रहती। हम लोग बराबर तुरंत के भुने जीरे को ही चकले/सिल पर पीसते आए है। जीरे का मट्ठे में तड़का लगाकर तुमने लिया है। वह ताजा भुना जीरा ही होता है।

तो ये छोटे-छोटे फर्क मिलकर बड़ा फर्क बना देते हैं। संक्षेप में कहें तो खाना बनाने में महत्त्वपूर्ण दो चार ही बातें हैं— सही नमक का अंदाज, सही आँच (आग) का अंदाज, किसमें क्या और कितना मसाला पड़ना है इसका अंदाज और सही तरकारियों की पहिचान, साथ ही सही अन्न की पहिचान। ये सब बातें अभ्यास के अतिरिक्त जरा सा ध्यान देने एवं रुचि रखनेसे स्वत: आ जाती हैं। बिना ध्यान दिए केवल अभ्यास से कोई फायदा नहीं होता। इसी से प्राय: नौकर का बनाया खाना अच्छा नहीं लगता क्योंकि उसमें अभ्यास तो है पर जतन (यत्न) नहीं। प्राय: ही हर घर में यही रोना रहता है कि खाना पकानेवाला अच्छा नौकर नहीं मिलता, काम चलाऊ मिलते हैं। यदि सारा काम नौकर से करवाया भी जाय तो भी सब्जी छौंकते समय यदि घी तेल जीरा अपने हाथ से डाल दें, तो भी सब्जी अच्छी ही बन जाती है। गृहिणी को ज्यादा लगना नहीं पड़ता। और टेबिल पर परोसते समय अपने हाथ से ढंग से लगा देने से भी फर्क पड़ जाता है। वही भिण्डी की भुजिया किसी छोटे बर्तन में ठूंस

ठूंसकर रखने से खाने को मन नहीं करेगा, और सुंदर सी आकृति वाले किसी अच्छे से स्टील के डोंगे में फैलाकर हरा धनिया छिड़ककर रखने से खाने की इच्छा बलवती हो जायेगी।

कौन चीज़ कैसे बनाई जाय यह देखने से पहिले यदि तुम मसालों व सब्जी चुनने के बारे में थोड़ा जानो तो बेहतर होगा और साथ ही खाने के गुणावगुण (गुण अवगुण) के बारे में भी। इससे परिवार के सदस्यों को स्वास्थ्य व आवश्यकता के अनुरूप भोजन मिल सकेगा एवं मौसमी फलसब्जियों का सही उपयोग हो सकेगा।

एक बात का और ध्यान रखना है कि किसी भी सब्जी में फोरन यानि की छौंके का बहुत महत्त्व होता है। किस मसाले से छौंक लगाई गई है उससे स्वाद में अंतर पड़ता है। जैसे अरवी में अजवाईन का फोरन पड़ता है, मूली व केलों के छिलकों में भी अजवाईन का फोरन पड़ता है, आलू में जीरे का, मीठे कद्दू में मेथी का, भिण्डी में जीरे या कलौंजी (मंगरैला) या अजवाईन का अथवा पंच फोरन का, तोरी (नेनुआ) एवं घिया (लौकी) में जीरे का या पंचफोरन का, पपीते की सब्जी में पंचफोरन का छौंक पड़ता है। पंचफोरन बना बनाया बाज़ार में मिल जाता है या पांच चीज़े मिलाकर स्वयं भी बना सकती हो, यथा— मेथी, जीरा, सरसों, अजवाईन और कलौंजी, या फिर अजवाईन की जगह सौंफ भी मिला सकती हो। हल्के गरम घी में फोरन डाला जाता है और एक दो मिनट तक उसके ठीक से भुनने के बाद तब सब्जी डाली जाती है और सब्जी डालने पर छुन से आवाज़ होती है तो पता चल जाता है कि फोरन ठीक भुना था। ज्यादा तेज घी में जीरा वगैरह डालने से जल जाता है, काला हो जाता है, ठण्डे घी में डालने से खुशबू नहीं देता।

अपनी माँजी के हाथ के छौंके हुए रसेदार आलू हम आज भी याद करते हैं, जिसमें जीरा जरा सा ज्यादा भुना होता था, खुशबू खूब अच्छी उठती थी। लगता था कि खुशबू की लपटें उठ रही हैं। घी में फोरन डालकर सब्जी की सुगन्ध ज्यादा आती है। हमारे यहाँ यज्ञों में हवन करना बताया गया है। कहते हैं कि हवन में जो सामग्री घृत के साथ अग्नि में डाली जाती है, उससे जीवमात्र तृप्त होते हैं। घी उस पदार्थ की खुशबू

को सब ओर फैला देता है। वही सब्जी छौंकने में घी या तेल सही मात्रा में गरम होने पर यदि उसमें जीरा डाला जाय, और जीरा ठीक से भुनने पर आलू डाला जाय, और अंदाज का नमक हो, आलू में जरा चटक नमक अच्छा लगता है, तो ऐसे सादे आलुओं का जो स्वाद होता है, कितना ही मसाला डालने पर भी वह स्वाद पैदा नहीं हो पाता यदि उक्त छौंक एवं नमक का अंदाज सही नहीं हो।

पाक कला फलों को काटने, सलाद, आम, खरबूजा काटने में भी प्रकट होती हैं। खरबूज़े बराबर-बराबर की फाँकों में काटकर तेजी व सफाई से छिलके उतारना, आम को ऊपर से पकड़कर पूरा घुमाते हुए सफाई से पतला-पतला छिलका एक साथ जुड़ा हुआ उतार देना, फूल-गोभी को बराबर टुकड़ों में सफाई से बिनारना कीड़ों वगैरह को हटाते हुए, यह सब कलामय है, जो इस कला को साकार करते हैं, धन्य हैं।

तुम्हारा कहना था कि रोजमर्रा का जो खाना बनता है वह कहीं लिखा नहीं मिलता उसको कैसे बनायें, कितना घी डालें, कितना पानी, कितना मसाला, कितना नमक, कितनी आँच, कब उतारें। इन्हीं सब प्रश्नों का उत्तर इसमें है।

वस्तुत: अनन्त विविधता की संभावना से, भोजन का सम्पूर्ण नया स्टाईल परिपाटी से अलग हटकर सृजन करने में सहायता मिलती है। व्यंजनी (मेन्यू) खण्ड में यह सुझाव दिया गया है कि कुछ व्यंजनों के साथ संभव होने वाले कुछ सम्मिलन-मेल (combination) एवं आयोजन (arrangement) क्या हो सकते हैं। मुझे आशा है कि यह एक प्रारम्भ करनेवाले बिंदु के रूप में काम करे, जो तुममें अपने और नए बेहतर विचार का सृजन करे जिससे तुम्हारी रुचि एवं क्षुधा पुलकित हो।

❑❑❑

"खानपान का यह नियम बना लेना चाहिए कि स्वादिष्ट भोजन भी भरपेट न खायें और भूख लगने पर उचित पदार्थ जरूर खायें, भूखे न रहें। मिर्च मसालों और उत्तेजक वस्तुओं से दूर रहें।"

2

रस सृष्टि

खाने में रस की सृष्टि कैसे की जाय, यही सुस्वादु भोजन बनाने का रहस्य है। "रसो वै स:"- 'वह रस स्वरूप है'। हमारे यहाँ शास्त्रों ने गाया है कि परमात्मा रस स्वरूप है। अर्थात जहाँ भी जो श्रेष्ठतम उत्कृष्टतम रूप है वह परमेश्वर है। गीता के दसवें अध्याय में भगवान श्री कृष्ण अर्जुन से कहते हैं कि "जो जो भी श्रीमान् एवं ऊर्जस्वी तत्त्व है, वह मेरी ही अभिव्यक्ति है"। खाने में कान्तियुक्त और ऊर्जित तत्त्व रस है। जहाँ रस है वहाँ ईश्वर है। और इस रस अर्थात् स्वाद की सृष्टि करने में कोई पाक-कला का विशेषज्ञ होने की जरूरत नहीं है। यह सहज स्वाभाविक है। स्वच्छता, यत्न और स्नेह से भोजन बनेगा तो रस की सृष्टि स्वयं होगी। इसके लिए पाक-शास्त्र की पुस्तकों को छानने की जरूरत नहीं है। पाक-शास्त्र की पुस्तकों से कोई चीज़ बनाने का नया तरीका अवश्य मिल सकता है, इसके अलावा कुछ नहीं। माँ अपने बच्चे के लिए जो खाना बनाती है वह क्या उसे कहीं सीखने जाने की जरूरत होती है? छोटे आठ महीने के बच्चे के लिए नरम पतली खिचड़ी बनाते या तोरी लौकी गलाते समय तुम किस किताब में देखने जाती हो कि कितनी देर आँच पर रखूँ कितना पानी डालूँ, कितनी देर गलाऊँ, कब जानूं कि बन गया। बच्चे को सब्जी देनी है— बस माँ इतना जानती है और उसकी पाचन शक्ति कैसी है, यह जानती है। स्वभावत: ही आई हुई सब्जियों में से सबसे नरम अच्छा सा ताजा परवल, तोरी या बीन (सेम) छाँटकर माँ बच्चे के लिए अलग कर लेती है, धोकर हल्के हाथ से छिलका छुड़ा पतला-पतला काट हल्का सा नमक डाल आँच पर पका लेती है। कभी देखा है कि कितना मधुर बनता है वह भोजन, और बच्चा कैसी हँसी से किलकती आँखों से हँसते अधरों के साथ उसे प्रेम से खा लेता है। और उसके चेहरे की संतोष की आभा उसकी माँ को निहाल कर जाती है। उसमें और कुछ नहीं है,

स्वच्छता, यत्न एवं ममता से रस की सृष्टि हो गई है, जो जीवों को तृप्त करती है, क्योंकि 'रसो वै स:'।

मेरी माँ ने कभी कोई पाकशास्त्र की पुस्तक से खाना बनाना नहीं सीखा। अभी भी वह यदि किसी किताब में कोई नई विधि निकली हुई देखती थीं तो हमारी तरह उसे सामने रखकर सब्जी नहीं बनाती थीं, बल्कि एक बार पढ़कर रख देती थीं। फिर सब्जी बना लेती थीं और वह एकदम नई व स्वादिष्ट होती थी। पूछने पर कहती थीं कि सबकुछ तो समान ही है, बस जरा सा यहाँ फर्क कर दिया, जरा सा तरीका फर्क है, बाकी मसाले तो सब यही हैं। जिसको जो अच्छा लगे मसाला डाल लो कम-ज्यादा, या जो नहीं रखना है वह मत डालो। वे पढ़कर यह भी समझ जाती थीं कि किसने यह गलत चीज़ लिख दी है, कहाँ गलत मसाले लिख दिये हैं, कहाँ ज्यादा मिर्च बता दी है। उन्होंने शिक्षा ज्यादा नहीं पाई थी, पर कोई भी पाक-विधि पढ़ते ही बना देती थीं कि उसमें क्या लिखा है। इतने सारे शब्दों में लिखी गई बात का संक्षेपण वे एक या दो शब्दों में ही इतनी सुंदरता से कर देती थीं कि देखकर आश्चर्य होता था।

मेरी माँ के हाथ की गुझिया बहुत सुंदर बनती थी। एक बार देखा कि उन्होंने गोल-गोल शेप की सुंदर गुझिया (पेड़किया) बना रखी है जिसे वे चन्द्रकला कहती थीं और चन्द्रकला को अपने मन से ही ऊपर से खूब अच्छे से मैदे की पतली-पतली फूलनुमा डंडियों से लपेटकर सजाया हुआ भी है, परंतु रंग उसका गुलाबी था। जबकि अन्य गुझियाँ सफेद थीं, जैसी कि होती हैं। मेरे यह पूछने पर कि चन्द्रकला का रंग इतना सुंदर गुलाबी कैसे आ गया, वे हँसकर बोलीं कि, "कुछ नहीं, बस मैदे में जरा सा सूजी या खोया मिला दो। सूजी से खस्तापन थोड़ा आयेगा और खोये से गुलाबी रंगत आयेगी। बस, बाकी सब कुछ तो तुम जानती हो, सब वैसा ही है गुझिया जैसा। अपने-अपने तरीके हैं। कोई कम घी डालकर बनाता है मैदा, कोई ज्यादा घी डालकर"। मैंने पूछा कि यह आपने कहाँ से सीखा तो बोलीं कि "कल कोई मैगज़ीन देख रही थी, उसी में कुछ पढ़ा था। आज सोचा कि जैसा बनाते है उसी में थोड़ा खोया मिलाकर देखें।" मैंने

पूछा कि "क्या यह भी उसमें लिखा था कि खोयेसे गुलाबीपन आ जाता है और सूजी से थोड़ा भुरभुरा या खस्तापन।" तो बोली कि, "हट, ये सब कहाँ से लिखा रहेगा, यह तो खुद पता है, यह तो होता ही ऐसे है, क्या तुम नहीं जानती कि खोया जब कड़ाही में भूनो तो जरा सा चलाने में देर करने से नीचे से लाल सा होने लगता है और मठरियों में जरा सी सूजी डाल दो, तो क्योंकि सूजी आटे से जरा मोटी दरदरी होती है, छेद वाली होती है, उसमें घी ज्यादा भरेगा और खाने में खस्ता लगेगा ज्यादा।" फिर बोली कि "उसमें ज्यादा सूजी की मात्रा लिखी थी, मैंने थोड़ी कम ही डाली। इतनी सूजी डालने से तो घी-घी भर जाता बहुत। एकदम बाज़ार जैसी लगेगी कि खाई नहीं जायेगी। और तुम लोग तो बिल्कुल नहीं खाओगी इतनी घी वाली।" तो इसका अर्थ यह है कि वे हर रेसिपी (व्यंजन विधि) को देखकर खुद सुधार लेती थी और फिर अपने तरीके में थोड़ा फेर बदलकर नए रस की सृष्टि कर देती थीं। मैं उनकी ओर श्रद्धा आदरभाव से निर्निमेष देखती भर रही। कितना सहज स्वाभाविक अनुभवसिद्ध ज्ञान है। कहाँ मिलेगा यह सब किसी पुस्तिका या पत्रिका में, खोजने भी जाऊंगी तो कहीं एक जगह न पा सकूंगी।

परिवार की सदस्यायें रोटरी क्लब, लायन्स क्लब, लेडीज़ क्लब वगैरह की व्यंजन प्रतियोगिताओं में माँ से बनवाकर चीज़े ले जाती थीं, रख देती थीं अपनी ओर से और प्रथम परितोषिक ले आती थीं। यह शायद बहुत कम को पता रहता था कि वे चीज़े माँ की बनाई हुई थीं। इस तरह अप्रत्यक्षरूप से वह बहुत से प्राईज़ जीत चुकी थीं, पर आत्मश्लाका उनमें नाम को भी नहीं थी। बस दूसरों को खुश होकर खाना खाता देखकर स्वय प्रसन्न होती थीं और स्वयं खाने से मतलब नहीं क्योंकि व्रत उपवास नियमों से शरीर बंधा हुआ था। यह आत्मत्याग यह नि:स्वार्थ भाव। यदि खाने में रस अर्थात स्वाद की सृष्टि यहाँ न होगी तो कहाँ होगी।

खाना बनाना उनके लिए क्लेशकारी नहीं, अनायास सहज सिद्ध था, अक्लिष्ट कर्म था। ऐसा तुम्हारे लिए भी संभव है। यदि साथ में

किसी अन्य की भी सहायता ले लो और स्वयं एक जगह बैठी रहकर भी कार्य करो तो भी सहज भाव एवं सुख से कम समय में खाना बन जाता है। सारा समय चूल्हे के आगे गुजारने का न समय है न आजकल जरूरत। एक चीज़ बनाओ, अच्छी बनेगी तो सब प्रेम से प्रसन्नता से खायेंगे।

इसी पर एक बात याद आ गई। एक जगह मिलने गए थे। वहाँ ऐसे ही बात चली। उनकी पत्नी भी काम करती थीं। कहने लगीं कि "आजकल किसको इतनी फुर्सत है कि बथुआ लाओ और सब्जी बनाओ। उसे छानो, बीनों, धोओ और काटो। क्या यही काम रह गया है। हम भी काम करने जाते हैं बाहर। घर में बैठकर बथुआ ही करते रहे तो कैसे चलेगा। अब तो फास्ट फूड का जमाना है। तुरंत कुछ पकाओ तो चलेगा। जल्दी-जल्दी कुछ पका लो, यही बहुत है, नौकर कहाँ मिलते हैं बड़े शहर में"। बातचीत में विवाद नहीं करना है, यह अपने यहाँ का शिष्टाचार है। अत: विवाद तो क्या करती, मुस्करा कर रह गई। पर इतना भर कहे बिना नहीं रह सकी कि, "उसके (बथुए के) पौष्टिक तत्त्व बहुत हैं, अपनी-अपनी प्राथमिकताएँ है कि आप समय बिताना कैसे पसंद करती है। यह व्यक्ति व्यक्ति के साथ भिन्न है।" साथ ही मानसपटल पर गूंज गई मेरी माँजी (दादी जी) की तस्वीर जो कभी कहीं खाली नहीं बैठती थी। जो सुबह सबसे पहिले उठती थीं। धूप में बैठकर सब्जियाँ बड़ी सफाई से चुनती बीनती थीं, बड़े हास्य विनोद के साथ। उनको हम सब भाई-बहिन घेरे रहते और साथ में बैठकर बथुआ, मेथी, पालक, जो भी साग होता चुनवाते, सींगरे छीलते और छीलते-छीलते कच्चा खाने लगते। वे अपने हाथ से नरम-नरम सींगरे छाँटकर हमको देती जाती। उन्हीं के पास कितनी ही बार बैठकर फूलगोभी से फूल के छोटे-छोटे टुकड़े अलग किये हैं। पत्तागोभी के अंदर से नरम-नरम पत्ते कच्चे खाये हैं। लाल-लाल साफ की हुई गाजरें कटने से पहिले ही कच्ची खा गये, या कटी हुई ही कच्ची खा ली। न नमक, न मिर्च, न नींबू, पर गाजरें जाड़े की गुनगुनी धूप में मुँह में कुटकुट करते हुए अच्छी लगती थीं। और बनने पर हरी मेथी के पत्तों के साथ वही स्निग्ध गाजर वर्णी गाजरें गजब ढाती थीं; मेथी की छौंक के साथ सुगन्ध छोड़ती

हुई। मिनटों में बथुआ मेथी छव (चुन) जाते थे। अदरक पतले-पतले लम्बे टुकड़े कर बिनर (कट) जाते थे। कोई काम लगता ही नहीं था कि भारी है। न शोर शराबा न हँगामा। वह ममत्व की गोद, प्यार भरे हाथों का दुलार, वह घर की बचपन की बीती स्मृतियाँ, वह बथुए के रायते के साथ प्रसन्न मन से ज्यादा खाना, बथुए के पराठों के कारण तुरंत खाने चले आना, यह सब कैसे समझाती उस थोड़ी देर पहिले की परिचिता को। इतनी देर ड्राईंगरूम में बैठकर गप्पें मारती रहीं, यदि बथुआ रहता तो इतनी देर में तो ढेरों बथुआ साफ कर ढेर लग जाता।

परंतु यह सामाजिक सभ्यता समय बर्बाद करने की आजकल है कि जब दूसरे से बात करो तो न खुद कुछ करो न दूसरे को करने दो। अर्थात समय नष्ट करो। जबकि "काल: क्रीडति गच्छत्यायु:" काल क्रीड़ा कर रहा है, आयु बीत रही है। जो करना है तुरंत कर लो। "काल करे सो आज कर, आज करे सो अब, पल में परलय होयगी, बहुरि करेगा कब।" इस सबका अर्थ यही है कि समय का सदुपयोग होना चाहिए और सही समय पर सही काम होना चाहिए। मन में अशान्ति और बेचैनी रहेगी तो कोई भी कार्य ठीक से न हो सकेगा।

इसी में याद आई एक पार्टी की बात। वह पार्टी हम लोगों ने अपने घर पर दी थी। काफी मित्रगण आए थे। एक दक्षिण भारतीय रिटायर्ड कर्नल भी थे। सभी के स्वाद का खाना बने, यह ध्यान था। दोपहर का खाना था। दाल चावल भी बने थे। वह कर्नल परमप्रसन्न होकर खाना खा रहे थे और अरहर दाल में साबुत हरी मिर्च का छौंका (बघार) देखकर बहुत खुश हुए और कहने लगे कि 'आप भोजन में स्वाद पैदा करना जानती है'। उनकी यह प्रशंसा आजतक याद है जो उन्होंने निष्कपटक भाव से की थी। नहीं तो औपचारिकतावश की गई प्रशंसाएँ सुनी जाती है और भुला दी जाती हैं। यह तो बाद में पता चला कि दक्षिण भारतीय व्यंजनों में हरीमिर्च का काफी उपयोग किया जाता है। क्योंकि उसकी अपनी अलग सुवास (फ्लेवर) होती है।

यदि कोई कुछ काम करना चाहे और कुछ बनाना चाहे तो उसके लिए समय निकल ही आता है या किसी प्रकार निकाल लिया जाता है। बच्चों को होमवर्क कराते हुए, दूध उबालते, चाय का पानी उबालते समय हरी सब्जियाँ-बथुआ वगैरह साफ किये जा सकते है और समय बचाया जा सकता है। या छुट्टी के दिन कोई भी पसंद का स्पेशल खाना बनाया जा सकता है। कोई जरूरी नहीं कि रोज़ ही हर काम किया जाय। पर यदि रुचि हो तो मौका एवं सुविधा किसी न किसी दिन मिल ही जाती है। कितनी ही गृहिणियाँ है जो कहीं बाहर काम नहीं करतीं, फिर भी कटहल, करेले, जमीकंद (ओल) जैसी सब्जियाँ एवं बथुआ-लाल साग जैसे साग बनाने में कोई रुचि नहीं रखती क्योंकि इन्हें काटने, पकाने का उन्हें कोई तर्जुबा नहीं है और न ही इसके लिए कोई टेस्ट है। यह कहना कि हम बाहर काम करते हैं और इसलिए केवल खिचड़ी ही बनाकर खा सकते हैं, कोई तर्क नहीं है। यह उनका अपना निर्णय है कि बाहर काम करती हैं; और यह भी अपना निर्णय है कि घर पर क्या पकाना चाहती हैं। शौक एवं रुचि होने पर कहीं कोई अवरोध सामने नहीं आता। अत: समय की कमी नहीं, रुचि वैभिन्य ही कारण है।

उन सबको शतश: प्रणाम जहाँ-जहाँ जिन्होंने भोजन में रस की सृष्टि की। चाहे वे पड़ौसी की बूढ़ी माँ हों, जो कच्चे पपीते की सब्जी बहुत अच्छी बनाती थीं व कुछ अन्य चीज़ें भी तथा दूसरों को प्रेम से खिलाती भी थी। मुझे भी उन्होंने अपनी बनाई कच्चे पपीते की अच्छे रंग की सुवासित सब्जी दी थी। पपीता उनके अपने बगीचे के पेड़ का था। देखकर मैं हैरान रह गई थी। तभी पहली बार मुझे पता चला कि कच्चे पपीते की भी इतनी अच्छी सब्जी बन सकती है। पूछने पर उन्होंने बताया कि छौंक में उन्होंने पंचफोरन डाला था, साथ में हलकी सी चीनी एवं हल्दी। फिर पानी डालकर पकाई थी। खुशबू पंचफोरन के छौंके की थी और सुंदर रंग हल्दी का। हल्दी व मेथी के सुघड़ प्रयोग ने अनोखे रंग व स्वाद की सृष्टि कर दी थी। सिंघाड़े भी वे बहुत अच्छे बनाती थी। उन्हीं के शब्दों में, "सिंघाडे के छिलके भी मैं खुद छीलती हूँ, क्योंकि बच्चों को छुके हुए

सिंघाड़े बहुत पसंद हैं और सिंघाड़े का छिलका छुड़ाने के लिए कोई मदद भी नहीं है।" वे ममत्व से भरी गुझिया, ठेकुए, मठरी एवं अन्य चीज़े बनाती रहती थीं, बिना कोई मदद के भी। उनको देखकर मुझे लगता है कि 'पश्चात् धावति जर्जर देहे, वार्ता कोऽपि न पृच्छति गेहे' का वे साकार रूप थीं। उनके ममत्व एवं स्नेह को आदर-मान एवं सहायता मिलनी चाहिए थी, जो उन्हें नहीं मिली। वृद्धजनों का सम्मान कर दें और उन्हें सहायता थोड़ी कर दें, उसी में वे खुश हो जाते हैं।

हमारी एक मौसी जी मक्का की कचौरी मेथी व उड़द की दाल की पिट्ठी भरकर बहुत अच्छी बनाती थीं और मक्का के मेथी भरे पराठे लाजवाब होते थे। वह मक्का के मेथी भरे पराठे, मूली की भुजिया एवं अचार के साथ जाड़ों की गुनगुनी धूप में छत पर बैठकर मिल बाँटकर खाना कैसे अनोखे रस की सृष्टि करता था, यह वर्णन से परे है, अवर्णनीय है। यादें, यादें इतनी यादें कि कहाँ सहेजकर रखें, समझ में नहीं आता। इसलिए यदि थोड़ी यादें बाँट ली जायें तो तुमको भी कुछ अनुमान हो सकता है और मैं क्या कहना चाह रही हूँ यह तुम आसानी से समझ सकती हो। खाना बनाने की परम्परा हमारी यादों के पहले से चली आ रही है और माँ, बहन के ममतामय हाथों के स्पर्श से बने खाने का स्वाद कोई नहीं भूलता।

❑❑❑

"अन्न से ही धर्म, अर्थ और काम पुरुषार्थ हैं। अन्न से ही ऋद्धि, वृद्धि और वंश की समुत्पत्ति होती है। अन्न से ही हाव-भाव सहित प्रेम और विलास उत्पन्न होते हैं। अन्न से ही गेय, वाद्य और सिद्धाक्षर होते है। अन्न से ही ज्ञान, ध्यान और परमाक्षर पद प्राप्त होता है।"

(अपभ्रंश) —स्वयम्भूदेव (पउमचरिउ, 35/1)

3

विविधता

जैसे सम्पूर्ण सौंदर्य एक जगह नहीं मिलता, सम्पूर्ण पाक कला एक जगह नहीं मिलती। किसी के हाथ से कोई चीज़ अच्छी बनती है तो किसी के हाथ से कोई अन्य सब्जी। जैसे अवधूत दत्तात्रेय ने चौबीस गुरु बनाए थे— ऐसे ही पाक कला में जो चीज़ जहाँ से अच्छी लगे, वहीं से ले लो।

यह जो पुस्तक मैं लिखने बैठी हूँ, इसके पीछे वर्षों का लम्बा इतिहास है। घर में जो खाना बना, बाहर पार्टियों में जो खाना खाया, अगल-बगल के पड़ौस के घरों की गृह लक्ष्मियों से जो देखा, सुना, सीखा, कोई चूड़ा-मूढ़ी (मुरमुरे) बेचने वाली, कोई साग बेचने वाली से जो देखा-सुना और कुछ अपने अनुभव से जाना-सीखा, उस सबको लेखनीबद्ध करने का प्रयास किया है। परंतु विषय का विस्तार बहुत है और लेखनी की क्षमता सीमित। फिर भी जैसा कुछ बन पड़ा, वह सामने है। और यह 'स्वान्त:सुखाय' ज्यादा है। क्योंकि अपने पास बिखरी सामग्री को एक जगह संभालकर रखने की इच्छा बहुत दिनों से चली आ रही थी। और जबकि उसका उपयोग करने वाले और भी हों तो यह इच्छा आकार लेती जा रही थी।

हर किसी में अपने-अपने परिवेश के अनुसार कार्य क्षमता होती है। हम सोचते हैं कि हम दूसरे से अपनी इच्छा के अनुसार कार्य करा लेंगे, और अपने हिसाब से खाना बनाना बता देंगे, परंतु यह भूल जाते हैं कि वह दूसरा भी अपने ढंग से कार्य करना एवं कुछ भोजन बनाना जानता है और उसका बनाया कोई भोजन अच्छा एवं दूसरी तरह का हो सकता है। होता क्या है कि अपने-अपने दायरों में हम कैद हो जाते हैं और उन दायरों से बाहर निकलना नहीं चाहते। एक पूर्वाग्रह सा होता है कि यह काम इसी तरह से होता है और यह इसी तरह से अच्छा हो सकता है। पर ऐसी बात नहीं है। दूसरी तरह से किए जाने पर भी वह काम अच्छा हो सकता है।

तरह-तरह के चपरासियों से व नौकरों से काम लेने के क्रम में मैंने देखा कि कोई-कोई एक दो चीज़ें इतनी अच्छी बनाते हैं कि उतनी अच्छी हम भी नहीं बना पाते। अर्थात् वह उनकी स्पेशिलिटी-विशेषता होती है। बहुत पहिले एक चपरासी हुआ करता था बहादुर नामक, वह बाकी सब काम तो साधारण करता परंतु उसके बनाए भरवाँ करेले एवं मूली के पत्तों की भुजिया बहुत अच्छी बनती थी। वह घर के खेत से ताजे-ताजे नरम-नरम मूली के पत्ते तोड़ लेता और तेल में अजवायन व खड़ी (साबुत) लालमिर्च का फोरन देकर छौंकता। वह हरी-हरी मूली की भुजिया केवल नमक के साथ बहुत स्वादिष्ट बनती थी, और देखने में भी आकर्षक होती थी। इसी तरह एक अन्य चपरासी लल्लू की आलू परवल की भुजिया बहुत अच्छी बनती थी। वह लम्बे-लम्बे बड़े-बड़े आलू के टुकड़े काटता, परवल के भी लम्बे-लम्बे बड़े-बड़े टुकड़े करता और दोनों को एक साथ छौंक देता। बिना पानी के ही वह भुजिया इतनी अच्छी बनती कि उसी एक सब्जी के लिए वह जाना जाता था। जब भी कभी कोई पार्टी होती थी, वह सब्जी बनाना उसी के जिम्मे रहता था। उस सूखी सब्जी की रंगत भी हरे-हरे परवल व सुनहरी गुलाबी रंग लिए हुए आलुओं के कारण बहुत आकर्षक लगती थी। उसका नमक का अंदाज भी उस सब्जी में बहुत अच्छा पड़ता था। इसी तरह एक अन्य चपरासी बद्री आलू फूलगोभी की पटाखा सब्जी बनाता था अर्थात बहुत अच्छी सब्जी बनाता था। जबकि मसाले भी कुछ खास नहीं डालता था; बड़े-बड़े आलू व बड़े टुकड़े फूलगोभी के काटता था और उन्हें फ्राई करके मसाला मिलकार भूनकर फिर पानी डालकर कड़ाही में पकाता था। पर सब्जी पकते ही सुंदर सजी हुई लगती थी और खाने में स्वादिष्ट। यह सब वह बिना प्याज लहसुन के ही बनाता था। सुभाष की लौकी (घिया) की सब्जी ओर रामअवतार की तोरी (नेनुआ) की सब्जी बहुत अच्छी बनती थी। तोरी एकदम हरी-हरी खाने में सहज मिठास वाली होती थी और लौकी शुद्ध घी व जीरे तेजपत्ते के तड़के के साथ छौंकी जाती थी।

आजकल के बच्चे लौकी, तोरी कम पसंद करते हैं। पर लौकी 'सब्जियों का राजा' और तोरी 'सब्जियों की रानी' होती है, यह हम बचपन से सुनते आये थे और बड़े होने पर इनकी सत्यता महसूस की। यह दोनों हल्की व पौष्टिक सब्जियाँ है और निरापद रूप से बच्चे बड़े बूढ़ों, और रोगियों को दी जा सकती हैं, और अच्छी बनने पर सब कोई इन्हें पसंद कर सकते हैं। गाजर की सब्जी का मीठापन और गाजरी रंग बिरजू के हाथों और संवरकर आता था। वह गाजरों को साफ कर पतले-पतले टुकड़े काटता, फिर कड़ाही में तेल में मेथी का फोरन देकर छौंकता, उसके बाद बिना पानी के ही भूनता व भाप में गलाता। मसाले के नाम पर खाली नमक व हल्दी पड़ती। पर वह गाजर की भुजिया क्या बच्चे, क्या बड़े और क्या मेहमान सभी बहुत शौक से खाते थे। ताजी बनी सब्जी का स्वाद ही अलग होता है। इसी तरह वह पपीते की भुजिया बहुत अच्छी बनाता था। कच्चे पपीते का छिलका छुड़ा कर लम्बे-लम्बे टुकड़े हल्के उबाल लेता था, फिर उनके पतले-पतले आधे इंच से भी छोटे चौकोर टुकड़े करता था और कड़ाही में तेल, पंचफोरन या मेथी एवं खड़ी लालमिर्च देकर छौंक देता, हल्की सी चीनी नमक से भी कम पड़ती थी, और अंदाज से नमक व हल्दी। इसके अलावा कोई मसाला नहीं। फिर भी वह कच्चे पपीते की गरम-गरम भुजिया सभी खाते रह जाते थे। अब यह सब बनाने की क्या 'रेसिपी' और क्या मसाला बताया जाय। यह सब तो बनते हुए देखने एवं अनुभव करने की चीज़ है और खुद बनाकर जाना जा सकता है। 'करत करत अभ्यास ते, जड़मति होत सुजान' वाली बात है। यह रोजमर्रा का सीधा-साधा खाना मोहक एवं स्वादिष्ट होता था। वह रसेदार आलू भिण्डी की सब्जी व चने की दाल भरकर पूरी, जिसे 'दलपूरी' कहते हैं, बहुत अच्छी बनाता था। आलू अलग फ्राई करता, फिर लम्बी कटी भिण्डी फ्राई करता, फिर आलू भिण्डी छौंक कर मसाले के साथ भूनता, मसालों में हल्दी नमक के अलावा सिल पर पिसी सरसों, कालीमिर्च, धनिया वगैरह होता था। फिर हल्का सा पानी डालकर पाँच-दस मिनट धीमी आँच पर पकाता था। वह रसेदार आलू भिण्डी जिसने भी खाये है, तारीफ करता रह गया है, जबकि हल्के मसालों की तरकारी

होती थी बिना लहसुन प्याज की। बनाने का ढंग, नमक का अंदाज व सही समय पर आँच से उतार लेना, यह सब सावधानी से किया जाता था।

बड़ी-बड़ी चौड़ी हरी सेम की भुजिया लल्लू के हाथ से भुनकर अलग ही स्वाद देती थी। वह सेम के दो या तीन बड़े-बड़े टुकड़े करता, उन्हें उबलते पानी में डालकर सिझाता, फिर तेल में जीरा, मेथी खड़ी लालमिर्च का फोरन (बघार) देकर छौंक देता, हल्की हल्दी व नमक के साथ। बस और कुछ मसाला नहीं होता था। फिर भी हरे-हरे चिकने मिठास लिए हुए सेम मोहक रूप से दर्शनीय होते थे और खाने में सुस्वादु।

लगन व अभ्यास से सब कुछ सीख लिया जाता है। इसी से नन्हीं बिटिया ने गोल-गोल पतली रोटी बेलना और खूब अच्छे से फुलाकर सेंकना सीख लिया। उसे अपने पाले हुए पैट डॉगी से बहुत प्यार था और वह देखती थी कि नौकर बाकी सबकी रोटी तो अच्छी बनाता था, लेकिन कुत्ते के लिए बेगार टालता था, मोटी-मोटी रोटी बिना फुलाए उलटी सीधी सेंककर देता था। नन्हीं बिटिया ने खुद ही डॉगी की रोटियाँ बनाने की सोची। फिर वह सुबह शाम कुत्ते के लिए रोटियाँ बनते समय खुद खड़ी रहने लगी। धीरे-धीरे बेलना, सेंकना और फुलाना सीख लिया। कुत्ता भी ऐसा वैसा नहीं गोल्डन रिट्रीवर और लैब्रेडोर का क्रॉस ब्रीड था, वह सुबह आठ रोटी और शाम आठ रोटी खा लेता था। छोटी री बिटिया रोज़ सोलह रोटियाँ बनाते-बनाते रोटियाँ बनाने में इतनी माहिर हो गई कि खूब अच्छी फूली-फूली बड़ी सुंदर रोटियाँ बनाने लगी।

इसी तरह एक बार जब हम लोग इंग्लैंड गए थे, लंदन में एक रिश्तेदार के यहाँ ठहरे। उनकी पत्नी बीमार सी रहती थीं, बेटी कॉलेज में पढ़ती थी। जब घर पर रहती तो वह अपने आप ही कुकिंग करती और कहती कि घर का मतलब ही है गर्म खाना। वह कुकिंग रेंज पर भारी तली के बर्तन पर आलू-मेथी की सब्जी बड़ी स्वादिष्ट बनाती थी, मसाले के नाम पर केवल हल्का सा जीरा व नमक। बिना पानी के छींटे के भी

गजब की सब्जी बनती थी, बिलकुल ठीक से गली हुई और भुनी हुई। मैंने सब्जी की तारीफ की और कहा कि आलू मेथी की सब्जी भी अच्छी बना लेती हो, आजकल की लड़कियाँ तो मेथी, बथुआ छूना ही नहीं चाहती कि समय नष्ट होता है। वह हँसकर बोली कि, "मुझे मेथी बहुत पसंद है, इसलिए खुद ही बनाती हूँ, और बथुए का रायता व बथुए का पराठा भी पसंद है।" लंदन जैसे व्यस्त शहर में पढ़ाई के साथ कुकिंग का भी उसे अवसर मिल जाता था, और यहाँ कई भारतीय गृहिणियाँ फास्ट फूड के चक्कर में अपने परम्परागत खानों को उपेक्षा से देखती हैं, और नहीं बनाने का कारण देते हुए कहती हैं कि आजकल इतना समय किसके पास है कि बथुआ छाँटो और मेथी काटो और हाथ खराब करो।

ऐसे ही एक जर्मन लड़की शादी होकर भारत आई और भारतीय खाना बनाने में पारंगत हो गई। सुबह उनकी नाश्ते की टेबिल पर अंकुरित मूँगदाल, कटे खीरे व टमाटर के साथ शुद्ध भारतीय स्टाईल में रखी देख मैं आश्चर्यचकित हो गई। मैंने तो सोचा था कि नाश्ते में ब्रैड बटर और ज्यादे से ज्यादा अण्डे व जैम के अलावा कुछ नहीं होगा। आजकल ज्यादातर घरों में नाश्ते का स्थान ब्रैड व बटर ने ले लिया है। वह लड़की अदरक का भी उपयोग करना जानती थी और वह भी सलीके से। रात के खाने में उसने तोरी खूब सुंदर हरी-हरी बनाई, हींग मिर्च व हल्के से अदरक का छौंका देकर। वही तोरी अलग स्वाद देने लगी, हल्का सा अदरक पड़ते ही। यह पूछने पर कि उसने इतना अच्छा खाना बनाना कहाँ सीखा, उसने बताया कि अपनी सास को बनाते देखकर सीख गई। जबकि सास उसकी जर्मन या अंग्रेजी नहीं समझती थी और वह जर्मन लड़की हिंदी नहीं समझती थी।

हर किसी चीज़ में यदि व्यक्तिगत स्पर्श की छाप हो तो उसमें नवीनता आ जाती है। यथा यदि बाज़ार का ऑरेंज़ स्क्वैश भी आगुंतकों को सर्व किया जाय तो उसमें हल्की सी संतरे की फाँकें या पुदीना पत्ता डाल देने से विविधता आ जाती है। लेमन स्क्वैश में जरा सा कटा नींबू का स्लाईस (चंदा, गोल पतला टुकड़ा) या धनिया पत्ता डाल देने से

मोहकता आ जाती है। नींबू की शिंकजी में हल्का सा नमक या कालीमिर्च छिड़क देने से स्वाद में फर्क हो जाता है और व्यक्तिगत स्पर्श महसूस होता है। मोनाको या अन्य कोई नमकीन बिस्कुट सर्व करते समय यदि बिस्कुट पर टमाटर का पतला गोल चंदा या खीरे का चंदा रख दिया या चौकोर कटा छोटा सा चीज़ या पनीर का टुकड़ा रख दिया, या हल्की सी कालीमिर्च छिड़क दी या मक्खन लगा दिया तो सजावट में विभिन्नता के साथ ही स्वाद में भी विविधता आ जाती है।

❑❑❑

4

अरुचिकर भोजन : एक विवरण

अरुचिकर भोजन में एक बात अच्छी है कि बहुत समय तक इसकी स्मृति बनी रहती है। अरुचिकर भोजन से मेरा यह तात्पर्य नहीं है कि किचेन से खाना खराब बनकर आया हो, दाल जल गई हो, या सब्जी में नमक ज्यादा पड़ गया हो। परंतु मेरा कहना है, ऐसे भोजन के बारे में, जो आपके स्वाद और प्रकृति एवं धार्मिक सामाजिक मान्यताओं से मेल नहीं खाता हो। रेस्तराँ में गलत खाना मिलने पर आप यह सोचकर संतोष कर लेते है, कि वहाँ तो आप खुद गए थे, कोई आपको निमंत्रण देकर नहीं बुलाया गया था। लेकिन किसी के घर भोजन पर निमंत्रित होकर जाना दूसरी बात है, वहाँ आप उम्मीद करते हैं कि खाना आप के लायक होगा। या भोजन पर निमंत्रित न भी हो, केवल मिलने जायें तो भी यह तो सोचते ही हैं कि वहाँ जो आपके स्वागत में दिया जायेगा, वह आपकी रुचि का ध्यान रखते हुए दिया जायेगा। शिष्टाचार यही कहता है कि अतिथि से पूछ लिया जाय कि आप क्या लेना पसंद करेंगे। यह तो नहीं कि जो माँस मछली प्याज अण्डा नहीं खाते हों, उनके सामने अण्डे का ऑमलेट रख दें।

मैं यह देखकर विस्मित रह गई कि एक बार सचमुच ऐसा हुआ। हम एक जगह मिलने गए। थोड़ी देर बाद गृहिणी उठकर गई और अण्डे का आमलेट बनाकर हमारे सामने रख दिया। स्वागत का यह नया तरीका देखकर में भौंचक रह गई। मेरे यह कहने पर कि हम तो ऐसे ही मिलने आ गए, इस समय कुछ नहीं लेंगे, वे आग्रह करने लगीं लेने के लिए तो स्पष्ट कहना पड़ा कि मैं अण्डा नहीं लेती। भली गृहिणी ने यह पूछने तक की औपचारिकता नहीं निभाई कि आप अण्डा लेना पसंद करेंगी या नहीं।

एक और जगह हम सुबह 11 बजे के आसपास मिलने चले गए। उसके बाद दोपहर वाला प्लेन पकड़ना था। हमें देखकर वे अनुरोध करने लगीं कि खाना यहीं खा कर जाईये। हमारे मना करने पर भी वे नहीं

मानी, उनके आग्रहवश हमें बैठना पड़ा। अब जो खाना सामने आया वह माशा अल्लाह था। एक बड़ी सी ऊँचे किनारों वाली पीतल की थाली में, जो थाली कम परात ज्यादा लगती थी, आधी थाली भरा हुआ उसना भात (मोटा चावल) था और साथ में एक बड़े से पीतल के कटोरे में बकरे का माँस था। मैं तो उस भोजन की ओर देख भी नहीं पायी, मुझे स्पष्टता से कहना पड़ा कि मैं मीट नहीं खा सकूंगी और उसना भात भी नहीं खा सकूंगी। उनसे क्षमा माँगकर हम दोनों चले आए। उन्होंने यह तक पूछने की जरूरत नहीं समझी कि आप मीट खाती हें या नहीं। बल्कि उन्होंने कहा कि वे नहीं जानती कि कोई ऐसा भी है जो मीट नहीं खाता। उनके ख्याल से वे ही लोग मीट नहीं खाते जिन्हें डाक्टर ने मना किया है।

एक जगह हमें पार्टी पर बुलाया गया था। और पार्टी हमारे ही सम्मान में रखी गई थी। वहाँ सामिष और निरामिष दोनों तरह के भोजन थे। जो निरामिष थे उनमें भी प्रेम से लहसुन व प्याज बराबर का पड़ा था। दही के रायते में भी टमाटर के साथ प्याज पड़ा था। दाल भी लहसुन, टमाटर, प्याज के साथ छौंकी गई थी। मतलब यह कि मेरे लिए खाने को कुछ बचा ही नहीं, जबकि पार्टी में विशेषतौर पर हमें ही बुलाया गया था। चावल में भी प्याज फ्राई करके पड़ी हुई थी। हमारे सामने ही मेजबन प्रेम से भोग लगाते रहे और हम बैठे देखते रहे, जैसे सारस और लोमड़ी के किस्से में सुना था। लोमड़ी ने सारस को खाने पर बुलाया और थाली गें खाना परोरा दिया। रारस की लग्बी चोंच थी, बह खा नहीं सका। कहानी किस्से कभी-कभी यथार्थ में भी फलीभूत हो जाते हैं।

मेजबान को बाद में ध्यान आया कि मैं कुछ खा नहीं पा रही हूँ, तो उन्होंने मेरे लिए पपीता कटवा कर मंगाया। पर वह पपीता भी लहसुन, मीट व प्याज काटने वाले चाकू से काटा गया था, जिससे उस पपीते के टुकड़ों में लहसुन व प्याज की गंध समा गई थी और खाया नहीं जा सका। उन्हें इतनी भी बेसिक जानकारी नहीं थी कि लहसुन प्याज जैसी तीव्र गंध वाली वस्तुओं का चाकू अलग रखें एवं फल काटने का अलग। फल

बहुत संवेदनशील होता है, किसी भी वस्तु से काटने पर उसकी गंध ग्रहण कर लेता है, अत: फल या टमाटर, खीरा जैसी चीज़ें काटने का चाकू अलग होना चाहिए।

ऐसे ही एक बार और पसोपेश की स्थिति आई, जब जहाँ दोपहर के खाने पर गए वहाँ चिकेन व मछली के अलावा दूसरा खाना नहीं था। हुआ यह था कि उनके घर में पहले दिन एक पार्टी हुई थी, उसमें काफी सारा सामान बच गया था, तो दूसरे दिन उन्होंने हमें खाने पर बुला लिया। मैंने साफ कह देना उचित समझा कि मुझे क्षमा करें, मैं कुछ नहीं खाऊंगी। तो गृहिणी बोली कि ऐसे कैसे होगा, आपके लिए होममेड बिस्कुट मंगाती हूँ, मैंने कल ही बनाईं थी। मेरे मना करते करते भी एक बड़ी मोटी सी ट्रे में बिस्कुट लेकर आ गईं। बिस्कुट का आकार व रंग देखकर खाने का मन तो नहीं हुआ, पर मैंने फिर भी पूछ लिया कि इसमें अण्डा तो नहीं है। गृहिणी बताना नहीं चाह रही थी, बोली कि बिस्कुट में अण्डा कहाँ होता है। पर उनके पति ने कहा, हाँ, उसमें अण्डा है, आपके लिए कुछ और मंगवाते हैं। उन्होंने अपनी पत्नी से कहा कि इनके लिए आलू चिप्स फ्राई कराके मंगा दो। आलू चिप्स फ्राई करके लाये गए, पर वे अजीब से महक रहे थे। मैंने पूछा कि इसमें कौन सा तेल इस्तेमाल किया गया है, तो पता चला कि जिस तेल में कल मछली फ्राई की गई थी, उसी में ये चिप्स बनाए गए हैं। गृहिणी को मेरा चिप्स भी नहीं लेना बुरा लगा। उन्हें यह बात समझ से बाहर थी कि मछली तलने से बचे तेल में यदि चिप्स तले गए तो क्या हर्ज हुआ। मुझे उनके अज्ञान पर हँसी मन ही मन आ रही थी कि उन्हें इतनी भी समझ नहीं कि जो मीट और मछली नहीं खाते वे मछली पकाने से बचे तेल की वस्तु कैसे ग्रहण कर सकते है। वे कोई निर्धन नहीं थे कि तेल की उनके पास कमी थी। जरा सा विवेक एवं दूसरे की पसंद नापसंद का ध्यान रखना जरूरी था।

एक और जगह के खाने की याद है जो सुस्वादु तो नहीं था, पर खाया जा सकता था। दोपहर का सादा सा भोजन था। बिना चुपड़ी दबी हुई रोटी, पतली सी ठण्डी सी दाल एवं बैंगन की पनियाली सी सब्जी।

सलाद, पापड़, चटनी, अचार, दही सब नदारद था। बाद में कोई स्वीट डिश भी नहीं थी। फिर भी शाकाहारी खाना तो था, मीट मछली नहीं थी। कोई तामझाम नहीं था। सीधा-सादा सा उनका खाना था। अब यह बनाने वाले के ऊपर निर्भर है कि उसी को ठीक से बनाए जिससे खाने में रुचिकर लगे। जब खाना आता है तो आप उम्मीद करते हैं कि वह गर्म होगा और थोड़ी खुशबू उसकी आयेगी।

❑❑❑

"चाहे थोड़ा खाओ पर अच्छा खाओ"।

5

आहार में सावधानी

आहार पर ही सम्पूर्ण शरीर का ढाँचा टिका हुआ है। बाज़ार में, होटलों में मिलने वाला भोजन निम्न कोटि के खाद्य पदार्थों से बनाया जाता है और वहाँ खाद्य पदार्थों में मिलावट होती है। केवल स्वाद के लिए ज्यादा तेल एवं मिर्च मसाले डालते हैं। इसकी अपेक्षा अपने घर बने साधारण भोजन से अधिक लाभ होता है। इससे खाद्य पदार्थों की मिलावट से बचा जा सकता है। भोजन में मसालों का उपयोग उतनी ही मात्रा में किया जाय कि भोजन का स्वाद तो बढ़े लेकिन उपयोगिता न घटने पाए।

'अन्नाद् भवन्ति भूतानि' अन्न से ही प्राणियों का अस्तित्व है, यह गीता का लोक प्रसिद्ध श्लोक (3.14) है। भोजन, आहार और खाना पयार्यवाची शब्द हैं। स्वास्थ्य का भोजन से बहुत गहरा संबंध है। कहा भी गया है कि भोजन ही औषधि है। यदि भूख मिटाने के लिए हम खाते तो बहुत सी चीज़ों से भूख मिट सकती थी। अपना पेट तो हम किसी भी चीज़ से भर सकते हैं पर उसमें सभी पोषक तत्व नहीं मिलेगें। गलत भोजन से बीमारियाँ उत्पन्न होती हैं। उचित खुराक के अभाव में स्वस्थ रक्त निर्माण और रक्त संचालन दोनों ही प्रभावित होते हैं।

मनुष्य का शरीर स्वयं प्राकृतिक रूप से भली भांति चलती रहने वाली मशीन है। घर के ताजे भोजन के साथ, माँ, पत्नी या बहिन या परिवार के अन्य सदस्य के हाथ से बने भोजन के साथ, बनाने वाले के पवित्र स्नेह एवं अनुराग से भरे मनोभाव भी आपको आहार के साथ मिलते हैं और आपको स्वस्थ रखते है। यह भोजन आसानी से पच भी जाता है। भोजन स्वयं भी जैसा आप बनायें, होटल के भोजन की अपेक्षा अधिक लाभदायक होता है। संसार के सभी धर्मों में अन्न को महत्व दिया

गया है। सभी ने अन्न के निरादर को अधर्म माना है। संसार भर के ईसाईयों की दैनिक प्रार्थना है, "परमात्मा मुझे दैनिक भोजन दें।"

बासी भोजन विषैला और प्राणघातक होता है। प्राय: गृहपत्नियाँ बिना अनुमान लगाये ही अधिक आटा गूंध लेती हैं या आवश्यकता से अधिक दाल, सब्जी इत्यादि बना लेती हैं। यह बासी होकर दूसरे दिन के लिए बचा रहता है। अच्छा हो कि जो भोजन बचे उसे बाँटकर खत्म कर दें। श्री कृष्ण ने गीता में कहा है कि जो अपने शरीर के पोषण के लिए ही अन्न पकाते हैं वे तो पाप को ही खाते है, 'भुंजते ते त्वघं पापा ये पचन्त्यात्मकारणात्' (3.13), खाने में दूसरों का भी हिस्सा निकाल कर खाना चाहिए। इसीलिए परम्परानुसार घरों में पहली रोटी अग्नि को और दूसरी रोटी गाय के लिए निकाली जाती थी और तब भगवान का प्रसाद समझकर भोजन किया जाता था। भगवान को भोग लगाते समय प्रार्थना की जाती है—

'प्रेम प्रीत से भोजन कीजे,
बचे शेष सन्तन को दीजे,
बचे शेष हम सबको दीजे।'

यह प्रार्थना बहुत सुंदर है इसमें प्रसन्न चित्त होकर और यथायोग्य सबको देकर खाने का महत्त्व बताया गया है।

बासी भोजन एक प्रकार का मरा हुआ अन्न है। पकाने के आठ घंटे बाद भोजन मर जाता है। उसके जीवाणु तत्त्व नष्ट होने लगते हैं। ताजे भोजन में प्राणशक्ति होती है। बासी भोजन अशुद्ध आहार है। सात्त्विक पका हुआ भोजन भी बासी होने पर प्रकृति में तामसी हो जाता है। 'गीता' में भी श्रीकृष्ण ने कहा है, "पर्युषित (बासी) और उच्छिष्ट (जूठा) भोजन तामसिक है (17.10)।" जो रोग को नष्ट कर आयु, बल की रक्षा करता हो वही सात्त्विक आहार ग्रहण करना चाहिए। बासी भोजन की अपेक्षा भूखे रहना ही अच्छा है।

उच्छिष्ट भोजन न स्वयं खायें न दूसरों को दें। समझदार व्यक्ति को जूठन छोड़नी ही नहीं चाहिए। भोजन उतना ही परोसा जाय जितना कोई व्यक्ति खा सकता हो। अन्न के एक दाने को उगाने और उसे हम सब तक लाने के लिए किसान को कितना परिश्रम करना पड़ता है, और फिर खाना बनाने वाले को कितना परिश्रम करना पड़ता है, उस भोजन को व्यर्थ ही जूठा छोड़ देना ठीक नहीं। इसलिए अधिक पकाकर भोजन नष्ट न करें। यह समझें कि बासी भोजन में अन्न दोष उत्पन्न हो जाता है।

समझदार व्यक्ति को अपना आहार बड़ी सतर्कता से चुनना चाहिए। ऐसा आहार हितकर है जो मधुर, स्वादिष्ट और रसयुक्त हो। कहा भी है कि भोजन 'ऋत-भुक, हित-भुक और मित-भुक' हो। ऋतु के अनुसार न्याययुक्त हितकर भोजन लें और जरूरत के मुताबिक लें, अधिक भोजन से बचें। हमारे भोजन में जितने उपादानों की जरूरत है, सभी की पूर्ति होनी चाहिए।

अच्छे से अच्छा भोजन भी दूषित मन:स्थिति से दूषित हो सकता है। गुस्से में किया हुआ भोजन उचित रीति से नहीं पचता। भोज़न करते समय हमारी जो मन:स्थिति होती है उसका सूक्ष्म प्रभाव भोजन पर पड़ता है, अत: भोजन करते समय मन में प्रसन्नता एवं सुखद वृत्ति होनी चाहिए। आसपास का वातावरण भी शांत एवं प्रसन्नता युक्त होना चाहिए। भोजन करना दिनचर्या का सबसे प्रधान काम है। भोजन सामने आने पर शांत स्थिर एवं प्रसन्न हों और मन ही मन प्रभु को भोजन समर्पित करके प्रसाद रूप से ग्रहण कीजिये।

कुछ समय पहिले तक रसोई में ही चौके में बैठकर भोजन किया जाता था। भोजन बनाने वाला स्नान करके शुद्ध वस्त्र धारण करके भोजन बनाता था। रसोई में अन्य कुछ सामान नहीं रहता था, केवल खाना पकाने का सामान होता था। रसोई में ही क्यारियाँ बनी होती थीं, उन पर लकड़ी का पटरा बैठने के लिए बिछा दिया जाता था। खाना परोसकर दिया जाता था और खानेवाला साफ धोती या वस्त्र पहिनकर

हाथ पैर मुँह धोकर खाने के लिए बैठता था। गर्म गर्म ताजा भोजन परोसकर दिया जाता था, कटोरी में उतना ही डाला जाता था जितना खा सकें, जूठन छोड़ने का निषेध था। जूठन छोड़ा बुरा समझा जाता था, भोजन का निरादर करना समझा जाता था। 'अन्न ब्रह्म है' ऐसी मान्यता थी और आज भी है। अन्न से ही प्राणी है, अन्न से ही जीवन है। आप जैसा भोजन करते हैं वैसे ही बनते हैं। कहावत है 'जैसा खावे अन्न वैसा बने मन'।

आजकल भी भोजन के लिए परिवेश एवं वातावरण पर ध्यान दिया जाता है। पर आजकल सुखद परिवेश में खाना खाने के लिए आजकल की युवा पीढ़ी होटलों का, फाईव स्टार, सेविन स्टार होटलों का रुख करती है। अधिक अच्छा है कि घर पर ही ऐसा परिवेश निर्मित किया जाय, जिस मेज़ पर भोजन किया जाय वह साफ सुथरी रहे, साथ ही वह जगह सुंदर चित्रों एवं फूल पत्तियों से सजी हुई रहे। रास्ते चलते और भीड़ भरी जगह में खाने से बचना चाहिए। कुदृष्टि से सावधान रहें। भोजन धार्मिक एवं सामाजिक मान्यताओं के अनुरूप हो। आचार शास्त्र के अनुसार निम्न विचार के व्यक्ति के हाथ का बना भोजन त्याज्य है क्योंकि उनका बनाया भोजन उनके विचारों से प्रभावित होता रहता है। भोजन बनाने वाले का सबसे अधिक प्रभाव भोजन पर पड़ता है। इसी प्रकार परोसने वाले के शारीरिक मानसिक गुण भोजन पर पड़ते हैं। इसलिए हीन विचारों से सावधानी रखने के लिए ही एकान्त में या घर परिवार के सदस्यों के साथ बैठकर प्रेममय परिवेश में भोजन करने का विधान है।

भोजन भागते दौड़ते, खड़े-खड़े या जल्दबाजी में नहीं करना चाहिए। भोजन करना भी एक कला है। अच्छे पाचन के लिए भोजन को खूब चबा चबाकर खाना चाहिए जिससे मुँह की लार उसमें ठीक से मिश्रित हो जाय। यदि भोजन जल्दी-जल्दी निगला जायेगा, मोटा रहेगा तो दाँत का कार्य आमाशय एवं अँतडियों को करना पड़ेगा और पाचन क्रिया में खराबी आयेगी। अच्छी तरह चबाने का मतलब है पाचन का

आधा काम कर देना। प्रत्येक कौर के साथ उत्तम भावनाएँ भी भोजन के साथ मिलकर शरीर में जानी चाहिएँ।

❑❑❑

"आहारशुद्धौ सत्त्वशुद्धि: सत्त्वशुद्धौ ध्रुवा स्मृति:
स्मृतिलम्भे सर्वग्रन्थीनां विप्रमोक्ष:"। —छान्दोग्यायनिषद् (7.26.2)
आहार शुद्धि होने पर अन्त:करण की शुद्धि होती है। अन्त:करण की शुद्धि होने पर निश्चल स्मृति होती है। स्मृतिलाभ होने पर सम्पूर्ण ग्रंथियों की निवृत्ति हो जाती है।
"गीले पाँव रखकर भोजन करनेवाला दीर्घायु होता है।"
—मनुस्मृति (4.76)
"खड़े खड़े या बातचीत करते हुए भी भोजन नहीं करना चाहिए।" (महाभारत, अनुशासन पर्व, 104.95)

6

आहार सम्बन्धी कुछ सामान्य नियम

कब कैसा खायें: भूख लगने पर ही खायें। बीच-बीच में न खायें। स्वच्छ स्थान पर बैठकर भोजन करें। ऋतु एवं अवस्था के अनुकूल आहार करें। जिस ऋतु में जो खाद्य पदार्थ उत्पन्न होते है, यथा शक्ति उन्हीं का प्रयोग करें। मौसमी फल, शाक, अनाज थोड़ी मात्रा में खाने पर हितकर होते है। बालक, वृद्ध, युवा सबकी भोजन की आवश्यकता अलग-अलग होती है। मुख्य बात यह है कि जो खाना आप खाते हैं वह पच जाय। वृद्धावस्था में आहार पहले से आधा कर देना चाहिए, दालों का खाना भी लाभजनक नहीं होता, क्योंकि पाचक अंगों की शक्ति घट जाती है और प्रोटीन आदि पच नहीं पाता।

बासी एवं जूठा (उच्छिष्ट) अन्न ग्रहण न करें। आयुर्वेद शास्त्रानुसार पका हुआ अन्न तीन घंटे पश्चात् अर्थात् अन्न का रस घट जाने पर बासी होता है। तला हुआ अन्न एक दिन के पश्चात, मीठा पदार्थ एक दिन के पश्चात् तथा अचार एक वर्ष पश्चात बासी होता है।

दुष्ट व्यक्ति के घर का अन्न न खायें। महाभारत में कथा आती है कि भीष्म पितामाह ने दुर्योधन का अन्न खाया तो उनकी बुद्धि मलिन हो गई और वे सही गलत का निर्णय न कर सके।

बेमेल आहार से बचें: स्वास्थ्य की दृष्टि से भोजन में एक बार में कम प्रकार के खाद्य पदार्थों का उपयोग करें। अधिक प्रकार के पदार्थों का मिश्रण हितकारी नहीं है। ऐसा करने पर एक दूसरे से विरुद्ध प्रकृति के खाद्य पदार्थ एक साथ खा लिए जाते हैं, जिससे अनेक बार हानि हो जाती है। इस बात पर भी ध्यान देना चाहिए कि कौन-कौन चीज़े साथ खाई जा सकती हैं और किन चीज़ों को मिलाकर खाना हानिकारक हो सकता है। जैसे दूध के साथ लहसुन का विरोध है। उड़द दाल के साथ मूली का विरोध है। फल के साथ दही एवं मठ्ठा नहीं लेना चाहिए। शहद

के साथ खिचड़ी का विरोध है। गुड़ एवं रसभरी (मकोय) एक साथ लेने ठीक नहीं हैं। अलग-अलग तरह के भोजन पचाने के लिए अलग-अलग पाचक रसों की आवश्यकता होती है। जैसे स्टार्च वाले भोजन यथा गेहूँ, जौ, चावल, बाजरा, आलू, अरवी, शकरकन्द आदि को पचाने के लिए क्षार की जरूरत है और प्रोटीन वाले भोजन यथा दाल, चना, मटर, सेम, दूध, दही, पनीर को पचाने के लिए अम्ल रस सहायक है। जब दोनों प्रकार के पदार्थ एक साथ खाए जाते है तो दोनों प्रकार के पाचक रस एक साथ निकलते हैं जिससे क्षार कमजोर पड़ जाता है और स्टार्च का पाचन ठीक से नहीं होता। इस तरह वैज्ञानिक दृष्टि से देखने पर गेहूँ, चावल के साथ दाल के बजाय दही या खटाई आदि का मेल ठीक रहता है। दक्षिण भारत में आज भी चावल के साथ दही खाने का रिवाज है।

बेमेल आहार: संतरा, अंगूर, टमाटर आदि फल दूध के साथ खाये जा सकते हैं पर अन्य खट्टे पदार्थ दूध के साथ नहीं खाने चाहिए, नहीं तो इनके पचने में देर लगती है। खरबूजा, तरबूज, खीरा, ककड़ी, पपीता, शरीफा आदि जैसे फलों के साथ दूध का खाना हानिकारक है। कुछ लोगों के मतानुसार तो खरबूजा एवं दूध को मेल होने से हैज़ा होने की संभावना रहती है। दूध के साथ नमक या नमकीन पदार्थ लेना भी हानिकारक है। लवण से दूध फट जाता है।

भोजन विज्ञान की दृष्टि से दाल रोटी के साथ नींबू लेना भी हानिकारक है। दाल आदि पचाने के लिए मुँह के भीतर जो लार निकलती है, नींबू की खटाई उसके प्रभाव को नष्ट कर देती है। नींबू को सुबह शाम पानी मिलाकर पीना ही उत्तम है। यह और भी अच्छा है कि उसमें चीनी अथवा नमक न डाला जाय।

करेला एवं पनीर विरुद्ध आहार हैं। अत: करेले में छेना या पनीर डालकर सब्जी बनाने की तो सोचना भी नहीं चाहिए।

ऐसे ही सेब एवं केला एक साथ खाना ठीक नहीं है। केला तो सुबह के समय लिया जाना सर्वोत्तम है। दोपहर को भी ले सकते हैं। शाम को

नहीं लेना चाहिए एवं रात को लेना तो हानिकारक है। यही बात खीरे के सम्बन्ध में है। खीरा भी सुबह या दोपहर को लिया जाना चाहिए। शाम या रात को इसको लेने का निषेध है। कहा भी गया है, "सुबह का खीरा हीरा, शाम का खीरा पीरा।"

बादाम, नारियल की गरी, काजू मूँगफली आदि प्रोटीन प्रधान है, कठिनता से पचते है, इनको थोड़ी मात्रा मे लें एवं अन्य भोजन से पहिले ही लें।

कुछ अन्न पदार्थ देश, काल, अग्नि, प्रकृति, दोष, आयु का विचार करने पर कुछ व्यक्तियों के लिए हानिकारक होते हैं। कुछ प्राकृतिक रूप से विरुद्ध होते है, जैसे सरसों का साग पचने में भारी होता है, पचने के उपरान्त शरीर में दोष बढ़ता है। शुष्क ऋतु में रुक्ष एवं तीखे पदार्थ खाने से शरीर में दोष की वृद्धि होती है। वसन्त ऋतु अथवा रात्रि में दही खाने से कफ दोष बढ़ता है। शीत ऋतु में शीत पदार्थ और ग्रीष्म ऋतु में उष्ण पदार्थ नुकसान करते हैं। तांबे अथवा पीतल के पात्र में खट्टा पदार्थ रखने से नीला रंग आता है। ठण्डे एवं गर्म पदार्थों का एक साथ सेवन नहीं करना चाहिए। घी तथा शहद समान मात्रा में ग्रहण नहीं करना चाहिए। दो बार तपाया अथवा पकाया गया भोजन ठंडा होने पर अथवा बासी होने पर पुन: गरम कर नहीं खाना चाहिए। हरी सब्जियाँ अथवा मसाले वाले पदार्थ खाने के उपरान्त दूध नहीं पीना चाहिए। चावल तथा मूँग की दाल की खिचड़ी में दूध नहीं डालना चाहिए।

भोजन कितना लें: इसके बारे में वैद्यक के ग्रन्थ 'भाव प्रकाश' में कहा गया है कि "आमाशय के दो भाग भोजन से भरें, एक भाग पानी से भरें और चौथा भाग वायु संचरण के लिए खाली छोड़ दें।" स्वस्थ रहने के लिए भूख से थोड़ा कम ही खायें, ठूँस ठूँसकर भोजन न करें। स्वस्थ रहने के लिए सुबह उठकर पानी पियें, दोपहर के भोजन के बाद मठ्ठा लें और रात्रि में दूध लें।

भोजन करते समय किसी गंभीर विषय पर विचार न करें, इससे पाचन क्रिया में बाधा पड़ने से भोजन देर से या अधूरा पचता है। भोजन करते समय शान्त एवं प्रसन्नचित्त रहें। इसी कारण प्राचीन ग्रन्थों में एकान्त में एकाग्रचित्त होकर भोजन करने का आदेश दिया गया है। भोजन करते समय बहुत हँसना या बोलना ठीक नहीं रहता, इससे अनेक बार कोई चीज़ श्वास नली में चली जाती है। जिससे खाँसी उठती है, या कोई गंभीर कष्ट हो सकता है। दोपहर के भोजन के बाद दस-बीस मिनट विश्राम करें, पर सोयें नहीं अन्यथा आलस्य बढ़ता है। शाम का भोजन करने के पश्चात थोड़ी देर टहलें। शाम का भोजन सोने से दो-तीन घंटे पहिले करना ठीक है।

भोजन कैसा लें: भोजन के साथ किसी प्रकार का रसेदार शाक या दाल होना ठीक रहता है। सूखा भोजन करने से पचने में कठिनाई होती है। खट्टी डकारें आती हैं, कलेजे में जलन होती है। भोजन में कुछ चिकनाहट रहना भी आवश्यक है। अग्नि पर पकाने से अन्न एवं अन्य खाद्य पदार्थों की स्वाभाविक चिकनाई नष्ट हो जाती है, इसलिए घी या तेल का कुछ अंश ऊपर से शामिल करना आवश्यक है। चिकना होने से भोजन बल को बढ़ाता है और भोजन को आँतों के भीतर खिसकने में भी सुविधा होती है। लेकिन भोजन में घी तेल आदि चिकनाई वाले पदार्थ इतने ज्यादा भी न हो कि उनका पचना कठिन हो जाए। घी को भोजन में पकते समय ही डाल दिया जाये तो ठीक रहता है। कच्चा घी शीघ्र नहीं पचता। अरवी, कटहल, उड़द की दाल जैसे भारी पदार्थों को बहुत कम मात्रा में और कभी-कभी खाना ही उचित है। अधिक गर्म या अधिक ठण्डा खाना दाँतों के लिए हानिकारक है। हल्का गर्म खाना ही ठीक रहता है। ज्यादा गर्म पदार्थ खाकर ठण्डा पानी पीने से दाँतों में तकलीफ हो जाती है। अन्न से बने पदार्थ साधरणत: तीन घंटे में पचते है, अत: उससे पहिले दूसरी बार भोजन न करें। रोटी ठीक तरह से सिकी होनी चाहिए। वह न तो जली हो न कच्ची। कच्ची रहने पर पेट में दर्द, अपच हो जाता है, और जली होने पर उसमें कोई सार नहीं रहता। पका हुआ

भोजन खाते समय थोड़ा सा गर्म अवश्य होना चाहिए, इससे उसका स्वाद ठीक रहता है, वह शीघ्र पचता है, जठराग्नि को प्रदीप्त करता है। अधिक गर्म भोजन आमाशय में हानि पहुँचाता है। नपा तुला और नियत समय पर खाने से पाचन क्रिया ठीक रहती है।

जीवन रक्षा के लिए जो अन्न औषधि रूप समझकर भगवान का प्रसाद मानकर ग्रहण किया जाता है,उसी के आधार पर जीवन में प्रसन्नता व शान्ति मिलना संभव है।

गुड़ एवं मूँगफली अच्छा भोजन है। गुड़ में कैल्सियम है। भुने चुनों के साथ गुड़ भी अच्छा है। चनों में लौह तत्त्व है। पूरणपोली भी योग्य आहार है। यह उबली चने की दाल एवं गुड़ भरकर बनाई मीठी रोटी है और महाराष्ट्र का प्रसिद्ध भोजन है। मूँगदाल एवं मसूर दाल सुपाच्य हैं।

भोजन कैसे करें: शीघ्रता से अथवा अत्यन्त धीमे-धीमे भोजन न करें। एकाग्रचित्त से भोजन करें। भोजनकरने में जल्दी करना ठीक नहीं। इससे शरीर में रूखापन बढ़ता है और आलस्य पैदा होता है। प्रत्येक ग्रास को अच्छी तरह चबाकर ही निगलना चाहिए और एक समय के भोजन में साधरणत: आधे घण्टे का समय लगाना चाहिए। खूब चबाकर खाने से थोड़े से भोजन में ही तृप्त‍ि मिल जाती है और ठीक तरह से पचकर शरीर में लगता भी है। शरीर में शक्ति एवं स्वास्थ्य अधिक भोजन से नहीं, अपितु जो भोजन पचकर रस एवं शुद्ध रक्त में परिवर्तित हो जाता है, उसी से शरीर को पोषण और पुष्टि मिलती है।

❑❑❑

"थोड़ा भोजन करनेवाले को ये गुण प्राप्त होते है— आरोग्य, आयु, बल और सुख की प्राप्ति, उसकी सन्तान उत्तम होती है और लोग उस पर 'यह बहुत खाने वाला है' ऐसा आक्षेप भी नहीं करते हैं।"

—वेदव्यास (महाभारत, उद्योगपर्व 37/34)

7

संतुलित भोजन

संतुलित भोजन उसे कहते हैं जिसमें 1. कार्बोज़, 2. वसा, 3. प्रोटीन, 4. विटामिन और 5. खनिज लवण तथा 6. पानी उचित मात्रा और अनुपात में हों। भोजन का उद्देश्य भूख मिटाने से भी बड़ा है। हम जी सकें, स्वस्थ रह सकें इसलिए खाते हैं। काम कर सकें, बढ़ सकें और शरीर की तोड़फोड़ और ह्रास की मरम्मत कर सकें, इसलिए खाते हैं। घर में कोई ऐसा भोजन तैयार न किया जाय जिसका पोषक मूल्य शून्य हो। भोजन के तीन काम है— 1. शारीरिक क्षय की पूर्ति, 2. शारीरिक वृद्धि और विकास, 3. शारीरिक कार्यों के लिए शक्ति प्रदान करना। अत: आहार सम्बन्धी जानकारी तथा उपयोग अति आवश्यक है। शुद्ध और संतुलित आहार से शरीर के कोषों को पर्याप्त मात्रा में रक्त और शक्ति मिलती रहती है। असंतुलित भोजन का प्रयोग और आहार में असंयम पाचन-संस्थान के लिए अत्यन्त हानिकर है।

कार्बोहाईड्रेट्स और फैट्स में कार्बन, हाईड्रोजन और आक्सीज़न होता है जिनकी आवश्यकता शक्ति देने के लिए होती है। कार्बोहाईड्रेट विशेषकर स्टार्च अधिकांश शक्ति देता है, इसलिए भोजन का मुख्य भाग इसी से बनता है। प्रोटीन शरीर के नए निर्माण, बढ़ोत्तरी और बदलाव के लिए आवश्यक है। इसलिए यह जरूरी है कि हम एक ही तरह का भोजन न लेकर विविध आहार लें, जिससे शरीर में आवश्यक प्रोटीन प्राप्त हो और शरीर में विटामिन एवं खनिज का संतुलन बना रहे। शरीर आवश्यकता से अधिक लिए गए विटामिन, खनिज (minerals) एवं प्रोटीन को बाहर निकाल देता है। भोजन उचित रूप में बहुमात्रा (bulk) में भी हो इससे आँत की मांसपेशियों की शक्ति बनी रहती है और वे संकुचित होकर आँत से भोजन को ठेल सकती हैं। बहुमात्रा को रफेज़ (मोटा चारा), या रेशा नाम दिया गया है और यह अनाज एवं सब्जियों में विशेषता से प्राप्त होता है।

आवश्यक तत्त्व: भौतिक शरीर और इसकी कोशिकाएँ क्षिति (पृथ्वी), जल, पावक, गगन और समीर—इन पाँच तत्त्वों से बने हुए हैं। इन तत्त्वों का असंतुलन रोग का मुख्य कारण है। अत: अच्छे स्वास्थ्य के लिए ऐसे भोज्य पदार्थों की आवश्यकता है जिसमें ये सब या इनमें से अधिकाँश तत्त्व हों, जिससे इन तत्त्वों का संतुलन आसानी व शीघ्रता से हो सके। पृथ्वी पर उगने वाले भोज्य पदार्थों में ये पाँचों तत्त्व हैं, वायु, सूर्य का ताप और जल पृथ्वी पर पैदा होने वाले आहार के लिए आवश्यक हैं। एन्ज़ाईम इस आहार की प्राण-शक्ति हैं। एन्ज़ाईम उत्प्रेरक हैं और बिना स्वयं परिवर्तित हुए परिवर्तन का प्रवर्तन करते हैं। प्रत्येक आहार कई सौ तत्त्वों का मिश्रण है। इन तत्त्वों में से कुछ ज्ञात हैं किंतु बहुत से अब भी अज्ञात हैं, जो भोजन को अधिक प्रभावी बनाते हैं। भोजन के रूप में हम जितनी चीज़ों को खाते हैं, उनकी संख्या अनगिनत है। प्राय: सभी पेड़-पौधे या लता का कोई न कोई भाग, कन्द, फल, फूल, पत्ते आदि के रूप में अवश्य खाए जाते है। हमारे खेतों में उपजने वाले भोज्य पदार्थों में कार्बोज की मात्रा अधिक है। तीन प्रकार के यौगिक (compound) भोजन में बहुधा होते हैं; कार्बोहाइड्रेट (कार्बोज), वसा (fats) और प्रोटीन। भोजन की आवश्यकता का एक बड़ा भाग यही तीनों पूरा करते हैं। विभिन्न खनिज (minrals) एवं विटामिन (vitamins) की भी थोड़ा मात्रा स्वास्थ्य के लिए अच्छी वृद्धि के लिए आवश्यक है। चूँकि ये तत्त्व हमारे शरीर का पोषण करते हैं अत: इन्हें पोषक तत्त्व (nutrients) भी कहा जाता है। ये पोषक तत्त्व पाचन क्रिया द्वारा अपने सूक्ष्म अंशों में विभाजित होकर आंतों द्वारा अवशोषित होकर रक्त में मिल जाते हैं। रक्त से इन तत्त्वों की कुछ मात्रा तो यकृत (लिवर) में संचित हो जाती है और शेष मात्रा शरीर के प्रत्येक अंग और ऊतक में उपस्थित कोशिकाओं में पहुँचकर उनको पोषण प्रदान करती है।

एक अच्छी खूराक (diet) में इन सब तत्त्वों का संतुलन होता है। इनमें से एक का भी अभाव शरीर को अस्वस्थ कर देता है। शरीर को बीमारियों से बचाने के लिए पानी की भी आवश्यकता है।

1. कार्बोज (कार्बोहाइड्रेट): कन्द, सब्जी, फल और सभी अनाजों में मिलता है। चावल, गेहूँ, मकई, बाजरा आदि का अधिकांश भाग कार्बोज ही है। आम, कटहल, लीची, अमरूद, केला आदि फल प्राय: कार्बोज ही हैं। कद्दू, कोंहड़ा, खरबूजा, खीरा आदि कार्बोज हैं। बैंगन, आलू, शकरकन्द, मूली, गाजर आदि लगभग कार्बोज ही हैं। चीनी तो केवल कार्बोज है ही।

कार्बोज आसानी से पचता है। सिर्फ कार्बोज खाईये जल्दी-जल्दी भूख लगेगी। प्राय: सारा का सारा कार्बोज पकने के बाद सादे शक्करों के रूप में यथा ग्लूकोज़, लैक्टोज़ आदि में बदल जाता है। इन्हीं सादे शक्करों के रूप में पाचक अवयवों या आँतों द्वारा रक्त में मिलकर यह विभिन्न भागों में ईंधन का काम करता है और विविध कार्यों के लिए केवल शक्ति प्रदान करता है। शारीरिक तोड़फोड़ की पूर्ति यह नहीं कर सकता और न ही शरीर के विकास में सहायता कर सकता है। रोजाना कामकाज में खर्च होने वाली शक्ति के माप की इकाई कैलोरी है। शक्तिदायी भोजन के रूप में कार्बोहाइड्रेट प्रोटीन के बराबर और वसा से घटिया है। एक ग्राम कार्बोहाइड्रेट से 4.1 कैलोरी, एक ग्राम प्रोटीन से 4.1 कैलोरी और एक ग्राम वसा से 9.3 कैलोरी ताप यानी शक्ति मिलती है। ताप (गर्मी), प्रकाश, बिजली आदि शब्द शक्ति के ही रूप हैं।

कार्बोहाईड्रेट और फैट (वसा) की कमी से शरीर दुबला हो जाता है। इसकी अधिकता भी बीमारी करती है। डायबिटीज़ हो जाती है।

2. वसा (फैट): अर्थात् घी तेल आदि। यह सब तिलहन से मिलता है। वसा भोजन का एक महत्त्वपूर्ण भाग है। यह महंगी भी है। पर शक्ति प्रदान करने के लिए सर्वश्रेष्ठ ईंधन है। यह देर से पचती है, भूख को मन्द करती है और आमाशय की गति को कम करती है। पोषण वैज्ञानिकों की राय के अनुसार किसी मनुष्य को जितनी कैलोरियों की आवश्यकता हो, उनका 75 प्रतिशत भाग उसे कार्बोहाईड्रेटस तथा 15 प्रतिशत भाग वसा से प्राप्त करना चाहिए और उसके शरीर के प्रतिकिलो भार पर एक ग्राम प्रोटीन रहना चाहिए जिससे शेष कैलोरियाँ भी उसे मिल जायेंगी उसके

भोजन में इस अनुपात से पोषक तत्त्व रहने से उसका भोजन संतुलित हो जायेगा।

वसा दो प्रकार से प्राप्त होतीहै।एक पशुओं से यथा मक्खन व घी और दूसरी वनस्पति से यथा सरसों, नारियल, बिनौली, तिल, मूँगफली, सूरजमुखी, महुआ आदि के तेल। घी सभी दृष्टियों से हमारे भोजन की सर्वोत्तम वसा है। सुपाच्यता एवं पौष्टिक गुणों में यह सर्वश्रेष्ठ है। घी का एक विशिष्ट गुण है कि इसमें विटामिन 'ए' और 'डी' पाया जाता है। ये दोनों विटामिन वनस्पति तेल में नहीं होते। पूरी आदि तलने में घी को बहुत देर तक खौलते रखना विटामिन 'ए' का बहुत अंश नष्ट कर देता है। और इसकी सुपाच्यता में कमी कर देता है।

जहाँ जो तिलहन होता है, वहाँ के लोग उसी का तेल खाते है। बंगाल, बिहार, उड़ीसा और पूर्वी उत्तर प्रदेश में सरसों का तेल खाया जाता है, दक्षिण भारत में मूँगफली का तेल और केरल में नारियल का तेल खाया जाता है। गुजरात में तिल का तेल खाया जाता है। तेल को ही हाइड्रोजेनेशन क्रिया द्वारा वनस्पति घी के रूप में बदला जाता है।

वसा कितनी खाई जाय, यह आयु के साथ फर्क हो जाता है। पोषण वैज्ञानिकों के अनुसार दफ्तर में बैठकर साधारण काम करने वाले एक 55 किलो वजन वाले पुरुष के आहार में 35 ग्राम वसा (घी, तेल) रहे तो इससे उसे 315 ग्राम कैलोरी मिल जाती है। वृद्ध व्यक्ति प्राय: शारीरिक कार्य कम करते हैं। वे या तो मानसिक कार्य करते है या विश्राम करते है। अत: इनकी कैलोरी की आवश्यकता बहुत कम हो जाती है। एक सामान्य वृद्ध व्यक्ति को केवल 1500 से 1900 तक कैलोरियों की आवश्यकता रहती है। अत: उसके दैनिक भोजन में घी तेल की मात्रा 10 ग्राम ही होनी चाहिए, इससे अधिक नहीं। उसकी कैलोरियों का अधिकतर भाग कार्बोहाईड्रेट से आना चाहिए क्योंकि कार्बोहाईड्रेट जल्दी पच जाते हैं।

3. प्रोटीन: दाल, चावल, आलू, दूध, दही, मेवा, माँस, मछली, अण्डा, फलियाँ—यथा मटर, बीन, मूँगफली में प्रोटीन पाया जाता है।

एक साल से पाँच साल तक के बच्चे को पूरा प्रोटीन नहीं मिलता तो फिर उसका दिमाग नहीं बढ़ता, बाद में चाहे कितना ही खिलाएँ। बच्चा बढ़ता है प्रोटीन के कारण। उसके भोजन से प्रोटीन निकाल दिया जाय तो उसकी वृद्धि रुक जायेगी, क्योंकि वृद्धि के लिए प्रोटीन चाहिए। प्रोटीन का मुख्य कार्य हार्मोन तथा एन्जाईम का निर्माण करना होता है। शरीर के किसी भाग के क्षतिग्रस्त हो जाने पर प्रोटीन ही उस भाग की मरम्मत करता है।

गेहूँ, चावल और आलू के प्रोटीन दलहन, मकई आदि के प्रोटीन से अच्छे हैं। जो लोग माँस मछली नहीं खाते वे प्रोटीन की कमी दाल और सोयाबीन से पूरी करते हैं। वजन के प्रत्येक किलोग्राम के लिए एक ग्राम प्रोटीन चाहिए, तो एक औसत आदमी के लिए प्रतिदिन डेढ़ छटाँक प्रोटीन चाहिए। किंतु बच्चों को अपनी वृद्धि के लिए वजन के प्रत्येक किलोग्राम के लिए चार ग्राम प्रोटीन मिलना चाहिए। कम प्रोटीन खाना जितना बुरा है जरूरत से अधिक प्रोटीन खाना उससे भी अधिक बुरा है।

बादाम और मूँगफली में प्रोटीन उच्च मात्रा में पाया जाता है। रोज़ 20-25 ग्राम मूँगफली का सेवन करने से प्रोटीन की कमी तथा उससे उत्पन्न रोगों को रोका जा सकता है। किसी भी मेवा में मूँगफली मेवा सहित लगभग 25 प्रतिशत प्रोटीन होता है। बच्चों को प्रोटीन की कमी से बीमारी हो जाती है। सूखा रोग हो जाता है। बालों का रंग भूरा हो जाता है। मानसिक विकास (mental development) पूरा नहीं होता। शरीर पर चकत्ते पड़ जाते हैं।

यद्यपि मेवे में प्रोटीन की बहुतायत रहती है, फिर भी इनका मुख्य उपयोग शरीर को वसा प्रदान करने के लिए होता है। इन मेवों में लगभग 50 प्रतिशत तक वसा पाई जाती है। वसा और प्रोटीन के अलावा मेवे में बी-काम्पलेक्स वर्ग के विटामिन भी बहुतायत से पाये जाते हैं। मेवों का प्रयोग कई तरह से किया जा सकता है। यथा-मेवा खाकर, तरह-तरह के पकवानों में डालकर अथवा दूध इत्यादि में मिलाकर। मेवा का प्रयोग किसी भी ढंग से किया जाय, उसकी पौष्टिकता में कोई कमी नहीं आती।

4. विटामिन: विटामिन शब्द का अर्थ जीवनदाता है। ये सहायक भोज्य पदार्थ हैं। इनकी जरूरत बहुत कम मात्रा में होती है; कभी-कभी राई भर से भी कम ही जरूरत होती है, किंतु इनका अभाव अनेक तरह के रोग पैदा करता है। विटामिन का पूर्ण अभाव तो भयंकर होता ही है, आंशिक अभाव भी तरह-तरह की बीमारियाँ पैदा करता है और शरीर की रोग निरोधक शक्ति को कम करता है। बड़ों को विटामिन की कमी से एनीमिया हो जाता है, बच्चों का शारीरिक एवं मानसिक विकास ठीक रूप से नहीं हो पाता।

प्राय: सभी विटामिन वनस्पतियों द्वारा मिलते हैं। दूध में भी विटामिन मिलते है। सूर्य की किरणों से भी विटामिन मिलते हैं। जो गाय हरी घास खाती है और धूप में ज्यादातर रहती है, उतने ही ज्यादा विटामिन उसके दूध में पाए जाते है। विटामिन सरल रासायनिक पदार्थ है और रसायन शालाओं में भी ये बनते हैं। विटामिनों के नाम 'ए', 'बी', 'सी', 'डी', 'ई' और 'के' आदि हैं, जो अंग्रेजी अक्षरों पर पड़े है।

विटामिन 'ए', 'डी', 'ई' और 'के' वसा (अर्थात तेल, घी) में घुलनशील हैं, पर ये जल में नहीं घुलते। विटामिन बी-1, बी-2, बी-3, बी-12 तथा विटामिन 'सी' जल में आसानी से घुल जाते हैं। सब्जियों को पानी में डालकर उबालने से, इस पानी में प्रचुर मात्रा में सब्जी के विटामिन घुल-घुलकर आ जाते हैं, इसलिए सब्जी को जल के साथ उबालकर उसका पानी फेंकना नहीं चाहिए। या तो सब्जी में पानी कम डालें, या बचे हुए पानी का अन्यत्र उपयोग कर लें। विटामिन 'बी' को अब 'विटामिन बी काम्प्लैक्स' (विटामिन 'बी' समुदाय) भी कहते हैं। अब कई नई खोज़ों के बाद यह करीब बारह वस्तुओं का सम्मिश्रण है, जिनके नाम 'बी1', 'बी2', 'बी3' आदि है।

विटामिन 'ए'- यह दो स्रोतों से मिलता है—1. पशुजन्य स्रोत यथा माँस, अण्डा, मक्खन, मछली, दूध तथा घी और कॉड मछली का तेल तथा 2. वानस्पतिक स्रोत- यथा हरी पत्तेदार सब्जियों जैसे- मेथी, मूली, गाजर तथा फल जैसे आम तथा पपीते में विटामिन 'ए' की प्रचुर मात्रा

विद्यमान रहती है। वास्तव में इन पदार्थों में विटामिन 'ए' नहीं पाया जाता परंतु एक पदार्थ 'वीटा कैराटीन' पाया जाता है जो शरीर में जाकर विटामिन 'ए' में परिवर्तित हो जाता है। यदि प्रतिदिन 50 ग्राम हरी सब्जियों का प्रयोग किया जाय तो विटामिन 'ए' की कमी होने का प्रश्न नहीं उठता।

वानस्पतिक तेलों तथा वानस्पतिक घी में विटामीन 'ए' नहीं पाया जाता। विटामिन 'ए' की कमी को देखते हुए भारत सरकार ने यह नियम बना दिया है कि वानस्पतिक घी यथा डालडा वगैरह में विटामिन 'ए' और 'डी' बाहर से मिला दिए जायें। विटामिन 'ए' और 'डी' की यह मात्रा प्रत्येक वानस्पतिक घी के टिन या डिब्बे पर अंकित रहती है।

विटामिन 'ए' सामान्य दृष्टि के लिए अत्यन्त महत्त्वपूर्ण है इसलिए इसे 'नेत्र ज्योति विटामिन' कहकर भी पुकारा जाता है। यह विटामिन शरीर की प्रतिरोधक शक्ति भी बढ़ाता है। इसकी कमी होने पर तरह-तरह के संक्रमण तथा रोग होने लगते है। इसकी कमी से त्वचा अस्वस्थ हो जाती है, अस्वस्थ होकर वह खुरदरी तथा भद्दी हो जाती है, चेहरे की ताजगी खत्म हो जाती है। जैसे इस विटामिन की न्यूनता हानिकारक है, वैसे ही अधिकता भी हानिकारक है। इसकी अधिकता होने पर सिर में दर्द हो सकता है, जी घबड़ा सकता है, उल्टियाँ भी हो सकती हैं।

अधिक गर्मी से विटामिन 'ए' नष्ट हो जाता है। मक्खन में यह अधिक है, पर मक्खन को पिघलाकर घी बनाने पर विटामिन 'ए' की मात्रा घट जाती है। पूरी, कचौरी वगैरह बनाने पर ऊँचे ताव पर कड़ाही में घी उबलता रहता है तो घी का प्राय: सारा विटामिन 'ए' नष्ट हो जाता है। दूध को भी यदि खुली कड़ाही में उबालते हैं तो दूध विटामिन 'ए' विहीन हो जाता है। यदि ढके हुए बर्तन में धीमी आँच पर थोड़ा पानी मिलाकर दूध को उबाला जाय तो विटामिन 'ए' बच जाता है। विटामिन 'ए' अन्य विटामिनों की तरह शरीर को ऊर्जा प्रदान नहीं करता है, पर यह स्वास्थ्यवर्द्धक है, इससे भूख बढ़ती है, पाचन क्रिया ठीक रहती है, शरीर की बाढ़ ठीक होती है।

विटामिन 'बी': यह ऊपर ही देख चुके हैं कि यह विटामिन अब विटामिन बी समुदाय (विटामिन बी काम्प्लैक्स) कहलाता है, क्योंकि यह करीब बारह वस्तुओं का मिश्रण है। विटामिन 'बी1' को थियामीन भी कहते हैं। यह बीज़ों की बाहरी परत में पाया जाता है। मैदे में यह नहीं मिलता, किंतु चोकर सहित आटे में पाया जाता है। यह सौ डिग्री सेन्टीग्रेड तक की गरमी में नष्ट नहीं होता। थियामीन के अभावमें स्नायुदुर्बलता हो जाती है, भूख भी मन्द हो जाती है। विटामिन बी2 या रिवोफ्लैविन अण्डे, दूध, खमीर, अंकुरित बीज और पौधों में पाया जाता है। नए हरे पत्तों में भी यह काफी मात्रा में रहता है। औसत व्यक्ति की दैनिक आवश्यकता दो-तीन मिलीग्राम भर है। घी तेल को पचाने के लिए इसकी आवश्यकता है। इसके अभाव में मुँह और होंठ सूज जाते हैं और उनमें छोटे-छोटे रोग उत्पन्न हो सकते हैं, जैसे-होठों का फटना, जीभ में छाले पड़ना, आँखों में जलन पड़ना, सिर में फियास पड़ जाना आदि। विटामिन बी3 या निकोटिनिक दूध, खमीर, अंकुरित बीज, मूँगफली, अनाज और दाल आदि में पाया जाता है। इसके अभाव में चर्मरोग, त्वचा का खुरदरी हो जाना, पेट और आँत में वायु के विकार, और आँत की कमजोरी वगैरह हो जाते है। विटामिन बी6 या पैरोडौक्सिन मस्तिष्क के सुचारु रूप से कार्य करने के लिए अत्यन्त आवश्यक है। दालें इसका मुख्य स्रोत हैं। इसके अभाव में उबकाई, उल्टी, जीभ पर छाले पड़ना, होंठ फटना आदि हो जाते हैं। विटामिन बी12 नए रक्त कणों को उत्पन्न करता है, रक्तहीनता में यह लाभदायक है। इस विटामिन के मुख्य स्रोत दालें, दूध, अण्डा और मछली हैं। गन्ने का रस और गुड़ विटामिन बी समुदाय के लिए उत्तम है।

विटामिन सी: यह विटामिन जल में अत्यन्त घुलनशील है जिसके कारण यदि पानी के साथ सब्जी को उबालकर उसका पानी फेंक दिया जाय तो इस विटामिन का सर्वाधिक नाश होता है। यह विटामिन उच्च ताप पर शीघ्र ही नष्ट हो जाता है। इसलिए खुली कड़ाही में साग सब्जियों को अधिक दरे तक पकाने से यह नष्ट हो जाता है। ताजे फलों

और हरी सब्जियों, टमाटर, पत्तागोभी, शलजम, साग, मटर आदि में और अंकुरित बीजों में यह पाया जाता है। यह सबसे ज्यादा आँवले में होता है, फिर अमरूद में, फिर नींबू में। संतरे और आम में भी यह मिलता है। विटामिन सी को हम शरीर में जमा करके नहीं रख सकते, इसे रोज़ उचित मात्रा में लेना चाहिए। यदि इसे हम जरूरत से ज्यादा लेते हैं तो शरीर इस अधिक मात्रा को बाहर निकाल देता है। इसके अभाव में हड्डियाँ कमजोर हो जाती है, स्कर्वी नामक रोग हो जाता है, दाँत ढीले हो जाते है। घाव और बीमारी को जल्दी आराम करने और रोगी को शीघ्र शक्ति देने में विटामिन 'सी' सहायक होता है। इसलिए रोगियों को ताजे फलों का रस देना लाभदायक है। जुकाम होने पर विटामिन सी का प्रयोग रोग की तीव्रता को घटाता है। खूब हरी सब्जियाँ और ताजे फलों का प्रयोग करने से जुकाम होने के अवसर घट जाते हैं। जिन चीज़ों में विटामिन 'सी' है उन्हें कच्चा खाने से यह विटामिन मिलता है। इसलिए टमाटर, प्याज, मटर की फली, सलाद, धनिये की हरी पत्ती, हरी मिर्च, पालक, सहजन आँवला, करेला आदि तरकारियाँ तथा नींबू, चकोतरा, संतरा, अनन्नास, अमरूद इत्यादि फल कुछ न कुछ हरी चीज़ प्रत्येक दिन अवश्य खानी चाहिए। यदि इन्हें उबाल कर या भून कर खायेंगे तो विटामिन 'सी' नहीं मिलेगा।

एक सामान्य व्यक्ति के लिए प्रतिदिन 50 मिलीग्राम विटामिन सी की आवश्यकता होती है। टमाटर के सौ ग्राम में विटामिन सी लगभग 26 मिलीग्राम, सौ ग्राम अमरुद में 212 मिलीग्राम और प्रति सौ ग्राम आलू में 16 मिलीग्राम होता है।

विटामिन डी: यह भी विटामिन ए की तरह जल में घुलनशील है। विटामिन डी के स्रोत काफी कम हैं। इस विटामिन को सूर्य की धूप से प्राप्त किया जा सकता है, यही इसका मुख्य स्रोत है। सूर्य की अल्ट्रावायलेट किरणें मनुष्य की त्वचा पर कार्य करके विटामिन डी का निर्माण करती है। पर उसके लिए आवश्यक है कि आपकी त्वचा ढकी न हो। तेल मलकर सूर्य की धूप में बैठकर स्नान करने की प्रथा अत्यन्त

लाभदायक थी। यदि संभव हो सके तो खुले आसमान के नीचे सूर्य की धूप अवश्य लेनी चाहिए। प्रात: कालीन सूर्य की किरणें अत्यंत लाभदायक हैं। दूध, मक्खन, अण्डे और मछली के तेल में यह विटामिन पाया जाता है। विटामिन ए की तरह विटामिन डी की अधिकता भी हानिकारक है।

विटामिन ए और डी ये दोनों प्राय: साथ ही पाए जाते है। मक्खन में ये दोनों मिलते हैं परंतु 'ए' अधिक 'डी' कम। हरी घास और धूप में पलने वाली गाय भैंस के दूध में ही यह होगा अन्यथा नहीं। वनस्पति तेलों में 'ए' एकदम नहीं मिलता 'डी' कुछ मिलता है। चूल्हे पर खुली कड़ाही में घी, दूध उबालने पर विटामिन 'ए' नष्ट हो जाता है। विटामिन 'डी' बच जाता है। विटामिन 'डी' में गर्मी सहने की शक्ति है, विटामिन 'ए' में नहीं।

दूध को धूप में छोडिये, विटामिन 'डी' की मात्रा दूध में बढ़ेगी। नहाने के पानी को थोड़ी देर धूप में रखिये, इससे विटामिन 'डी' का अभाव बहुत कुछ दूर होगा। कैलसियम और फास्फोरस के पाचन एवं उपयोग के लिए विटामिन 'डी' आवश्यक है। विटामिन 'डी' के अभाव में शरीर की हड्डियों का समुचित विकास नहीं हो पाता। दाँत भी इसकी कमी के कारण मजबूत नहीं रहते, उनमें जल्दी ही खोढर हो जाते है। इस विटामिन की कमी से रिकेट नामक रोग भी होता है, जिसमें हड्डियाँ कमजोर, लचीली और टेढ़ी हो जाती हैं।

विटामिन ई: यह विटामिन वसा में घुलनशील है। अंकुरित हुए गेहूँ में यह पाया जाता है। जैतून आदि वनस्पति तेलों में भी यह थोड़ी मात्रा में पाया जाता है। इसके अतिरिक्त सलाद, पालक, मटर, गुड़, दूध व अण्डे में भी यह प्राप्त होता है। यह बड़ा स्थिर विटामिन है। ताप, क्षार, अम्ल इत्यादि का इस पर असर नहीं होता। इसकी कमी होने पर मांसपेशियों का क्षय हो सकता है और दिल की मांसपेशियाँ कमजोर पड़ सकती हैं। इस विटामिन के बारे में अभी तक अधिक कुछ ज्ञात नहीं हो सका है।

विटामिन के: यह हरी पत्तीदार सब्जियों, पत्तागोभी, पालक, टमाटर तथा फलों में प्रचुरता से पाया जाता है। इसके अतिरिक्त आँत में

उपस्थित जीवाणु भी इसका निर्माण करते हैं। यह रक्त को जमने में सहायता करता है। शरीर में यदि कहीं भी कोई रक्त वाहिनी नाड़ी या शिरा टूट जाय और उससे खून बहने लगे तो शीघ्र ही खून को जमाकर उस टूटी हुई नाड़ी के मुँह को बंद कर देता है और खून बहना बंद हो जाता है। विटामिन 'के' के अभाव में खून जमता नहीं और खून का बहना जारी रहताहै। सामान्य अवस्था में मनुष्य की आँतों में रहने वाले जीवाणु ही पर्याप्त मात्रा में विटामिन 'के' का निर्माण कर लेते हैं।

5. खनिज: यथा कैलसियम, लौह, आयोडिन, मैग्नेसियम, सोडियम और सल्फर (गन्धक) हमारे भोजन में रहने चाहिएँ। विटामिन की तरह इनकी भी बहुत कम मात्रा की जरूरत पड़ती है। कैलसियम और फास्फोरस दोनों की जरूरत हड्डियों एवं दाँतों को मजबूत बनाने के लिए पड़ती है। इसलिए जरूरी है कि बढ़ते बच्चों एवं गर्भवती माताओं को यह काफी मात्रा में मिले। कैलसियम की जरूरत खून जमाने के लिए भी पड़ती है। खजूर में कैलसियम काफी मात्रा में होता है। लौह की जरूरत हीमोग्लोबिन बनाने के लिए है, जो लाल रक्त कोशिकाओं (सैल्स) में एक रसायन है जो सारे शरीर में आक्सीजन पहुँचाता है। जीवित प्राणी में इतना लोहा होता है कि उससे एक कील बन जाय। आयोडीन की जरूरत गर्दन की एक ग्रन्थि (ग्लैण्ड) थॉयरायड के लिए पड़ती है। यह ग्रन्थि एक हारमोन (थायरोक्साईन) बनाती है जो विकास को नियंत्रित करता है। मछली एवं हरी सब्जियों में बहुतायत से आयोडीन होता है। शरीर के द्रवों (लिक्विड्स) में कुछ घुले हुए नमक (सोडियम क्लोराईड) होते हैं, पसीने एवं मूत्र से यह नमक निकल जाता है, इसलिए इस नमक की कमी को पूरा करना पड़ता है। अत: भोजन में नमक एक अनिवार्य तत्त्व है क्योंकि यह शरीर में पानी का सही संतुलन कायम करता है। किसान लोग गायों के फार्म में बाल्टी में भरकर नमक उनके सामने रखते है, जिससे गायों को आवश्यकता के अनुरूप नमक मिल सके।

सौभाग्यवश जितने विटामिन एवं खनिज की हमें जरुरत है वह हमें विभिन्न तरह के भोजन से पर्याप्त मात्रा में मिल जाते हैं। अत: जरूरी है

कि सही एवं संतुलित भोजन लिया जाय जिसमें पर्याप्त मात्रा में सभी तरह के फल तरकारी एवं अनाज हों। और भोजन के उपर्युक्त अनिवार्य तत्त्व हमें अपनी रोजाना की खुराक (डॉयट) द्वारा आवश्यक मात्रा में मिलते रहें, इसके लिए यह जरूरी है कि भोजन समुचित मात्रा में और ऊर्जा के उचित अनुपात में शरीर को मिले। शरीर को वाँछित मात्रा में कैलोरी प्राप्त हो सके, भोजन सुपाच्य हो, इसमें रेशा इतनी मात्रा में हो कि कब्ज़ न रहे। भोजन रुचिकर, सुगन्धित एवं सुस्वादु हो। वास्तव में दुर्गन्धित या जला हुआ, या अनाड़ीपन से पका हुआ बेस्वाद भोजन कोई भी नहीं खायेगा,भले ही वह संतुलित हो। अत: भोजन पकाने में सावधानियाँ अपेक्षित हैं।

कैलोरी: जिस तरह हम कपड़े को मीटर में, दूध या पानी को लीटर में और गेहूँ इत्यादि को किलोग्राम में नापते तौलते हैं, उसी प्रकार पोषण विज्ञान (न्यूट्रीशन) ने विभिन्न खाद्य पदार्थों के अंदर जलकर गर्मी या ऊर्जा उत्पन्न करने की क्षमता की नाप तोल कर ली है। इसकी इकाई कैलोरी कहलाती है। एक लीटर जल को गर्म करके इसका तापक्रम एक डिग्री सेंटीग्रेड ऊँचा करने में गर्मी की जितनी मात्रा खर्च होती है, उसे एक कैलोरी कहते हैं। यदि भगोने में एक लीटर पानी को स्टोव पर रखकर गर्म किया जाय तो पानी में उबाल आने तक सौ कैलोरी खर्च हो जाती है। विभिन्न खाद्य पदार्थों से हमें कितनी कैलोरी मिलती है इसकी गणना की गई है। एक ग्राम प्रोटीन या एक ग्राम कार्बोहाइड्रेट से हमारे शरीर को चार कैलोरी और एक ग्राम वसा (घी, तेल आदि) से नौ कैलोरी ऊर्जा मिलती है। शरीर में ऊर्जा दो तरह से काम में आती है। एक तो हम खुद कुछ काम करते हैं, दूसरे कुछ कार्य शरीर में स्वत: चलते रहते हैं, जैसे श्वास लेना, शरीर में रक्त संचालन, पाचन क्रिया आदि। निद्रा में भी ऊर्जा की आवश्यकता होती है। अत: आप स्वयं कुछ काम नहीं भी कर रहे हैं तो भी ऊर्जा की आवश्यकता होती है। मोटा हिसाब यह है कि एक कैलोरी ऊर्जा की जरूरत प्रति एक किलो वजन पर प्रति घण्टा होती है। कैलोरी और ऊर्जा का ज्ञान रहने से हमें यह लाभ रहता है कि हम अपने लिए सही मात्रा में उचित प्रकार का भोजन चुन सकते हैं।

6. पानी: घुलने वाले पोषक तत्त्वों को शरीर में ले जाने के लिए पानी की भी आवश्यकता है। पानी जीवन के लिए अत्यन्त आवश्यक है। बिना खाने के जिंदा रहा जा सकता है पर बिना पानी के नहीं। हमारे शरीर का 70 प्रतिशत भाग पानी ही है। मस्तिष्क की तो संरचना में ही अधिक पानी है। पानी से हमें महत्वपूर्ण खनिज पदार्थ यथा कैलसियम और आयोडीन आदि मिलते हैं। सुबह से लेकर शाम तक हम पानी का प्रयोग करते रहते हैं चाहे वह किसी भी रूप में हो। नीरोग जीवन के ये तीन महत्त्वपूर्ण सूत्र है—सुबह उठते ही पानी पियो, दोपहर खाने के बाद मट्ठा, रात को सोते समय दूध।

भोजन के अंतर्गत जो रसायन होते है वे नए सेल बनाते हैं। पूरे बढ़ जाने के बाद भी जीवित वस्तुओं को भोजन की आवश्यकता होती है। कुछ जीवित प्राणी हर साल आपने शरीर के हिस्से बदलते हैं। हर वस्तु में बदलाव आता है। हिरण अपने नए सींग (एण्टलर्स) बदलता है। पतझड़ में वृक्ष अपनी पत्तियाँ गिरा देते हैं। वसन्त में नई कलियाँ खिलती हैं, नई पत्तियाँ आती हैं।

त्वचा के सेल हमेशा खत्म होते रहते है और नए सेल बनते रहते हैं। यह बिल्कुल सच कहा है कि तुम वही हो जो तुम खाते हो और आज बिल्कुल वही व्यक्ति नहीं हो जो एक साल पहिले थे।

शरीर को शक्ति देने के लिए भोजन की जरूरत है। शक्ति का एक इस्तेमाल गति है—चलना-फिरना है। जब भी आप दौड़ते है, साँस लेते हैं, लिखते हैं और पलक झपकाते हैं शक्ति का उपयोग करते हैं। पढ़ने व सोचने के लिए भी शक्ति चाहिए। गर्मी के लिए भी शक्ति चाहिए। अपने वातावरण से ज्यादा गर्म होते हैं मनुष्य और अन्य गर्म खून वाले पशु। क्योंकि खाना इतना जरूरी है इसलिए यह अनिवार्य है कि हम सही तरह के भोजन सही मात्रा में करें जिससे संतुलित आहार मिल सके।

पानी का महत्त्व सर्वोपरि है। पानी शरीर की सफाई करता है और शरीर के विष को बाहर निकालता है। पानी कब कैसे पियें, कितना पियें

इसका भी ज्ञान आवश्यक है। अच्छा है पानी भोजन करने से एक घण्टा पहिले पियें एवं भोजन करने के एक घंटा बाद पियें, भोजन के साथ या बीच में पानी न पियें। भोजन करते समय यदि पानी लेना है तो थोड़ा लें और ज्यादा अच्छा होगा कि गर्म पानी लें। भोजन पचाने का काम जठराग्नि करती है, यदि उस अग्नि पर ठण्डा पानी डाल देते हैं तो पाचन का कार्य ठीक से नहीं होता। सारी बीमारियाँ पेट से शुरू होती हैं, और पेट ठीक रखने का सबसे अच्छा साधन नियमित रूप से पानी पीना है। प्रकृति प्यास के रूप में हमें पानी पीने की याद दिलाती है। यदि आप खाना कितना भी अच्छा खाएँ लेकिन उसे पचा नहीं पायें तो वह खाना आपके किसी उपयोग का नहीं है। जितना भोजन आपका पच जाता है, वही काम आता है।

❑❑❑

"दो रोटियाँ, चावल, दाल, तरकारी, चटनी, सलाद, टमाटर, एक कटोरी दही, एक केला अथवा संतरा। इस अन्न से आपको 2200 ऊष्मांक (कैलोरी) मिलते हैं। इसमें आप पूर्णत: स्वस्थ एवं उत्साही रह सकते हैं। यह आहार विश्व का सर्वाधिक उत्तम, सात्त्विक, पचने में हल्का, उत्साहवर्द्धक तथा आरोग्यदायी है।"

"फलों और सब्जियों से अधिक एक अच्छे संतुलित आहार के कोई महत्वपूर्ण उपादान नहीं हैं, क्योंकि उनमें स्वीकृत और अस्वीकृत हर वर्ग के विटामिन हैं।"

8

भोजन बनाने में सावधानी

भोजन को भूनकर, उबालकर और पकाकर खाना सभ्यता की देन है। आदिमानव पशुओं की भाँति सब चीज़ें कच्ची ही खाता था। अब भी दुनिया और भारत के कई भागों में कुछ लोग भोजन का पर्याप्त भाग कच्चा ही खाते हैं। भोजन पकाने से, रोग पैदा करने वाले कृमि और जीवाणु, जो कच्चे भोज्य पदार्थ में पाए जाते हैं, अत्यधिक ताप के कारण नष्ट हो जातेहैं, तथा वानस्पतिक भोजनों के कड़े भाग पक कर इस लायक बन जाते हैं कि शरीर के पाचक रस उनके रेशों में प्रवेश कर उन्हें पचा सकें। पर असावधानी से पकाने से पकाने की क्रिया में भोजन के कई उपयोगी अंश यथा विटामिन ए और विटामिन सी आदि नष्ट हो जाते हैं।

रसोई की विविध क्रियाओं में उबालना एक प्रमुख क्रिया है। चावल, शकरकन्द और आलू आदि प्राय: उबालकर ही खाते हैं। चावल को उबालकर उसका माँड फेंक देने से पौष्टिक एवं उपयोगी अँश भी फेंक दिए जाते हैं। उबालते समय भोज्य पदार्थ के वे भाग जो पानी में घुलनशील हैं, पानी में मिल जाते है यथा विटामिन बी एवं शक्कर आदि। इसलिए अच्छा तरीका है कि चावल में पानी उतना ही डालें कि वे गल जायें और पानी फेंकना नहीं पड़े। यदि चावल का माँड निकालना ही चाहते हैं तो उसे अन्य तरह से उपयोग में ले आयें, किसी अन्य सब्जी में डाल दें। मैंने बिहार के आदिवासी लोगों में देखा है कि चावल को उबालकर उसका पानी (माँड) फेंकते नहीं हैं, उसे छानकर, अलग रख लेते हैं। उस माँड में आलू की हरी पत्तियाँ प्याज की हरी पत्तियाँ, प्याज, कुदरम वगैरह डालकर अदरक व मिर्च डालकर सब्जी जैसा बना लेते हैं और उसी से चावल अर्थात, भात खा लेते हैं। यह भी अच्छा तरीका है। कम खर्च में खाना हो जाता है और उपयोगी माँड फेंकना भी नहीं पड़ता। साफ करने के लिए चावलों को रगड़-रगड़ कर कई बार मत धोईये। बस एक या दो बार हल्के हाथ से धोना काफी है।

पकाते समय साधारणत: चावल से दो-ढाई गुना पानी काफी होता है। यदि पानी ज्यादा रखा जायेगा तो उबले हुए चावलों का फालतू पानी, जिसे माँड कहते हैं, फेंकना पड़ेगा और उसके साथ ही चावल के समस्त विटामिन एवं खनिज बहकर चले जायेंगे। चावल का माँड दाल में भी डाला जा सकता है, अथवा इसमें जरा सा गुड़ डालकर मीठा करके बच्चों को पिलाया जा सकता है। अथवा इसमें नमक, मिर्च, खटाई डालकर हींग जीरे का छौंक देकर स्वादिष्ट पेय तैयार किया जा सकता है।

सब्जी या फलों को पानी से धोकर खाना स्वास्थ्य के लिए अत्यन्त आवश्यक है। प्राय: सब्जी या फल खेतों से सीधे बाजार में आ जाते हैं। इन सब्जियों और फलों पर विभिन्न जीवाणु या उनके अण्डे लगे हो सकते हैं। अत: यह जरूरी है कि सब्जियों को साफ पानी से धोने के पश्चात् ही काम में लायें। और उचित होगा अगर सब्जियों को लालदवा के अत्यन्त हलके घोल में डुबाकर साफ कर लें, तब प्रयोग में लाएँ। विशेषकर बरसात में ज्यादा सावधानी अपेक्षित है। सब्जियों को अच्छी तरह धोकर काट लें, परंतु काटने के बाद दोबारा न धोएं। सब्जियों को बहुत देर पहिले भी काट कर न रखें। इससे पोषक तत्त्व तो कम होते ही है पकाने में भी देर लगती है। खासतौर से मटर वगैरह पहिले से छीलकर न रखें, इससे वे थोडी कड़ी पड़ जाती हैं, उतनी स्वादिष्ट भी नहीं रहतीं और उनकी मिठास भी कम हो जाती है, और फिर पकने में तो ज्यादा समय लेती ही हैं।

सब्जियों को पकाने में कभी भी इतना ज्यादा पानी न डालें कि पक जाने के बाद बचे हुए पानी को सुखाने के लिए सब्जी को थोड़ी देर और आग पर रखना पड़े। ध्यान से सब्जियों को ढककर पकाएँ और ऐसा प्रयास करें कि कम से कम समय तक ही इन्हें पकाना पड़े ओर इनका पानी न फेंकें।

सब्जियाँ पकाने में भूलकर भी मीठे सोडे का प्रयोग न करें, यह सब्जी के समस्त विटामिनों को नष्ट कर देता है। शाकों को बहुत कम

पानी के साथ उबालें। अगर फिर भी पानी बचा रहता है तो इसे काम में ले आयें। या तो किसी दूसरी सब्जी में इस्तेमाल करें या आटा गूँधने में काम में ले आयें।

आलू एवं शकरकन्द को जहाँ तक हो सके पूरा साबुत ही उबालें। कुछ लोग आलू के भी चार टुकड़े करके व शकरकन्द के भी टुकड़े करके उबालते हैं, ऐसा करने से इनके उपयोगी अंश पानी में निकलकर नष्ट हो जाते हैं।

यदि आलू कच्चे काट रहे हैं तो इन्हें अच्छे से धो लें, रगड़कर मिट्टी छुड़ा लें। इनका छिलका न छुड़ाएँ। क्योंकि इनके छिलकों में ही पौष्टिक पदार्थ रहते हैं, छिलका छुड़ाने पर वे सब निकल जाते हैं। नए आलुओं में तो छिलका प्राय: ही बहुत नरम होता है, उसमें छुड़ाने की जरूरत नहीं है। पुराने आलुओं में यदि छिलका कड़ा है तो उसे हल्का सा चाकू से खखोर दें, इससे वह साफ हो जायेगा। आलुओं की भुजिया तो छिलके के साथ ही स्वादिष्ट बनती है, इससे आलू आपस में चिपकते नहीं। छिलका छुड़ा देने पर आलू आपस में थोड़ा चिपकने लगते हैं और देखने में भी उतने आकर्षक नहीं लगते।

मूली, गाजर, चुकन्दर, शलजम के हरे पत्तों में कैल्सियम तथा विटामिन होते है, इनकी सब्जी बनती है, इन्हें फेंके मत। ये सरसों का साग बनाते समय उसमें मिलाए जा सकते है या पालक का साग बनाते समय उसमें मिलाए जा सकते हैं, मेथी या बथुए के साग के साथ भी मिलाए जा सकते हैं। इनकी अलग से भुजिया भी बनाई जा सकती है।

मूली के पत्तों की भुजिया बनाने के लिए उसका उबालना जरूरी नहीं है। यदि मूली की भुजिया बनाने के लिए उबालना ही चाहें तो भुजिया का पानी निचोड़कर मत फेंकें। या तो पानी इतना ही डालें, कि उबालते समय उसी में विलय हो जाए, या किसी अन्य भोज्य पदार्थ के साथ उपयोग में ले आयें। मूली के पत्तों को ऐसे ही काटकर कच्चे ही छौंक कर अच्छी स्वादिष्ट भुजिया बनाई जा सकती है। मूली के पत्तों में अपना

पानी होता है। अपने ही पानी से वे गल जाते हैं और मूली की चमकीली हरी स्वादिष्ट सब्जी तैयार हो जाती है। तरीका यह है—

तीन चार मूलियों के हरे-हरे पत्ते नरम डंडियों के साथ लें, इन्हें अच्छे से धोकर बारीक काट लें, फिर भारी तली की कड़ाही में थोड़ा तेल एक चम्मच के करीब गर्म करके अजवायन, हींग एवं एक खड़ी लाल मिर्च का फोरन देकर छौंक दें। थोड़ा गरम होने तक खुला रहने दें, बाद में ढक दें। ढकने से सब्जी जल्दी गल जाती है। शुरू में थोड़ा खुला रखने पर सब्जी का रंग बना रहता है, और उड़कर फीका नहीं पड़ता। बीच–बीच में दो-तीन बार चला दें। 10-15 मिनट बाद गलने पर उतार लें। इस तरह स्वादिष्ट तरकारी भी बन जायेगी और पौष्टिकता भी बनी रहेगी।

इसी तरह कच्चे केलों को भी यदि उबालकर बनाना चाहें तो साबुत ही उबालें। उबालकर यथा रुचि केलों की सब्जी बनाएँ, पर केले के छिलकों को फेंकें मत। उनकी भी स्वादिष्ट सब्जी/भुजिया बनती है। मुझे तो केलों से ज्यादा केलों के छिलकों की भुजिया ही पसंद है। छिलकों को बारीक-बारीक काटकर मूली की भुजिया की ही तरह छौंक दें। इसमें थोड़ी सी दही भी डालकर पकाएँ तो और ज्यादा सुस्वादु हो जाते है। धनिया, सौंफ, हल्दी अपनी इच्छानुसार हल्का सा डाल सकते है। नमक तो डलता ही है।

दूध को खुली कड़ाही में ऊँचे ताप पर अधिक देर तक रखने पर उसके विटामिन 'ए' और 'सी' नष्ट हो जाते हैं। यदि ढके हुए बर्तन में चीज़ें पकाई जायें तो इन विटामिनों के नष्ट होने की संभावना कम रहती है। दूध को ढककर उबालें, उबालने से पहिले उसमें थोड़ा पानी मिला दें, अच्छा हो कि भगोने में पहिले थोड़ा पानी डालकर तब दूध डालें और इसके बाद उसे धीमी आँच पर उबलने रख दें, साथ ही ढक भी दें। इस तरह सावधानी से उबालने से दूध के पोषक तत्त्व बने रहेंगे। केवल एक उबाल आने पर ठण्डा किया हुआ दूध स्वास्थ्य के लिए अत्यन्त लाभप्रद होता है। दूध को कई तरह से प्रयोग में लाया जा सकता है। दही जमाकर

मट्ठा बनाया जा सकता है या मिठाईयाँ बनाने के काम में लाया जा सकता है।

जब भी दाल या सब्जी पकाएँ, तो बर्तन का मुँह किसी भारी वस्तु से ढक दें खुला न छोड़े। दाल गर्म होने पर उबलती है, अत: उसमें एक उबाल आने के बाद ही ढकें और आँच धीमी कर दें। बर्तन से ढक देने पर सब्जी जल्दी गल जाती है। खुला छोड़ देने पर पकने में देर लगती है। पकाने में जितना कम समय लगेगा, विटामिनों का नाश उतना ही कम होगा। लोहे के बर्तन/कड़ाही में यदि सब्जी बनायी जाय तो भोजन में लोहे की कमी नहीं रहेगी लोहे की प्राप्ति के लिए हरी पत्ती वाले शाक मेथी, बथुआ, सरसों आदि खूब खाने चाहिए। गुड़ में भी काफी मात्रा में लोहा होता है।

अनाज तथा दालों को पौष्टिक बनाने के लिए अच्छा यह है कि इन्हें अँकुरित कर लिया जाय, तब काम में लाया जाय। अँकुरण के लिए साबुत दाल या गेहूँ को अंदाज से इतने पानी में भिगो दें कि दस-सोलह घण्टे भीगे रहने पर वह समस्त पानी को सोख लें। दो कप अनाज को भिगोने के लिए एक या सवा कप पानी काफी होता है। दस-बारह घण्टे बाद इन भीगे दानों को एक पतले कपड़े में लपेट कर किसी बड़ी प्लेट में रखकर ऊपर से किसी बर्तन से ढक कर रख दें और बारह से चौबीस घण्टे छोड़ दें, तो इनमें से अँकुर निकल आते हैं। या इन दानों को कपड़े में लपेट कर रखने की बजाय कैसेरोल में ढककर रखें, इससे भी आसानी से अँकुर निकल आते हैं।

अँकुरित चने, मूँग दाल आदि को थोड़ी सी मात्रा में सुबह कच्चा ही खाया जाय, तो बहुत लाभ मिलता है। इन्हें नींबू, प्याज, नमक, काली मिर्च इत्यादि मिलाकर खा सकते है। चाहें तो हल्का सा उबाल या भून भी सकते हैं और तब नमक, मिर्च, नींबू वगैरह डालकर स्वादयुक्त बना सकते हैं। हरा धनिया वगैरह भी काटकर मिला सकते हैं। यह बहुत पौष्टिक नाश्ता है। अँकुरित गेहूँ मिक्सी में हल्का सा तोड़कर उसका दलिया बना लें, यह अँकुरित दलिया अत्यन्त पौष्टिक होता है। इसे थोड़े

से पानी में उबाल कर फिर दूध में मिलाकर खाया जा सकता है और सुबह के नाश्ते के लिए भी यह उपयोगी है।

दहीबड़े बनाने में अँकुरित उड़द दाल या मूँग दाल की पिट्ठी का उपयोग किया जा सकता है। पकौड़ियाँ बनाने के लिए अँकुरित चने को पीसकर बेसन की जगह प्रयोग किया जा सकता है, जो ज्यादा स्वास्थ्यवर्द्धक होंगी। धुली दाल अर्थात बिना छिलके वाली दाल से छिलके वाली दाल अधिक पौष्टिक होती है। छिलका बेकार भाग नहीं है। दालों की अधिकतर ताकत अर्थात विटामिन छिलकों में ही विद्यमान होती है। दाल से छिलका फेंकने का अर्थ है कि दाल के सारे विटामिन एवं खनिज पदार्थ निकाल फेंके। मुझे अपनी चाची जी की याद है कि वे छिलके वाली मूँग दाल को ही भिगोकर उसकी पिट्ठी बनवाती थीं, दाल एवं छिलके दोनों ही पिसवा लेती थी सिल पर और फिर उस पिट्ठी को नमक, मिर्च, हींग वगैरह मिलाकर कचौरी में भरती थीं। वह कचौरी स्वादिष्ट होती थीं, हल्के हरे रंग की पिट्ठी खुशबू एवं रंग मे आकर्षक होती थी और पौष्टिकता तो थी ही। अंकुरित दालों में विटामिन 'सी' एवं अन्य विटामिन बढ़ जाते हैं।

यदि दालों को अँकुरित नहीं भी करें, तो भी यदि दाल को चार घण्टे पानी में भिगोने के बाद बनाया जाय तो दाल की पौष्टिकता बढ़ जाती है और वह गलती भी जल्दी है। दाल को बिना रगड़े हलके हाथ से दो-एक बार पानी में धोकर तब भिगोया जाय और जिस पानी में भिगोया जाय, उसी को उबालने में इस्तेमाल कर लें, उसे फेंकें नहीं। मैंने बचपन में देखा है कि मेरी माँजी सुबह ही सुबह उठकर पानी से दाल धोकर भिगाने के लिए रख देती थीं और जब तक खाना बनाने वाले पंडित जी अर्थात रसोईया आते थे, दाल चार घण्टे भीग जाती थी। दाल बनाने के लिए एक मोटी तली का बर्तन होता था, जिसका मुँह छोटा एवं तली चौड़ी होती थी, उस बर्तन को कसैंडी बोलते थे, उसी में दाल बनती थी। वह दाल बनाने का स्पेशल बर्तन था। तब प्रेशर कुकर नहीं होते थे और उनका चलन नहीं हुआ था। कसैण्डी में दाल में एक उबाल आने पर उसके

ऊपर का झाग करछी से हटा कर साफ कर दिया जाता था, और उसके बाद धीमे अँगारों पर दाल पकने के लिए रख दी जाती थी, कसैण्डी का मुँह छोटी तश्तरी से ढक दिया जाता था। पकने के बाद शुद्ध घी का छौंका लगाया जाता था। ऐसी दाल बहुत स्वादिष्ट होती थी।

दो दालों को एक साथ मिलाकर पका सकते है। अरहर एवं मूँगदाल, व मसूर दाल मिलाकर बनाई जा सकती हैं। छिलके वाली मसूर दाल को मलका भी कहते हैं। पाँच दालें भी एक साथ मिलाकर बनाई जा सकती हैं; ये दालें है—चना, अरहर, उड़द, मूँग और मसूर। मिली हुई पाँचों दालें आजकल बाजार में भी मिलने लगी हैं। मिली हुई दालें खाने में स्वादिष्ट होती है एवं नये रस की सृष्टि करती हैं। प्रोटीन की श्रेष्ठता के विचार से अरहर और चना उत्कृष्ट दाल हैं। लोक रुचि दालों की उत्कृष्टता के हिसाब से ही उनको आदर भी देती है। बिहार, बंगाल में तो किसी मेहमान के आने पर आदर स्वरूप चने की दाल ही बनती है। चावल के साथ अरहर की दाल का मेल है।

पकाने के दौरान विटामिनों को सुरिक्षत रखने का सबसे अच्छा तरीका खाने को प्रेशर कुकर में पकाना है। दालों एवं सब्जियों को प्रेशर कुकर में पकाया जा सकता है, उबाला जा सकता है। प्रेशर कुकर में खाना शीघ्र ही पक कर तैयार हो जाता है अत: विटामिन नष्ट नहीं हो पाते। प्रेशर कुकर में भी सावधानी अपेक्षित है। यदि प्रेशर कुकर का इस्तेमाल करना नहीं जानते तो सीख लेना जरूरी है। कब ढकना कैसे बंद करना है, कब कैसे खोलना है। यह सब जानना आवश्यक है। अभी उस दिन की बात है कि एक माँ ने अपनी बेटी से कहा कि कुकर में आलू उबाल दिए हैं। जाकर कुकर से आलू कां पानी निकाल दो। बेटी माँ के कहने से रसोई में आ तो गई, पर कुकर खोलना जानती नहीं थी। हाकिन्स का प्रेशर कुकर था और वह ढकना खोल कर बाहर नहीं कर पा रही थी। फिर मेरे से पूछने पर मैंने उसको ढकना खोलकर दिखाया। वह तो आलू उबले काफी देर हो चुकी की और प्रेशर कुकर ठण्डा हो गया था। पर कितने ही युवा बच्चे ऐसे हैं जो यह भी नहीं जानते कि प्रेशर कुकर का प्रेशर खत्म

होने के बाद ही कुकर को खोलना है उससे पहिले नहीं। यह साधरण सी बातें हैं। पर जो रसोई में झाँककर देखते भी नहीं उन्हें ये छोटी बातें भी पता नहीं होती। प्रेशर कुकर में कौन दाल, कौन सब्जी कितनी देर रखनी है इसका भी ज्ञान जरूरी है, तभी प्रेशर कुकर से स्वादिष्ट खाना बन पायेगा। अन्यथा या तो खाना कच्चा रह जायेगा,या ज्यादा पक जायेगा, दोनों ही तरह से स्वाद में ठीक नहीं रहेगा।

खाद्य पदार्थ पूरी तरह से पकाया हुआ होना चाहिए। अधपके खाद्य पदार्थ से शरीर को उतना लाभ नहीं है जितना अच्छी तरह पके पदार्थ से। मेरी माँ कहा करती थीं कि सब्जी पक तो गई है पर सीझी नहीं है, सब्जी पकने के बाद थोड़ी देर सीझने के लिए धीमी आँच पर रखें, तो ज्यादा स्वादिष्ट होती है और रंग में निख़ार व मसालों में खुशबू अच्छी आती है। वे आग धीमी कर दिया करती थी या दो-चार अँगारे अँगीठी में डालकर एकदम धीमी आँच पर सब्जी रख दिया करती थीं, या आग धीमी रखने के लिए चावल की बटलोई के नीचे तवा रख देती थीं, जिससे हल्की गरमाई मिलती रहे और चावल की अंदर की कनी भी ठीक से पूरी तरह सीझ जाय। सीझ जाय अर्थात पूरी तौर पर गल जाय। ऐसे पके चावल सुगंध एवं स्वाद में भरपूर होते थे। सब्जी अगर दो-चार मिनट ठीक से सिझा ली जाय तो यही अन्तर उसके स्वाद में मोहकता एवं रंग में चमक ला देता है। इसलिए सब्जी पकाने के साथ-साथ उसे कब बर्तन से निकाला जाय इसका भी बहुत महत्त्व है। यदि सब्जी पकने के दो-चार मिनट बाद उसी कड़ाही या बर्तन में छोड़ दी जाय, तो वह गर्म रहने के कारण धीरे-धीरे खुद ही सीझकर ठीक हो जाती है; उसे आग/गैस पर भी रखने की जरूरत नहीं है। अत: सब्जी बनते ही सार उसे बर्तन या कड़ाही से निकालने की जल्दी न करें, बर्तन या कड़ाही को गैस से उतारकर अलग रख दें, और दो-चार मिनट बीतने पर तब सब्जी परोसने वाले बर्तन में निकालें।

स्वादिष्ट खाद्य पदार्थ देखने से लार अपने आप मुँह में आ जाती है। यह लार भोजन अच्छी तरह चबाये जाने पर भोजन के साथ मिलकर

भोजन को ठीक से पचाने में सहायता करती है। इसके साथ ही यह भी ध्यान देने योग्य है कि भोजन सुपाच्य हो तथा इसमें रेशा (बल्क) इतनी मात्रा में हो कि कब्ज न रह सके। इसके लिए कुछ चीज़े ध्यान देने योग्य हैं—

आटे का चोकर (गेहूँ की बाहरी परत/छिलका) निकालकर नहीं फेंकना चाहिये। चोकर में ही गेहूँ के अधिकांश खनिज व विटामिन होते हैं। नाश्ते में चोकर सहित आटे की रोटी या पराठे लेना अच्छा है, मैदा से बनी ब्रेड ठीक नहीं। सम्पूर्ण आटे की बनी ब्रेड फिर भी ठीक रहती है जिसे ब्राऊन ब्रेड कहते हैं।

कद्दू, लौकी, परवल, तोरी और टिण्डा जैसी सब्जियों के छिलके न उतारें। यदि ये सब्जी ताजी एवं नरम हों तो छिलके सहित अच्छी बनती हैं। यदि लौकी का छिलका कड़ा हो गया है तो छिलका उतार कर इसकी सब्जी अलग से बना लें। छिलके को छोटे-छोटे पतले टुकड़ों में काटें और हल्के से उबालकर छौंक दें, आलू मिलाकर भी छौंक सकते है, स्वादिष्ट सब्जी तैयार हो जायेगी। तोरी के छिलके यदि उतारे हैं तो ना फेंकें, इसकी चटनी पीस लें, स्वादिष्ट लगेगी। परवल, टिण्डा और तोरी हल्का सा केवल चाकू से खखोर दें, तो ऊपर की परत में चमक आ जायेगी। तोरी का हल्का हरा रंग अच्छा लगता है, यदि आप मोटा छिलका उतार देते हैं तो वे उतनी हरी नहीं रह जाती और पीली सी दिखती है, स्वाद भी बदल जाता है। मेरे द्वारा बनी हुई तोरी देखकर एक बार किसी ने पूछा कि आपकी तोरी इतनी हरी कैसे हैं और मिठास भी है, जबकि हमारे यहाँ न मिठास रहता है और न हरापन रहता हैं। मैंने उन्हें टिप्स दी कि तोरी का छिलका उतारें नहीं, हल्का खखोरें और यदि छिलका उतारना ही है तो इतना बारीक, पतला महीन उतारें कि उसका हरा रंग बना रहे और उसमें पानी नाम मात्र को पड़ता है, क्योंकि तोरी में अपना ही बहुत पानी होता है और नमक हल्का पड़ता है। हलके नमक से सब्जी में उसकी अपनी मिठास बनी रहती है। और जीरे, नमक व हल्दी के अलावा ज्यादा मसाला डालने को कोई जरूरत नहीं। तोरी को सब्जियों

की रानी एवं लौकी को सब्जियों का राजा कहा जाता है, इनकी उपयोगिता को देखते हुए। ये पचने में सुगम है और हर किसी के लिए फायदेमंद, चाहे किसी भी अवस्था में आप हों।

सब्जियों को बनाकर ज्यादा देर न रखें। जैसे ही बनें, गरम-गरम परोस दें, यह सर्वोत्तम है। बनाने के बाद ज्यादा से ज्यादा दो घण्टा रखें, इससे अधिक न रखें। दुबारा गर्म न करें। दुबारा गर्म करने से सब्जी का स्वाद चला जाता है और पौष्टिकता भी कम हो जाती है। सब्जी सजीव पौधों के फल हैं। खाद्य को जितना ही जीवित अवस्था में खाईये, उतना ही अच्छा। जितना निष्प्राण करके खाईये उतना ही हानिकारक है। उदाहरण के लिए जैसे ईख का ताजा रस लाभदायक है, गुड़ उससे कम, भूरी चीनी और भी कम और सफेद चीनी सबसे कम लाभदायक है बल्कि हानिकारक है। ऐसे ही ताजे भोजन में प्राण शक्ति है। बासी भोजन, ज्यादा देर का रखा हुआ भोजन अशुद्ध आहार है। जो भोजन देर तक या कई दिनों तक रखा रहता है, उसके जीवाणु तत्वों का क्षय हो जाता है, उसमें शक्ति देने वाले हिस्से शेष नहीं रहते। ऐसे निस्सार भोजन से केवल हानि हो सकती है।

खाना पकाने के लिए ताजी सामग्री का इस्तेमाल करें। ताजे फल और सब्जियों में विटामिन 'सी' बहुत होता है। हमेशा साफ सुथरी अच्छी क्वालिटी की ताजी वस्तुएँ खरीदें। दाग-धब्बे या कुछ नुक्स वाले खाद्य पदार्थ न खरीदें।

भोजन में रफेज की पर्याप्त मात्रा होनी चाहिए। मेथी, पालक, सरसों के साग, गेहूँ का चोकर और चने का आटा रेशे के अच्छे स्रोत है। रेशे की सर्वाधिक मात्रा सेम में पायी जाती है और इसका उपयोग सब्जी के रूप में असानी से किया जा सकता है। रेशा पचता अवश्य नहीं है, पर स्वास्थ्य के लिए विटामिनों से भी ज्यादा आवश्यक है। बहुत सारी बीमारियाँ केवल भोजन में रेशे की कमी के कारण होती हैं। भोजन में रेशे की कमी होने पर भोजन धीरे-धीरे आँत में अपनी यात्रा करता है, इसके विपरीत भोजन में रेशे की मात्रा अधिक होने पर, भोजन शीघ्रता से आँत

में यात्रा करता है तथा भोजन में उपस्थित रेशा जहरीले पदार्थ को अवशोषित करता जाता है।

जितना ही अधिक अन्न पकाया जाता है, उतना ही उसके जीवाणु तत्त्व विलीन हो जाते हैं। स्वाद चाहे बढ़ जाए किंतु उसके खाद्यान्न पदार्थ नष्ट हो जाते हैं। कई-कई रीतियों से उबालने, भूनने या तेल में पूरी कचौरी की तरह तलने से आहार निर्जीव होकर तामसी बन जाता है। नमक का सही अंदाज, मसालों का अच्छा संतुलन और सही तरह पका हुआ भोजन ही उत्तम होता है।

❑❑❑

> "सात्त्विक आहार से ही मन में उचित विचारधाराओं का संवर्धन होता है।"

9

भोजन पकाने में कुशलता

आजकल भी बहुत से लोग अपने परिवार के लिए खाना स्वयं बनाना पसन्द करते हैं। यह अलग बात है कि दिन भर ऑफिस में काम करके आने के बाद उनके पास खाना बनाने के लिए पर्याप्त शक्ति एवं समय नहीं बचता। अच्छा भोजन सभी पसन्द करते हैं। पर यह जरूरी नहीं है कि खाना बनाने में अपने को इतना थका लें कि कुछ आनन्द नहीं ले सकें। ऐसा भोजन चुनें जो सरल हो, स्वादिष्ट हो, जैसे आप प्राय: बनाते रहते हैं और जो जल्दी बन जाता हो। छुट्टी के दिन बिना किसी बाधा के आप अपनी पसन्द का सुन्दर एवं महत्त्वाकांक्षी खाना बना सकते हैं।

रसोई में क्या सामान चाहिए यह एक दिन पहिले ही देख लें। जो आपको बनाना है वह पर्याप्त है या नहीं, यह भी देख लें। यदि किसी सामान को नापना है तो ठीक से नापें। सजग रहें, सावधान रहें। अपने काम का प्रबन्धन ऐसे करें कि कम से कम समय एवं शक्ति खर्च हो। जो सामान या बर्तन नहीं चाहियें, उन्हें अलग रखें। रसोई में भीड़ नहीं करें। खाना पकाने का एक दक्ष तरीका यह है कि पकाने में काम आने वाला सारा सामान-सामग्री, बर्तन, मसाले, नमक, मिर्च आदि काम शुरू करने से पहिले ही जोड़कर रखें, रसोई को व्यवस्थित रखें, इधर-उधर सामान फैला न रहे। व्यवस्था से काम करने में आसानी होती है और बीच-बीच में सामान ढूंढने के लिए हाथ नहीं रुकता। अपना रोजमर्रा का दैनिक भोजन बुद्धिमत्ता से सावधानी से और ईश्वर को धन्यवाद देते हुए चुनें। बर्तन पीतल या लोहे की भारी तली के हों। अल्युमिनियम के बर्तन में न पकायें। पकायें तो पकाने के बाद निकाल लें, उसी में पड़ा न रहने दें। रसोईघर में स्वच्छता रहे। मसालेदान में ताजे कुटे मसालें रहें।

खाना पकाना भी किसी और वस्तु की तरह ही है। कुछ लोगों में इसकी जन्मजात प्रतिभा होती है, कुछ अभ्यास से कुशल बनते हैं और

कुछ किताबों से सीखते हैं। लेकिन सबसे अच्छा तरीका किसी को खाना बनाते हुए देखकर सीखने का है। तब आसानी से बिना प्रयत्न के सब चीज़ समझ में आ जाती है। अर्थात् यहाँ भी गुरु की महिमा है, प्रैक्टिकल ज्ञान किसी को खाना बनाते हुए देखकर ही सहज रूप से होता है। वर्षों पहिले बालक विशेषकर बेटी माता से खाना बनाना सीखती थी। जब माँ खाना बनाती थी, बेटी उत्सुकता से उसके पास खड़ी होकर देखती रहती थी, और काम में सहायता करने का अनुरोध भी करती थी, इस प्रकार वह किस तरह घर में खाना बनता है यह सीख जाती थी।

पहिले जमाने में स्कूलों में विशेषकर आर्य कन्या पाठशालाओं में खाने पकाने की भी बाकायदा परीक्षा ली जाती थी, और यह परीक्षा कक्षा 6 से ही शुरू हो जाती थी। उन्हें खाना बनाकर थाली में लगाकर टीचर को देना पड़ता था। कूल में ही खाना पकाने की अँगीठी और खाना पकाने का सारा सामान ले जाना होता था, और वहीं बैठकर पकाना होता था। फिर किसने कैसा पकाया इस पर नम्बर मिलते थे, और प्रधान अध्यापिका के साथ क्लास टीचर व अन्य टीचर भी बैठकर खाना चखती थीं। अच्छे खाने को तारीफ भी मिलती थी। खाना पकाना, सफाई रखना और थाली में परोसना सब देखा जाता था। जिनको खाना पकाना नहीं आता था उनकी बड़ी मुश्किल हो जाती थी। ऐसी मुश्किल मुझे भी पड़ती थी। तो माँ सहायता के लिए आगे आती थीं। बुरादे की अँगीठी भरकर देती थीं, उसे जलाने का तरीका सिखाती थीं, आलू उबालकर देती थीं, पूरी का आटा गूँधकर देती थीं, और सूजी का हलवा बनाने के लिए सूजी, चीनी, घी नापकर देती थी, साथ ही पानी का नाप भी बताती थीं और पानी नापने वाली कटोरी साथ रख देती थीं। साथ में नाप कर पूरी के लिए घी रखती थीं, हलवे के लिए अलग से घी-शुद्ध घी दिया जाता था। एक टोकरी में सब सामान रखकर तौलिये से ढककर हम स्कूल ले जाते थे। पूरी बनाने के लिए कड़ाही ले जाते थे। हलवा बनाने की अलग कड़ाही ले जाते थे, जो लोहे की होती थी। पूरी बनाने की कड़ाही पीतल की होती थी और उसी में आलू भी भूनना होता था। आलू

भूनने के लिए आवश्यक मसाले यथा जीरा, धनिया, सौंफ, नमक, मिर्च, खटाई, गरम मसाला अलग पुडियों में बाँधकर, डिब्बों में रखकर दिया जाता था।

स्कूल में नीचे का बरामदा पानी से धोकर साफ कर दिया होता था, वहीं हम और अन्य लड़कियाँ अपना-अपना चौका लगाकर बैठते थे। हमें खुद अँगीठी जलानी होती थी। अँगीठी जलाने के लिए दिया सलाई एवं सूखी पतली लकड़ियाँ भी घर से ही लेकर जाते थे। वहीं हलवा बनाते थे, पूरी बनाते थे और आलू सूखे भूनते थे। मेरे लिए यही करना बहुत था। इससे आगे और कुछ नहीं आता था। अन्य लड़कियाँ, जो कुछ बड़ी भी थी, खाना बनाने में ज्यादा कुशल थीं। एक लड़की यशोदा की मुझे याद है कि उसने दम आलू बनाए थे, और चोकर को गूँधकर काटकर पनीर की तरह तलकर उबले काले चनों के साथ उसकी अच्छी खुशबूदार रसेदार तरकारी बनाई थी। जिसकी रेसिपी मैंने उससे पूछकर बाद में घर आकर माँ को बताई थी और घर पर माँ के साथ बनाकर भी देखी थी।

हम थाली में चार पूरी रखकर, कटोरी में हलवा रखकर और आलू की सूखी सब्जी सजाकर ले जाते थे टीचर के पास। मेरे बनाए हलवे की तारीफ होती थी। असल में यह तारीफ मेरी माँ की थी, क्योंकि सब नापतोल उन्हीं का था। तो सूजी के हलवे की रेसिपी यह थी—

सामग्री: सूजी - एक कटोरी
घी - एक कटोरी
चीनी - दो कटोरी
पानी - चार कटोरी

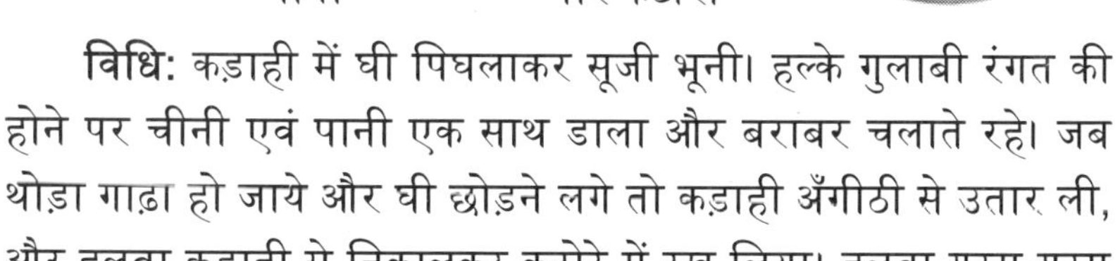

विधि: कड़ाही में घी पिघलाकर सूजी भूनी। हल्के गुलाबी रंगत की होने पर चीनी एवं पानी एक साथ डाला और बराबर चलाते रहे। जब थोड़ा गाढ़ा हो जाये और घी छोड़ने लगे तो कड़ाही अँगीठी से उतार ली, और हलवा कड़ाही से निकालकर कटोरे में रख लिया। हलवा गरम-गरम

खाने के लिए दिया। उस पर बुरकने के लिए शायद कुटी बड़ी इलायची के दाने और बादाम की बारीक-बारीक कतरी हवाईयाँ होती थी।

आज भी हम हलवा बनाते हैं। अच्छा ही बनाते हैं। पर अब इस रेसिपी में समय के अनुसार सुधार कर लिया है। एक कटोरी सूजी में आधा कटोरी घी एवं एक कटोरी चीनी डालते हैं। कभी-कभी एक कटोरी से भी कम चीनी डालते हैं। आटे अथवा बेसन का भी हलवा बनता है, पर उसमें सूजी के हलवे से थोड़ा कम पानी डाला जाता है। एक कटोरी आटे या बेसन में तीन कटोरी पानी पड़ता है।

तो खाना सीखने की शुरुआत बचपन से ही हो जाती थी। खाना नहीं बनाना पड़ता था पर दूसरों को बनाते देखकर तरीका सब पता रहता था, सारे चरण (स्टेप्स) पता रहते थे।

जिन्होंने खाना बनाना लेट शुरू किया है अर्थात् करीब अठारह-बीस वर्ष की उम्र के बाद, तो उनके लिए शुरू में काफी झंझट प्रतीत होता है। यदि वे किसी कुशल कुक से पूछेंगे कि सबसे आसान क्या चीज़ है जो एक अनाड़ी भी बना ले, तो वो कहेंगे कि आलू उबालना। लेकिन जब आलू उबालने जायेंगे तो पता चलता है कि उसमें भी कम परेशानी नहीं है। सबसे पहिले तो यही पता नहीं चलेगा कि कितनी देर में आलू उबलेंगे। और उबाल भी लिए तो जरूरी नहीं कि ठीक ही उबलें, कभी कच्चे रह जायेंगे, कभी इतने ज्यादा गल जायेंगे कि छिलका फटकर चूरा हो जायेंगे और पानी भर जायेगा। यह तो कुछ गलतियाँ करने के बाद ही पता चलता है कि आलू कब ठीक से उबले। और फिर उबालने के बाद आलुओं को तुरंत पानी से निकाल देना चाहिए, नहीं तो उनमें पानी भर जाता है। पानी भर जाने से वे चिपचिपे और लसलसे हो जायेंगे और उनसे न मैश करके अच्छा आलू का भरता बनेगा और न आलू के चॉप बनेंगे। गर्म आलुओं पर ठण्डा पानी भी नहीं डालना है, अन्यथा टेस्ट में फर्क आ जायेगा। उबले आलुओं को गरम-गरम ही निकालकर हल्का गरम रहने पर ही छील लें और उसी समय उनका जो बनाना हो बना लें। क्योंकि ताजे उबले गर्म आलुओं से जो भी चीज़ बनायेंगे, अच्छी बनेगी, वही

आलू ठण्डे होने पर या कुछ घण्टे बासी होने पर उतना अच्छा स्वाद नहीं देंगे। आलू उबालने जैसा सादा और साधारण काम भी काफी कठिन हो सकता है। यदि बिना रूचि के बेमन से किया जाय।

जब भी आप खाना पकाते हैं, आप अकेले नहीं होते। यदि आप एकदम एकाकी भी होते हैं, तो भी बचपन में जो आपने खाना खाया, उसकी स्मृतियाँ साथ होती हैं, या और जो लोग अब खाना पका रहे हैं उनकी सलाह और व्यंजनों से घिरे रहते हैं या खाना पकाने पर किताब लिखने वालों की बुद्धिमत्ता से प्रभावित रहते हैं। मानव-विज्ञान के अनुसार मानव जाति के महान् काम ही केवल सभ्यता (कल्चर) नहीं बनाते, बल्कि ये रोजमर्रा की चीज़ें भी होती हैं जैसे कि लोग क्या खाते हैं और कैसे परोसते हैं।

जो नये खाना पकाने वाले हैं और उन्होंने यदि किसी को अपने घर खाने पर बुलाया है तो उन्हें कोई भी रेसिपी बनाने से पहिले उसको पढ़कर अच्छे से समझकर हृदयंगम कर लेनी चाहिए और किसी अच्छे कुक से उसकी राय पूछ लेनी चाहिए और उसकी राय पर ठीक से अमल भी करना चाहिए। कुकरी बुक की बनिस्बत अच्छा कुक मित्र इसलिए श्रेष्ठ होता है कि उससे आप समझ न आने वाली चीज़ पूछ सकते हैं, बार-बार पूछ सकते हैं जबकि कुकरी बुक के साथ ऐसी बात नहीं है, उससे आप जिरह नहीं कर सकते। यहाँ कुकरी बुक पर अच्छा खाना बनाने वाला मित्र भारी पड़ता है और उसकी सलाह पर सही अमल करने पर आप रेसिपी अच्छे से बना सकते हैं।

बार-बार अभ्यास से दस-बारह बार वही चीज़ बनाने से आप में वह चीज़ बनाने की हिम्मत आ जाती है और तब आप अपने हिसाब से उसमें परिवर्तन कर सकते है, कुछ नया जोड़ सकते हैं या घटा सकते हैं और इस प्रकार उसमें अपनी पसंद से और निखार ला सकते हैं। आज यदि सब्जी कुछ कच्ची रह गई तो कल बनाते समय कुछ और ज्यादा देर पका सकते हैं। ऐसे ही यदि नमक ज्यादा पड़ गया तो अगली बार कम नमक डाल सकते हैं। अपने पसंद के हिसाब से घी/तेल का अनुपात, मसालों का

अनुपात घटा बढ़ा सकते है। ऐसे धीरे-धीरे आपका आत्मविश्वास बढ़ता जाता है, आप सब्जी में कम या ज्यादा पानी अपनी जरूरत के हिसाब से रख सकते हैं। इस तरह थोड़े ही समय में आप अच्छे कुक हो सकते हैं। अनुभव के साथ-साथ आप सीखते जाते हैं और किसी भी तरह का खाना आसानी से पका सकते हैं।

कुशलता से खाना बनाने के कुछ टिप्स (सुझाव) ये हैं— बैंगन को काटकर पानी में रखें, नहीं तो वे काले पड़ जाते हैं। बैंगन काटते समय कटोरे में थोड़ा पानी भरकर पास में रखें एवं कटे हुए बैंगन के टुकड़े उसमें डालते जायें, इससे वे ताजे बने रहेंगे, काले नहीं पड़ेंगे। आलू को काटकर पानी में रखें, नहीं तो आलू के टुकड़े गुलाबी पड़ जायेंगे और थोड़े देर में हल्के काले से होने लगेंगे। कटे हुए आलुओं को हाथ की हाथ धो लेना भी ठीक है, इससे टुकड़े पकने पर आपस में चिपकते नहीं हैं।

कच्चा केला भी काटने के बाद काला पड़ने लगता है। अत: केले के स्लाईस या टुकड़े काटने के बाद पानी में रखते जायें, इससे वे सफेद ही बने रहेंगे। केले के छिलकों को भी सब्जी के काम में लेते हैं। केले के छिलके भी काटकर पानी में डालें, इससे वे ठीक बने रहेंगे।

लौकी भी कसने (कद्दूकस करने) के बाद रंग पलटने लगती है, उतनी ताजी और साफ नहीं रह जाती, हल्की काली पड़ने लगती है। अत: लौकी तभी कसें जब उसका कोफ्ता या रायता बनाना हो, पहिले से कसकर न रखें।

दूध को उबालने के लिए कभी बर्तन के किनारों तक न भरें, दूध में उबाल आने के लिए एक तिहाई जगह खाली रखें। अच्छा होगा कि दूध उबालने के लिए बड़ा भगौना लें। सण्डसी पास में रखें।

गर्म दूध को संभालकर पकड़ें। कभी-कभी भगौना ठीक सण्डसी से पकड़ में नहीं आता और गिरने का डर रहता है। यदि सण्डसी से पकड़ने में दिक्कत है तो छोटे तौलिये से भगौना दोनों तरफ से पकड़ें और तब गैस से उतारें। हाथ से पकड़कर न उतारें।

कभी-कभी किचेन में बहुत निपुण कुक से भी ऐसी गलतियाँ हो जाती हैं, और उस समय यह सोचना आराम नहीं पहुँचाता कि अपनी गल्तियों से सीखना चाहिए। भारी भगौने में पानी उबल रहा है, बिना अंदाज किए आपने सण्डसी से उठाने की कोशिश की और भगौना गिर पड़ा। गर्म पानी से जलने से कितनी तकलीफ होती है यह कोई भुक्तभोगी ही जानता है। अत: कपड़े के मोटे तौलियें से दोनों तरफ से पकड़कर भगौना उतारें या उतना ही बड़ा बर्तन काम करने के लिए लें जितना आप संभाल सकें; या किसी को सहायता के लिए बुला लीजिये।

यह ध्यान रखें कि कढ़ी बना रहे हैं तो उसमें उबाल आयेगा। इसलिए कढ़ी बनाने के लिए बड़ा बर्तन या कड़ाही लें जिसमें उसके उबलने की गुंजायश हो। छोटी कड़ाही में कढ़ी बनायेंगें तो वह उबलकर बाहर गिरेगी। उबलने से बचाने के लिए आग धीमी रखें, कढ़ी चलाते रहें, या थोड़ी कढ़ी अलग बर्तन में निकालकर पकने रख दें।

बेसन की पकौड़ी बनाते समय बेसन थोड़ी देर पहिले घोलकर रख दें। 5-10 मिनट तक काफी फेंटें। इससे पकौड़ी नरम बनेंगी।

दही बड़े बनाने के लिए दाल पीसी है, तो उसे देर तक न रखें, हाथ की हाथ काम में ले आयें। ताजी पिसी दाल के दही बड़े अच्छे बनेंगे, उनमें घी भी नहीं भरेगा। देर तक रखने पर पिट्ठी में खमीर उठ आयेगा, जिससे थोड़ी खटास आ जायेगी और वे तेल भी ज्यादा पियेंगे। इसी तरह चीले भी ताजी पिसी दाल के ज्यादा अच्छे बनेंगे।

कचौरी में भरने के लिए या दही बड़े, पकौड़ी बनाने के लिए दाल 4-5 घण्टे भिगोना काफी है। यदि ज्यादा देर दाल भीगती रहती है तो उसमें महक उठ आती है और खाने में ठीक नहीं लगती। मूँगदाल भिगोने के लिए दो-तीन घण्टे भी काफी होते हैं।

दाल की पकौड़ी, दही बड़े या बेसन की पकौड़ी बनाते समय आँच न तेज रखें, न धीमी रखें, मीडियम रहे। तेज आँच में ठीक से पकेंगे नहीं और धीमी आँच में कड़े पड़ जायेंगें।

यदि दही बड़े दही में डालने हैं तो भगोने में पानी भरकर पास रखें और दही बड़े तलने के बाद पानी में डालते जाये, इससे वे नरम बनेंगे। पानी में थोड़ा नमक भी डाल दें। और 10-15 मिनट बाद हल्के हाथ से दबाकर बाहर निकाल लें।

पोस्ता दाना (खसखस), चौलाई या तिल कड़ाही में सूखा भूनते समय इधर-उधर उड़कर जाते हैं, इससे बचने के लिए तौलिये की मोटी तह बनाकर उससे ढककर उन्हें चलायें, इससे वे उड़ेंगे नहीं और एक-एक मुट्ठी करके डालें। अर्थात् थोड़ा-थोड़ा एक बार में भूनें। कड़ाही शुरू में तेज रखें, बाद में मीडियम कर दें।

हरीमिर्च घी या तेल में तड़के के लिए डालें तो हल्का सा चीरा लगा दें या छेद कर दें, इससे वे उछलकर बाहर नहीं आयेंगी। साबुत हरीमिर्च घी/तेल में पकने पर फट सकती है और उड़कर आप पर आ सकती है, हाथ पर गिर सकती है, चोट लग सकती है।

लम्बी-लम्बी बीन्स को तेल भरी कड़ाही में डालकर न तलें। पकने पर वे फूटकर बाहर आ सकती हैं और आपको नुकसान पहुँचा सकती हैं।

कटहल को तलें तो उसका बीज़ अलग कर दें। तलते समय उसका बीज तड़ककर बाहर आ सकता है और आपको चोट पहुँचा सकता है।

कटहल को काटते समय अपने हाथों पर व चाकू पर सरसों का तेल लगा लें, इससे कटहल काटते समय हाथों पर या चाकू पर चिपकेगा नहीं।

बेसन में साबुत मटरों की पकौड़ी बनाने पर मटर फट सकती है और तड़क कर बाहर आप पर गिर सकती हैं। अत: मटरों को बेसन में मिलाने से पहिले उनको हल्का सा कूट लें।

पराठा बेलें तो अंदर हल्का सा घी लगायें, इससे पराठा अच्छा फूलेगा। रोटी बनाते समय पहली बार जल्दी पलटने के बाद दूसरी तरफ ठीक से चित्ती पड़ने दें, तब आग पर फूलने के लिए डालें, इससे रोटी अच्छी और पूरी फूलेगी। रोटी पकड़ने के लिए चिमटा पास में रखें।

खाना सबके लिए पूरा पड़े, कम नहीं पड़े, इसका ठीक से अंदाज लगा लीजिये। यदि कुछ मेहमान आ गए हैं तो कैसे अंदाज करें कि कितनी दाल, कितना चावल, कितने आलू पकायें? इसका अच्छा सा मोटा तरीका यह है कि प्रति व्यक्ति के हिसाब से एक मुट्ठी दाल लें, और एक मुट्ठी बर्तन के लिए लें अर्थात् एक मुट्ठी ज्यादा डालें। ऐसे ही चावल भी प्रति व्यक्ति आधा मुट्ठी के हिसाब से लें, यदि रोटी भी साथ में है। यदि केवल चावल ही बनाने है तो प्रति व्यक्ति कम से कम एक छटाँक (बासठ ग्राम) चावल अवश्य लें अर्थात् करीब आधा कटोरी। आलू भी मीडियम साईज़ के हों तो प्रति व्यक्ति एक आलू के हिसाब से लें, यदि अन्य और भी सब्जियाँ हैं।

आटा उतना ही गुंधे जितना जरूरी है। कुछ लोग एक साथ तीन-चार दिन का आटा गूँधकर फ्रिज में रख देते हैं कि रोज़-रोज़ कौन गूँधे। ऐसा ठीक नहीं। न स्वास्थ्य के लिहाज़ से न पौष्टिकता के लिहाज़ से। अंदाज से एक समय का आटा एक बार गूंधे। ताजे सने आटे का कोई विकल्प नहीं है। बासी आटे की रोटी भी ठीक नहीं बनेगी।

आटा भी ताजा पिसा हो। गेहूँ का आटा एक दो महीने से ज्यादा पुराना नहीं हो। ज्यादा पुराना आटा उतर जाता है। उसकी पौष्टिकता कम हो जाती है। ज्यादा पुराने आटे में कीड़े भी पड़ जाते है। बहुत से लोग उस आटे को छलनी से छानकर कीड़े हटा देते हैं, कीड़ों के साथ चोकर भी चला जाता है। लेकिन फिर भी जरूरी नहीं कि सारे कीड़े निकल जाँय। इसलिए कीड़ों वाला आटा भूलकर भी इस्तेमाल न करें।

सब भोजन को ढककर रखें। सण्डसी व चिमटा व तौलिया पास रखें, जिससे गर्म सामान को पकड़ने में सुविधा हो। रसोई में खड़े होकर सामान को जूठा नहीं करें। यदि चखना है तो एक छोटी चम्मच में लेकर अलग से निकालकर चखें, बने हुए भोजन में अंगुली न डालें। किसी भोजन को नाक के पास ले जाकर सूंघें नहीं। सही बर्तनों में खाना परोसें। जिस बर्तन में खाना परोस रहे हैं, यह देख लें कि वह साफ हो, उसके किनारों पर भोजन के कण चिपके हुए नहीं हों। बहुत बार असावधानी से

कटोरे में सब्जी निकाल दी जाती है और यह ध्यान नहीं दिया जाता कि उस बर्तन के किनारे भी साफ हों, वहाँ सब्जी न गिरी हो। गर्म खाना गर्म परोसें और ठण्डा खाना ठण्डा परोसें। यह न हो कि जब तक आप दाल परोसें, दाल ठण्डी हो जाये।

गृहिणी को सही बातों की जानकारी न हो तो इसका खामियाजा परिवार में बच्चों बड़ों को भुगतना पड़ता है, खराब स्वास्थ्य या रोग के रूप में।

ज्यादा सब्जी भी एक बार में बनाकर न रखें। ताज़ी सब्जी का टेस्ट अलग होता है, बासी में वह बात नहीं रहती। एक जगह गए तो गृहिणी ने दो-तीन किलो की बड़ी लौकी एक ही बार बिनारकर साफ करके सब्जी बना दी। और उसको फ्रिज में रख दिया। पूछने पर बोली कि लौकी की सब्जी बार-बार कौन बनायेगा। कुछ आज काम आयेगी, कुछ एक दिन बाद परसों या उसके बाद निकाल लेंगे। उनकी माँ भी वहीं आई हुई थी, बेटी की यह बात उन्हें पसंद नहीं आई, वे खुद ताजा बनाकर खिलाती आई थीं। वे कहने लगी कि इसकी यही आदत है, एक साथ ढेर सारी सब्जी काटकर रख देगी, एक साथ ढेर सारी बना देगी और तीन-चार दिन तक खाती रहेगी। या हफ्ताभर भी हो जाये तो इसको फर्क नहीं पड़ता। उनका कहना सही था। एक बार सारी सब्जी काटिये तो भी समय तो लगता ही है। समय की बचत कहाँ हुई। ऊपर से बासी कटी हुई सब्जी में ताजा वाला न टेस्ट रहता है न सुगन्ध, ढ़ेर सारे मसालों के सहारे उसको ठीक करने में मेहनत पड़ती है, फिर भी वह बात नहीं आती।

एक जगह एक गृहिणी ने दोपहर का खाना खाने के बाद फ्रिज से चावल की खीर निकालकर दी। खीर में लस उठ रहा था। हमने पूछा ऐसा कैसे हो गई आपकी खीर। तो वह बोली कि खीर तो ऐसी ही होती है। हमारे यह पूछने पर कि कब बनाई गई थी, वे बोली कि हफ्ते भर पहिले बनाई थी। हम तो वह खीर नहीं खा सके, अलबत्ता उन्होंने बहुत शौक से खाई। फ्रिज आम घरों जैसा फ्रिज था, कोई डीप फ्रीज भी नहीं

था तब। ऊपर से बिजली भी चौबीस घण्टा नहीं रहती थी तो फ्रिज में रखा एक्सट्रा सामान सही कैसे रह पायेगा? फ्रिज में रखी हुई कोई भी खराब होने वाली चीज़ एक दिन दो दिन से ज्यादा चलानी ही नहीं चाहिए। भोजन को जितनी जीवित अवस्था में खाया जाय, उतना ही ठीक है।

फ्रिज में यदि कोई सामान रखना भी है तो ढककर रखें। फ्रिज में खुले खाने का फ्रिज की गैस से सम्पर्क होता है, जो स्वास्थ्य के लिए बहुत हानिकारक है और हाई ब्लड प्रेशर जैसी बीमारियों को न्यौता देना है। शुरू-शुरू में जब फ्रिज का चलन शुरु हुआ था तो एक बुजुर्ग का कहना था कि घर में अब बासी खाना मिला करेगा। फ्रिज का इस्तेमाल सोच समझकर बुद्धिमत्ता से करना जरूरी है।

जिन बर्तनों में खाना पकाया जाता है वे भी साफ मंजे हुए एवं साफ धुले हुए हों। यदि कुछ पहिले के धुले हुए हैं, तो एक बार दुबारा धो लेना ठीक होगा। तवा एवं कड़ाही जैसी चीज़ें सुबह शाम मली जानी चाहिएँ। लोहे का तवा यदि ठीक से नहीं मला जायेगा, उस पर घी तेल की परत जम जाती है और उस पर गंदगी इकट्ठी होती जाती है। अत: उसे विशेष ध्यान से रगड़ा जाना चाहिए। ऐसे ही रोटी बेलने वाला चकला बेलन भी सुबह शाम धुलना चाहिए। इन्हें हाथ की हाथ धो देना बेहतर है जिससे जूठे बर्तनों की जूठ इन पर न लगे। धुले हुए बर्तनों को रखने से पहिले यह देख लें कि वे सूखे हुए हों। जहाँ काम किया है, उस जगह को हाथ की हाथ साफ कर दें।

कुकर की सफाई का भी खास ध्यान रखा जाना चाहिए। एक बार की बात है कि दाल पकने के बाद कुकर खोला तो पता चला कि पाँच लिटर के बड़े कुकर के ऊपर के कोने में एक तरफ छोटा घोंघा चिपका हुआ था। कोठी बड़ी थी, खेत व लॉन बड़े-बड़े थे। घोंघे भी छोटे-छोटे गोल वाले बहुत घूमते रहते थे और वे घर में भी घुस आते थे। पर यह नहीं पता था कि वह रसोईघर में भी आ जायेगा। अत: जिन बर्तनों में खाना पकाया जा रहा है, उन्हें लेते समय सफाई का खास ख्याल रखें,

उन पर धूल मिट्टी न पड़ी हो और वे अंदर बाहर से साफ सुथरे हों, ढ़क्कनदार हों। अच्छी व्यवस्था एवं योजना से शक्ति एवं समय की बचत होती है।

कुशलता एवं स्वच्छता से बने भोजन का रूप रंग एवं स्वाद ठीक रहता है। भोजन बनाते समय व्यक्तिगत सफाई का भी ध्यान रखें। जैसे कि साफ सूती कपड़े पहनें, बालों को ठीक से बाँधें। पैरों में आरामदायक रबर की चप्पल पहिनें, जो केवल रसोई में काम करने के लिए रखी हों। बाहर जाने वाले या घूमने वाले जूते पहिनकर रसोई में नहीं जायें। स्वच्छता का ध्यान रखें। अपने नाखूनों को छोटा रखें एवं साफ रखें। रसोई में काम शुरू करने से पहिले अपने हाथों को अच्छे से धो लें। मन की स्थिति प्रसन्न एवं शांत रखें।

❑❑❑

> "खाना पकाना समय की बात है। सामान्यत: जितना अधिक समय देगें, उतना ही श्रेष्ठतर है।"

> "विविध अन्न विविध प्रकार से बनाने पर उनमें विविध गुण उत्पन्न करने की शक्ति आ जाती है।"

10

यदि कुछ बिगड़ जाये

मोटा-मोटा खाना बनाना आ जाये तो बाकी उसके परिवर्तित रूप (वेरिएशन्स) आसानी से सीखे जा सकते हैं; कोई चीज़ बिगड़ जाए तो उसे सुधारते समय खुद नई चीज़े बन जाती है, नए तरीके मालूम हो जाते हैं। नई संभावनाओं का इसी तरह सृजन हो जाता है।

एक बार मैं आम का मुरब्बा बना रही थी। आम को खूब बढिया से छाँटकर लाई, रगड़-रगड़कर धोया, हवा में सुखाया, फिर अपने से बैठकर छिलके उतारे, मोटी-मोटी फाँकें की, उन्हें गोदा कांटे से, चूने के पानी में चौबीस घण्टे छोड़ा। फिर चाशनी बनाई और चूने के पानी से आम की फाँकें निकालकर अच्छे से धोकर चाशनी में डालीं। वे आम कुछ दूसरी किस्म (वेराईटी) के थे और शायद गुठली पूरी नहीं पड़ी थी, जल्दी गलने वाले थे। मैंने मुरब्बा तैयार करने की विधि से उन्हें पकाना शुरू किया तो आम तो तुरंत गलने लगे। पकाते-पकाते भुत (बहुत ज्यादा गले हुए) होने लगे। उनकी लम्बी-लम्बी फाँकों की खूबसूरती ही गायब हो गई। अब मैं बड़ी परेशान थी। पूरी डेढ़ किलो चीनी लगी थी। एक किलो आम की फाँकें थीं और साथ में थी मेरी पूरी मेहनत। समझ में नहीं आ रहा था कि क्या करूँ। जब मुझे कुछ नहीं सूझा तो उन आम की फाँकों को और घोंट दिया वे तो हलवे सी हो गईं। मैंने जल्दी-जल्दी उनमें नमक, मिर्च, गरम मसाला, हल्का सा धनिया डाल दिया, वही मसाले जो आम की चटनी में डाला करती थी और उन्हें आँच से उतार लिया। अब जब बच्चों को वह मुरब्बे की जगह बनी आम की चटनी परसी खाने के लिए तो वह उसे खाकर बहुत खुश हुए और कहने लगे कि, "यह नई तरह का अचार हमें बहुत अच्छा लगा, पहिले ऐसा कभी क्यों नहीं बनाया?" मेहमानों के सामने रखा तो उन्होंने भी तारीफें की। पूछने लगे कि इसकी 'रेसिपी' बताईये। मैं क्या बताती और क्या रेसिपी देती। मुझे तो खुद नहीं पता था कि मुरब्बा बनते-बनते बिगड़ जायेगा और अचार बनकर

स्वादिष्ट हो जायेगा। कहने की जरूरत नहीं कि वह अचार तो तुरंत खत्म हो गया और आज तक सब कोई उसे पुन: बनाने की फरमायश करते हैं।

तो थोड़ी गलती से घबराने की बात नहीं। यदि खाना पकाने में रुचि है और थोड़ा सा प्रारम्भिक ज्ञान है तो बिगड़ी चीज़ से कोई नई चीज़ आप भी बना सकते हैं। नमक ज्यादा हो गया है तो उसे कम करने के लिए टमाटर भूनकर मिला सकते हैं, दही भून कर डाल सकते हैं, या धनिया अधिक डाल सकते हैं या मिर्च मसाले तेज कर सकते है, या आटे की गोली बनाकर डाल सकते हैं। थोड़ी तेज मिर्च के साथ ज्यादा नमक चल जाता है, या थोड़ा सा घी तेल भी और डाल सकते हैं, या पानी डालकर ढीला कर सकते हैं, अमचूर डाल सकते हैं, या बेसन मिला सकते हैं भूनकर। अर्थात— जैसी सब्जी हो और जैसी आवश्यकता हो, वैसा कर सकते है। अत: यदि आत्मविश्वास है, और खाना बनाने में सहज यत्न है तो खाना ठीक व रुचिकर ही बनता है।

एक से एक व्यंजन विधि की पुस्तकें बाज़ार में उपलब्ध हैं, परंतु जब तक भोजन बनाने के साधारण नियमों का ज्ञान नहीं होता; पुस्तक में देखकर कुछ चीज़े भले ही अच्छी बन जाएं, सब चीज़ें ठीक नहीं बन पाती क्योंकि सब मसालों का सही प्रयोग पता नहीं होता, और कोई चीज़ नहीं मिलने पर उसके बिना काम नहीं चल पाता। और एक पुस्तक में भोजन बनाने के सारे तरीके लिख देना असंभव सा है। अत: सबसे अच्छा यही रहता है कि पकाओ और खुद अनुभव करो और सीखो जिसे 'ट्रायल एण्ड एरर' कहते है। और तब किसी किताब से भी सहायता ले लो तो बात बनती है। विज्ञान के प्रयोगों की तरह यह भी अनुभव जन्य ज्ञान है। श्री कृष्ण ने गीता में अर्जुन से कहा है कि ज्ञान के समान पवित्र करने वाला कुछ भी नहीं है—

'न हि ज्ञानेन सदृशं पवित्रमिह विद्यते' | 4.38 | यह ज्ञान अनुभव प्राप्त ज्ञान है। अनुभव अभ्यास से बढ़ता रहता है। बनाते बनाते, करते करते आप कुशल होते जाते हैं।

❑❑❑

"योग्य आहार तंदुरुस्ती, मनोबल और आत्मबल में वृद्धि करता है।"

11

बेसिक जानकारी

खाना बनाना शुरू करने के लिए सबसे पहले खाद्यपदार्थों एवं मसालों की बेसिक जानकारी होना जरूरी है। यदि किसी कारणवश गृहकार्यों के प्रति रूझान कम हो जाता है, तो जानकारी भी कम हो जाती है। फिर दाल पहिचानने में गलती होती है, मसाले नहीं पहचान पाते, मसालों का सही उपयोग नहीं जानते और बहुत सी सब्जियों को भी नहीं पहचानते। आजकल छोटे छोटे घर, शहरों का रहना व घर की तंगी में खुला वातावरण एवं स्वच्छ हवा धूप भी मिलनी मुश्किल है तो किचेन गॉर्डन और सब्जी उगाने की तो बात ही क्या। यदि थोड़ी बहुत जगह होती भी है तो क्रोटन, कैक्टस, रबर प्लांट से भर ली जाती है, सब्जियाँ पिछड़ जाती हैं। यहाँ तक कि आसानी से पैदा होने वाले धनिया, पोदीना तक घरों में नहीं उगाए जाते, जोकि गमलों में रोप देने से भी आसानी से हो जाते हैं। प्रकृति के साथ पलने बढ़ने, वर्षा भीगी मिट्टी की गंध सूंघने, खेतों में लहलहाते मटर, अरहर, सरसों के पौधे देखने तथा लौकी, कद्दू तोरी की बेलें देखने से आज के बालक एवं युवावर्ग वंचित रह जाते हैं और ज्ञान पाने की जो स्वाभाविक प्रक्रिया है, वह सहज स्वाभाविक न रहकर बोझ बन जाती है।

खाना पकाने के पूर्व अनेक प्रकार की तैयारी करने की आवश्यकता होती है—जैसे सब्जी काटना, दाल-चावल आदि बीनना खाद्य पदार्थ धोना, आटा गूंधना आदि। चूल्हा, गैस का चूल्हा पकाने के केन्द्र की मुख्य वस्तु है। इसके उचित या अनुचित होने पर समस्त रसोई व्यवस्था की सफलता या असफलता निर्भर रहती है। इसके अतिरिक्त खाना पकाने के बर्तन, मसालों व घी-तेल आदि रखने के लिए उपयुक्त प्रबन्ध व खाना पकाने वाले के लिए उपयुक्त स्थान पकाने के केन्द्र की मुख्य आवश्यकता है।

परम्परागत तरीका था कि दाल को बनाने से चार घंटे पहिले या कुछ घंटे भिगोकर रखते थे। दालें कई प्रकार की होती है जैसे मूँग, उड़द, चना, मटर, अरहर आदि की। सभी प्रकार की दालों को बनाने की विधि करीब एक सी ही है। किंतु छिलकों वाली दाल को पन्द्रह मिनट पहिले साफ करके भिगो देनी चाहिए। धुली दाल बनाने के लिए लगभग तीन-चार घंटे पूर्व पानी में दाल भिगो देनी चाहिए। तीन-चार बार धोकर दाल पानी के ऊपर से ही निकाल लेनी चाहिए। इस प्रकार करने से यदि कोई कंकड़ बीनने से रह भी जाता है, तो वह नीचे ही रह जाता है।

चूल्हे पर दाल चढ़ाने से पूर्व पतीली में चूल्हे पर लगभग दाल से पाँच गुना पानी चढ़ा दें, या दाल से चार अंगुली ऊचें पानी का भी अंदाज कर सकते हैं। चावल को भी बनाने से पहिले धोकर आधे घंटे से दो घंटे तक पानी में भिगोकर फुला देते हैं। पुराना तरीका था कि दाल बनाने के लिए कुछ लम्बा व छोटे मुँह का बर्तन, जिसे 'कसैण्डी' कहते थे, होता था। इस कसैण्डी में दाल बनाने के लिए रखते थे और दाल में पानी नापने के लिए अंगुली से नापते थे। चार अंगुल तक दाल के ऊपर पानी भर देते थे। और नमक हल्दी डालने के बाद दाल में उबाल आने पर उसे हल्की आँच पर रखकर धीमे-धीमे पकने देते थे। इसी तरह चावल को भगोने में पकाते थे और चावल से दो अँगुल ऊंचा तक पानी भरते थे। चावल में भी पानी खौलने पर धीमी आँच कर चूल्हे से अंगारे बाहर निकालकर उस पर भगौना रखकर चावल धीमे-धीमे पकने देते थे। उस लकड़ी की आँच पर सीझी (गली), दाल एवं अंगारों पर सिकी रोटियों की मिठास आज के जमाने की कुकर में बनी दाल व गैस पर फुलाई रोटियों में कहीं नहीं मिलती। रोटी के लिए भी आटा गूंधकर पानी छिड़ककर थोड़ी देर ढककर रख दिया जाता था, उसके बाद खूब मला जाता था, जिससे उसमें अच्छा लोच उठता था। फिर पीतल की बड़ी चौड़ी परात पर हल्के से पलोथन के सहारे हाथ से रोटी बढ़ाकर पुन: हाथों के सहारे हथेलियों पर रोटी थपक ली (बढ़ा ली) जाती थी, चकले बेलन की जरूरत नहीं पड़ती थी। दाल, रोटी, चावल ये तीनों ही चीज़े दोपहर के भोजन में अन्य चीज़ों के अलावा रोज़ ही शामिल रहती थीं, और इस सीधे सादे खाने में कोई

विशेष परिश्रम नहीं करना पड़ता था। केवल ध्यान रखना पड़ता था कि सब काम सही तरीके से हो।

आजकल समय बदलने के साथ-साथ नए-नए उपकरण रसोई में आ गए हैं, जिनसे समय बचता है, सुविधा भी होती है, परंतु खाना बनाने के सामान्य नियम वहीं हैं जो पहिले थे। और अभी भी सुस्वादु खाना बनाने के लिए वे नियम लाभकर है; जैसे कि दाल कुछ घंटे पहिले भिगोकर रखना, चावल भिगोकर रखना, आटा गूंधकर कुछ देर रख देना। ये सब खाना बनाने की प्रारम्भिक तैयारियाँ हैं। भिगोकर रखने से पहिले दाल व चावल को ठीक से सावधानीपूर्वक चुनना होता है कि उसमें कोई कंकड़ पत्थर नहीं रहे। दाल चावल बाजार से लाने पर, पहिले से ही चुनकर डिब्बे में भर देने से समय की बचत हो जाती है। दाल एवं चावल को बिना ज्यादा रगड़े ठण्डे पानी में हल्के से मसलकर तीन-चार बार धोना होता है, जिससे कुछ धूल व मिट्टी के कण रह गए हों तो वे भी निकल जायें, उसके बाद दाल भिगोई जाती है, और भीगने के बाद उसी पानी से बना ली जाती है, वह पानी फेंका नहीं जाता। कुकर में दाल, चावल बना लेना या कड़ाही अथवा भगौने में चावल बना लेना, चकले बेलन पर रोटी बेल लेना, तवे पर सेक लेना आदि रोजमर्रा की साधरण बेसिक जानकारी है।

किसी कार्य विशेष को करने का हमें कितना ही पूर्व ज्ञान हो, उसको पूर्व योजनानुसार पर्याप्त समय भी दिया जाय तथा उसको करने में अन्य लोगों का पूर्ण सहयोग भी प्राप्त हो, तब भी वह अधिकतम कुशलता सहित नहीं हो सकेगा, जब तक हम उस कार्य के लिए सर्वोत्तम यन्त्र या साधनों का प्रयोग न करेगें। इसी तरह बढ़िया खाना पकाने के लिए उचित बर्तन व ठीक आँच की आवश्यकता है। अत: प्रत्येक कार्य को उच्चतम श्रेणी का करने के लिए सबसे बढ़िया साधनों का ज्ञान रखें। यथासम्भव, अपनी क्षमतानुसार उन्हें खरीदने के पश्चात्, उनका सावधानी से प्रयोग करना एवं उनको संभालकर रखना भी गृहकार्य की पूर्ण कुशलता के लिए आवश्यक है।

आजकल कुकर का स्थान भोजन पकाने में अनिवार्य हो गया है। अत: कुकर में भोजन कैसे उबाला जाता है, कैसे बनाया जाता है, इसका ज्ञान खाना बनाने की इच्छा रखने वाले प्रत्येक बालक बालिका एवं व्यक्ति को आना चाहिए। केवल बढ़िया कुकर लेने से काम नहीं चलेगा जब तक उसका सही उपयोग न आए। अभी उस दिन लन्दन से एक बेटी का फोन आ गया, जो होस्टल में रहकर पढ़ रही है, कि 'आलू उबालने हैं, कुकर में कितना पानी डालूँ' पता चला कि उसने पानी तो डाल दिया पूछने के बाद , पर आलुओं से छोटा कुकर इतना भर दिया, कि ठीक से भाप भी नहीं बन पाई। कुकर में सीटी नहीं आई। किसी तरह प्रेशर बना तो उसे कुकर खोलना नहीं आया। दो एक आलू फूट भी गए। फिर वह यह भी नहीं समझ पाई कि आलू उबल गए हैं या नहीं। या जो आलू फूट गए हैं, उनका क्या करे। उसे फोन पर बताया कि कांटे से आलू को दबाकर देख लो, पता चल जाएगा उबले हैं या नहीं। अत: रसोई के सर्वोत्तम उपकरण लेने के साथ उन्हें उपयोग में लाने की कुशलता भी चाहिए। कुकर का प्रेशर खत्म हो जाने अर्थात् भाप निकलने के बाद कुकर खोलना चाहिए और उसे आधे या दो-तिहाई से ज्यादा कभी न भरें। उसके ऊपर का वेट हटाकर भी सफाई करें, जिससे चावल या दाल का कोई कण उसमें फंसा न रहे। कुकर के इस्तेमाल से पहिले कुकर की निर्देश पुस्तिका को ठीक से पढ़ लेना चाहिए।

❑❑❑

12

दूध के विभिन्न उपयोग

दूध के विभिन्न उपयोग

दूध के विभिन्न उपयोग

अपने विविध रूपों में दूध सारे भारत में छाया हुआ है, एक तरह से यह राष्ट्रीय पेय है। इसके बिना हम सम्पूर्ण आहार की कल्पना भी नहीं कर सकते। दूध के विविध रूप हर मौसम में हर किसी के लिए फायदेमन्द हैं, बच्चों, वृद्धों, रोगियों एवं युवाओं के लिए भी। ठंडाई, लस्सी, मट्ठा, खीर, मलाई, रबड़ी, रसगुल्ला, बर्फी, पनीर, घी सब दूध से ही बनते है। जाड़ों में गर्म दूध कॉर्नफ्लेक्स, म्यूज़ले, दलिये, सूजी, फूली हुई चौलाई के साथ अच्छा गर्म नाश्ता है। दोपहर को स्वीट डिश में खीर या फ्रूटक्रीम और रात को डिनर में कुल्फी या आईसक्रीम, रबड़ी या मलाई पान। सबके लिए दूध की जरूरत है। गर्मियो में ठण्डा दूध, आम का दूध, केले के साथ दूध, चीकू के साथ दूध या चीकू शेक, स्ट्राबेरी शेक, बादाम पिस्ते केसर का दूध अतिथि सत्कार के भी काम आते हैं। रोगियों को दूध फाड़कर छेने का पानी, या पनीर दिया जाता है। दूध पौष्टिक भी है और पूर्ण आहार भी समझा जाता है। शोध के अनुसार आधे लिटर दूध से इतना कैल्सियम मिल जाता है जितना दस अण्डों में होता है। दूध से उत्पन्न होने वाले घी, दही और मट्ठा आदि में से किसी एक या अधिक पदार्थ का सेवन हमारे देश के सभी व्यक्ति करते हैं। दूध में सब तत्त्व मौजूद रहते हैं, जिनकी मानव शरीर को आवश्यकता होती है। बच्चों के लिए दूध आदर्श आहार है। दूध से प्राप्त होने वाली चिकनाई सर्वोत्तम होती है। जिन व्यक्तियों को जीवन-निर्वाह के लिए नित्य परिश्रम करना पड़ता है उन्हें दूध के साथ रोटी चावल तरकारी दाल, जिनसे कार्बोज मिलता है, जरूरी है, क्योंकि यह दूध में अधिक मात्रा में नहीं होता। गाय का दूध अधिक सुपाच्य होता है।

दूध उबालना

दूध में थोड़ा पानी मिलाकर यथा एक लिटर दूध में आधी कटोरी पानी मिलाकर धीमी आँच में ढककर उबालना चाहिए, इससे इसके सब

विटामिन सुरक्षित रहते हैं। उबाल के बाद यदि पीने के लिए दूध देना हो तो उसे दो तीन बार उछालकर देना चाहिए। उछालने से गर्म दूध में झाग उठ जाते हैं, जिससे दूध अधिक स्वादिष्ट हो जाता है। यदि फ्रिज में उबला रखा हुआ दूध है तो उसे इस्तेमाल में लाने से पहिले पूरा उबाल लें तब काम में लायें। कच्चे दूध में एक उबाल देना काफी है। पर कुछ लोग दूध में तीन उबाल देना पसंद करते हैं।

मलाई

उबाले हुए दूध पर ठण्डा होने पर जो मोटा हिस्सा जम जाता है, उसे ही मलाई या छाली कहते हैं। इस मलाई को दूध के ऊपर डालकर दिया जा सकता है, या अलग से भी खाई जा सकती है। इस मलाई से मक्खन भी बनाया जा सकता है और मक्खन को पिघलाकर घी बनाया जा सकता है।

मलाई से मक्खन बनाना

दो-चार दिन की मलाई इकट्ठी करके जमा करके एक कटोरे में करके फ्रिज में रखते जायें। अच्छा हो यदि शुरू में इसमें थोड़ा सा दही का जामन भी डाल दें। इस मलाई को हाथ से, करछी से या मथानी से मथ लें। सुबह के समय ठण्डक में मथने से ठीक रहता है। मथने से मक्खन निकल आता है और मट्ठा नीचे रह जाता है। इस मक्खन को हाथ से इकट्ठा करके गोला सा बनाकर दूसरे कटोरे में रखें और उसमें पानी डालकर दो-चार बार धो लें। घर का बना स्वादिष्ट मक्खन तैयार है। इसको काम में लाएँ या इसका घी बना लें।

दही से मक्खन निकालना

दूध की दही जमाकर उसे बिलोकर भी मक्खन निकाला जाता है। मक्खन निकालने से बचा हुआ द्रव्य मट्ठा कहलाता है। इसमें चौगुना पानी मिला दें। इसी को छाछ कहते हैं।

घी बनाना

मलाई या दही से निकाले हुए मक्खन को किसी बर्तन या कड़ाही में धीमी आँच पर चढ़ा दें। थोड़ी देर पकने दें। जब हल्का सुनहरी घी निकलने लगे, थोड़े सी नींबू की बूंदे निचोड़ दें और गैस बन्द कर दें। थोड़ी देर में उसे छलनी से छान लें। सुंदर रंग एवं सुगंध वाला घर का बना घी तैयार हो जायेगा।

दूध से रबड़ी बनाना

बहुत गाढ़े दूध को, जिसे बहुत उबालकर पानी का बहुत बड़ा भाग जला दिया गया हो, रबड़ी कहते है। केवल उन अंशों को—विटामिनों को छोड़कर-जो ताप से अँशत: या पूर्णत: नष्ट हो गए हों, दूध के अन्य सारे उपादान रबड़ी में मौजूद रहते हैं। दूध जितना अधिक पकाया जायेगा, उतना ही बल तथा वीर्यवर्द्धक बनता है, किंतु देर में पचने वाला हो जाता है। साधारण अवस्था में दूध पेट में जाकर शीघ्र पच जाता है। दो घंटे में पचकर मल-मूत्र की राह बाहर निकल जाता है।

एक किलो गाय के दूध में तीस ग्राम पिसा अरारोट जरा से पानी में घोलकर मिला दें। दूध कड़ाही में गरम करें। धीमी आँच पर थोड़ी-थोड़ी देर में चलाएँ, उस पर जमी मलाई को किनारों पर करते जायें। जब दो सौ पचास ग्राम दूध बच जाय तो गैस बंद कर दें। कड़ाही को नीचे उतार लें। उसमें साठ ग्राम पिसी हुई मिश्री, चार-पाँच पिसी इलायची मिला दें। किनारों पर जमी मलाई को पलटकर दूध में मिला दें। रबड़ी को ठण्डी होने पर किसी बर्तन में निकाल लें।

खोया बनाना

यह सुखाया हुआ दूध है। इसमें पानी का अंश रबड़ी से भी बहुत कम रहता है। यह खोया बर्फी या अन्य मिठाईयाँ बनाने के काम में आता है। बर्फी बनाने के लिए खोया थोड़ा कड़ा रखा जाता है जबकि लाल

रसगुल्ला बनाने के लिए थोड़ा ढीला खोया रखते हैं। मटर कीमा की सब्जी में भी खोये का इस्तेमाल होता है।

खोया बनाने के लिए एक लिटर गाय के दूध को एक कड़ाही में तेज आँच पर उबालें और चलाते जायें जब तक कि यह आधा गाढ़ा नहीं हो जाय। इसके बाद आँच धीमी कर दें एवं अपनी आवश्यकतानुसार इसे कड़ा या थोड़ा ढीला रखें। कड़ा खोया पौने कप (3/4) के करीब होगा, जबकि ढीला खोया एक कप के करीब होगा। एक किलो दूध का खोया बनाने में करीब आधा घण्टा समय लग जाता है।

मलाई, रबड़ी और खोये का चलन पूरे भारत में है, पर पंजाब और उत्तर प्रदेश में अधिक है। पनीर का उपयोग बंगाल में, बिहार, उड़ीसा में सफेद रसगुल्ला बनाने में होता है।

मलाईदार दूध

एक किलो गाय के दूध में दो सौ पचास ग्राम पानी मिलाकर एकदम धीमी आँच पर पकने दें। दो-तीन घण्टे में दूध पर खूब मोटी मलाई पड़ जायेगी, तब मीठा मिलाकर कुछ ठण्डा करके दूध पीने के काम में लाएँ।

रसोई में मलाई के विभिन्न उपयोग

दूध को उबालकर रखने पर यदि उसे ढका न जाये, या थोड़ा खुला थोड़ा ढका रखा जाय तो उसमें मलाई पड़ जाती है। इसी को यदि फ्रिज में रख दें तो और मोटी मलाई पड़ जाती है। इस मलाई को विविध तरह से व्यंजन को स्वादिष्ट बनाने के उपयोग में लाया जाता है। जैसे—

मलाई कोफ्ता
फ्रेंचबीन मलाई के साथ
आलू रसेदार मलाई के साथ
सेम मलाई के साथ

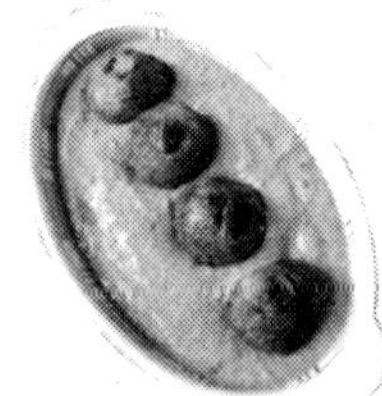

या कल्पना से अन्य किसी सब्जी में भी मलाई डाल सकते हैं। काली उड़द की साबुत दाल (माह की दाल) में मलाई डालने से रौनक एवं स्वाद बढ़ जाता है। पालक में मलाई डालने से रसा गाढ़ा हो जाता है। मलाई कोफ्ते से आलुओं में मीठा पन आ जाता है। मलाई से सेम व फ्रेंचबीन में खूब अच्छा चमकीला रंग आ जाता है और सब्जी ज्यादा सुस्वादु लगती है। केवल मलाई की सब्जी बनाई जा सकती है, जो डबल रोटी पर लगा कर खाई जा सकती है।

आजकल फास्ट फूड में डबल रोटी के साथ अण्डा चल गया है; जो अण्डा नहीं खाते वे डबल रोटी पर क्या लगाकर खायें? इसके लिए मलाई सबसे उपयुक्त है। यह पैकेट के दूध में भी काफी उतरती है। अत: कभी भी सब्जी की तरह इसका उपयोग किया जा सकता है। कभी मिठाई बनाने में काम में लाया जा सकता है।

मलाई की फ्रूट-क्रीम बना सकते हैं। मलाई में फुटके न आएँ और मलाई घी न छोड़ दे, इसके लिए आवश्यक है कि फ्रूट-क्रीम बनाने के लिए ताजी मलाई और ज्यादा से ज्यादा एक दो दिन की रखी हुई मलाई काम में लाई जाय। मलाई को मथने से पहिले खूब ठण्डी होने दीजिए 5-10 मिनट के लिए फ्रीज़र में भी रख सकते है। उसके बाद उसमें अंदाज से चीनी डालकर (100 ग्राम में करीब दो चम्मच चीनी) हल्के हाथ से चम्मच से धीरे-धीरे उलटें-पुलटें और धीरे से चिकना करें। फिर दूध थोड़ा डालकर और ठीक से चलायें। इससे मलाई में न तो घी निकलेगा, न फुटके आयेगें। फिर और थोड़ा दूध मिलाकर तैयार करके रखें।

अब अलग डोंगे में केला या सेब बिनारकर तैयार करें। केले के गोल-गोल टुकड़े काटें। अथवा सेब के छिलके छुड़ाकर छोटे-छोटे पतले-पतले टुकड़े काटें। क्रीम में सेब के छिलके छुड़ाकर तब सेब डालने से स्वाद ठीक रहता है। नहीं तो सेब के छिलके मुँह में आने पर ठीक नहीं रहता। अँगूर एवं संतरे भी यदि चाहें तो इसमें डाल सकते है। अँगूर बड़े हैं तो आधे कर लें। संतरे की फाँकों का छिलका छुड़ा लें। उसमें एक या दो बड़ी इलायची के दाने दरड़कर डालें। एक या दो बादाम की हवाईयाँ, पिस्ता, किशमिश

भी डाल सकते हैं। यह एकदम अच्छी फ्रूटक्रीम बन जायेगी। पता भी नहीं चल सकता कि बाज़ार की क्रीम नहीं हैं।

यदि मलाई बिलकुल नहीं है और मेहमान आ गए हैं, कोई मिठाई भी नहीं है और आप स्वीट डिश देना चाहते है, तो पके केले को एकदम बढिया से मैश कर लें, मसल लें। मैश करते समय बीज हटा दें। मैश किया केला दूध में घोल दें; या थोड़े दूध के साथ मिक्सी में पीस लें, चीनी मिला दें। यह गाढ़ा दूध तैयार है। इसमें आप इच्छानुसार फल डालकर फ्रूटक्रीम तैयार कर सकते हैं।

यदि मलाई कम है और फल ज्यादा हैं तो आप फल काटकर मलाई में चीनी मिलाकर हल्का सा फलों के ऊपर छिड़क सकते हैं। यह भी स्वीट डिश का काम करेगा। कोई जरूरी नहीं है कि सारे फल खूब मलाई में डूबे हों। मलाई में हल्का ठण्डा दूध मिला देना हमेशा अच्छा रहता है।

यदि सुबह डबल रोटी पर लगानेके लिए मक्खन नहीं है, या आप वैसे भी ताज़ा मक्खन लेना चाहते हैं और फ्रिज में मलाई पड़ी है तो मलाई को चम्मच से मथ लीजिए। खूब मथने पर मलाई पहिले तो थोड़ी कड़ी होगी, फिर दूध छोड़ देगी। इस दूध को हटा दीजिए और निकले मक्खन को पानी डालकर धो लीजिये, मक्खन ऐसे ही डबलरोटी पर लगाकर खाने के काम में लाईये या इसका घी बना लीजिये।

इसका घी बनाने के लिए एकदम हल्की आँच पर कड़ाही रखिए। उसमें मक्खन डालिए और फिर उसको बीच-बीच में चलाते रहिये। मक्खन पिघलकर घी मोती जैसे रंग का हो जायेगा। व्यर्थ का मट्ठा जलकर गुलाबी हो जायेगा। घी को छान लें।

मक्खन मथने पर जो दूध निकला है, वह यदि काफी है और इसे भी काम में लाना चाहते हैं तो इसे आग पर चढ़ा दीजिए। यह फट जायेगा। इसका छेना जो निकलेगा, उसे किसी तरकारी वगैरह में डाल सकते हैं, या पराठों में भर सकते है।

यदि आप चाहें तो मलाई को हल्का गरम करके उसमें दही का जोड़न देकर जमा सकते है। इसको मथने पर मक्खन निकलेगा और बाद के निकले छाछ को आप कढ़ी बनाने में काम में प्रयोग कर सकते हैं। इस तरह दूध की एक बूँद भी व्यर्थ नहीं जाती है।

खाना पकाने में गृहिणी की सुघड़ता इसी में है कि एक भी चीज़ बर्बाद न होने दें, सड़ने न दें। चीज़ें उतनी ही संग्रह की जायें जिन्हें ठीक से संभाला जा सके और समय-समय पर देखभाल की जा सके। चीज़ें ताजी रहें।

❑❑❑

"दूध की मलाई बच्चों को रोटी के टुकड़े या डबल रोटी के स्लाईस पर लगाकर खिलाने से उनके शरीर सुंदर सुडौल, दिमाग तेज और अंग प्रत्यंग फुर्तीले रहते है।"

"गाय का ताजा दूध, मक्खन, मलाई, घी व शुद्ध अन्न सेवन करने से प्राणी को जो आत्म-तृप्ति व शांति प्राप्त होती है, वह होटल के तरीकों से बनाये बीसियों स्वादिष्ट पदार्थों से भी प्राप्त नहीं हो सकती।"

13

दही जमाना
एवं
दही के उपयोग

दही जमाना एवं दही के उपयोग

दही एक गुणकारी खाद्य

दीर्घ जीवन के साथ दही का सीधा संबंध है। दही के खूब सेवन से बुढ़ापे के प्रत्यक्ष लक्षणों को हटाने में सहायता मिलती है। दही सबसे प्रभावशाली स्वास्थ्यप्रद आहार है। दही सुपाच्य भी है, और पेट खराब होने पर पेट चलने पर ठीक करने की औषधि भी है। साथ ही स्वादिष्ट भोजन भी है। गर्मियों में आंतरिक शीतलता की रक्षा के लिए दही सर्वोत्तम पदार्थ है। अनावश्यक प्यास एवं खुश्की से मुक्ति के लिए भी आहार में दही-मट्ठे का समावेश करना चाहिए। दही से बनाया गया मट्ठा न केवल तरावट देता है, प्रत्युत पाचन में भी सहायता करता है। दही में उच्चकोटि की खटास और चिकनाई रहती है। भैंस के दूध के दही में घी का अंश गाय के दूध की दही की अपेक्षा अधिक होता है, पर भैंस के दूध की दही में विटामिन 'ए' की कमी होती है। अत: स्वास्थ्य के लिए विटामिन 'ए' की आवश्यकता पूरी करने के लिए गाय के दूध की दही अच्छी है, यह शीघ्र पचने वाली है और इससे पेट भी नहीं फूलता। भैंस के दूध की दही राजसिक एवं गाय के दूध की दही सात्त्विक होती है। जो थोड़ी सी दही, दूध की दही जमाने के लिए डाली जाती है, वह जोड़न या जामन कहलाती है।

दही कैसे जमायें

गर्मियों में एवं जाड़ों में दही अलग-अलग तरह से जमती है। ग्रीष्म ऋतु में आधा किलो हल्के गरम दूध में 1 छोटी चम्मच जोड़न (जामन) देकर ढककर दही जमने रख दें। चार से छह घण्टे के अंदर दही जम जाती है। जैसे यदि सुबह आठ बजे दही जमायी तो दोपहर बारह-एक बजे तक दही जम जायेगी। जमने के बाद दही को ढककर ठण्डा होने के लिए फ्रिज़ में रख दें। दोपहर के खाने तक ताजी दही इस्तेमाल के लिए मिल जायेगी। लेकिन शरद ऋतु में दही जमाने के लिए दूध निवाये से ज्यादा गरम रखा जाता है, पहिचान यह है कि अँगुली से छूने पर अँगुली जले नहीं। दही में जोड़न देने के बाद उस बर्तन को चारों तरफ से लपेट कर ऊपर से भी कंबल या मोटा तौलिया ढकना जरूरी है, तब दही ठीक

टैम्परेचर में अच्छे से जमती है। जमने के बाद दही उठाकर फ्रिज़ में रख दें। और ताजी दही का सेवन करें। फ्रिज में भी एक-दो दिन से ज्यादा न रखें।

काफी पहिले की बात है। एक मित्र दम्पती हमारे यहाँ मिलने आए थे। बातों ही बातों में मित्र ने पूछा था कि "आप दही कैसे जमाती हैं।" मित्र पत्नी का चेहरा देखने लायक था, उन्हें यह बात पसंद नहीं आयी। वे बोलीं कि "दही जमाना क्या पूछना। दूध में जोड़न डालो, दही जम जायेगी।" मित्र बोले कि "तुम्हारी इतनी अच्छी नहीं जमती, यहाँ बहुत अच्छी दही जमी है, वहाँ उनके घर खाई थी वहाँ भी दही अच्छी थी; कुछ तो बात होती होगी।"

मैंने मित्र पत्नी से कहा, ऐसी बात नहीं है, दही तो आप भी अच्छी जमाती है। जरा बताईये तो कैसे जमाती हैं। उनके बताने पर पता चला कि वे दूध की मलाई निकाल लेती हैं, बासी दूध की दही जमाती हैं। फ्रिज से ठण्डा दूध निकालकर जरा सा गरम करके जोड़न छोड़ देती हैं और स्टील के बर्तन में जमाती हैं। तो परिणाम यह होता है कि दही पतली रह जाती है, कभी पानी छोड़ देती है, कभी ठीक से गाढ़ी नहीं होती। मतलब यह कि एकदम चक्का दही उनकी नहीं जमती थी।

मैनें उन्हें चक्का दही जमाने के टिप्स दिए। आप ताजा दूध लीजिए। दूध उबाल कर गर्म का गर्म उसी बर्तन में डाल दीजिये, जिसमें दही जमानी है। ऊपर से थोड़ा उछाल कर दूध बर्तन में डालें, जिससे थोड़े झाग उठ आयें। बर्तन को हल्का सा ढक दीजिये। धीरे-धीरे ठण्डा होने दीजिए। फिर हल्का गर्म रहने पर उसी में जोड़न दे दीजिए। जोड़न देने पर हिलाईये नहीं। चारों तरफ से जोड़न छोड़ दीजिये, दही अच्छी जमेगी और दही मिट्टी के बर्तन में अच्छी जमती है। पत्थर का बर्तन भी बहुत अच्छा रहता है। उसके बाद एल्युमिनियम के बर्तन में अच्छी जमती है। सबसे आखिर में स्टील का बर्तन आता है। कारण यह है कि जो बर्तन जितना छिद्रदार (पोरस) होगा, दही उसमें उतनी ही अच्छी जमेगी। क्योंकि बर्तन पानी सोख लेगा। ज्यादा अच्छा तो यह होगा कि जिस मिट्टी के बर्तन में दही जमाएँ, उसको भी पहिले गरम कर लें तब गरम

दूध ऊपर से उछालते हुए डालें, इससे यह होगा कि दूध धीरे-धीरे ठण्डा होने के साथ गाढ़ा भी होता जायेगा। जमने पर मलाई ऊपर आ जायेगी। एकसार चक्का दही अच्छी जमेगी। पानी भी नहीं छोड़ेगी, पतली भी नहीं रहेगी।

यह सामान्य ज्ञान है कि एक प्रकार के बैक्टीरिया के पनपने से दही जमती है। जितना अच्छा उसके पनपने लायक वातावरण (एटमॉस्फियर) होगा, उतनी अच्छी दही जमेगी। इसलिए गर्मियों में दूध को एकदम गुनगुना (सुसुम, निवाया, ल्यूकवार्म) रखते हैं। जैसे-जैसे मौसम पलटता है दूध हल्का ज्यादा गरम करते जाते हैं। पर उंगली जलने लायक कभी गरम नहीं करते। उंगली नहीं जले उतना ही तापमान ठीक रहता है। जाड़ों में शीत से बचाने के लिए एवं तापमान गिरने से बचाने के लिए दही के बर्तन को कागज या कपड़े में लपेटकर रखते हैं, उससे दही ठीक जम जाती है। पहिले जमाने में, जब घरों में मिट्टी के चूल्हे पर लकड़ी की आग पर भोजन बनता था, चूल्हे से थोड़े से अंगारे निकालकर मिट्टी की अँगीठी (हारी) में दो चार अँगारे रख देते थे, उनके थोड़ा बुझने पर गरम राख (भूभल) रह जाती थी, उस राख पर जिसे भूभल कहते थे, दही वाली मिट्टी की हाँडी रख देते थे, कपड़ा ऐसे ढकते थे कि हल्का सा हवा का रास्ता रहे, इससे धीरे-धीरे दही अच्छी जम जाती थी। मिट्टी की गरम हांडी एवं भूभल के संयोग से दूध का पानी धीरे-धीरे सोख लिया जाता था और गाढ़ी दही जमती थी। आजकल यह काम दही के बर्तन को कैसेरोल में रखकर भी किया जा सकता है। कैसेरोल में दही का बर्तन ढक कर रख दें, ऊपर से कैसेरोल का ढकना बंद कर दें। चाहें तो उसके ऊपर भी कपड़ा डाल सकते हैं। जाड़ों में भी दही अच्छी जम जायेगी।

बिहार में मिथिला, दरभंगा की दही मशहूर है। दही-चूड़ा वहाँ का सर्वप्रिय भोजन है, बिना दही चूड़े के आवभगत नहीं होती। एक बार जयनगर जाने का अवसर आया, वहाँ दही-चूड़ी खिलाना ही अतिथि का सत्कार है। अर्थात् यदि दही-चूड़ा नहीं खिलाया तो कुछ नहीं खिलाया। दही-चूड़ा वहाँ की संस्कृति से जुड़ा है। वहाँ कोई पूजा अनुष्ठान करने के बाद या किसी उत्सव पर्व पर पंडितजी केवल दही-चूड़ा खाकर ही तृप्त

हो जाते हैं, चूड़ा भी वे अपने हाथ से धोते हैं, दूसरे के हाथ का धुला चूड़ा भी नहीं लेते। दही चूड़ा खाने के लिए केले का बड़ा पत्ता या थाली लेते हैं, उस पर पहिले धुला चूड़ा रखते है, उस पर मोटी तह दही की बिछाते हैं, फिर उसके ऊपर चीनी डालकर हाथ से खाते हैं, साथ में रसगुल्ला या कोई सी चार मिठाई भी रख लेते है। पूरा भोजन इस प्रकार करके तृप्त हो पंडित जी आशीर्वाद देकर जाते हैं।

दरभंगा, मिथिला में दही जमाने का तरीका

दरभंगा, मिथिला में दही जमाने का उनका तरीका भी अनूठा है। वहाँ मिट्टी के छिछले दौने में जो कड़ाही की तरह गहरा और चौड़ा होता है, दही इतनी चक्का एवं मोटी मलाईदार जमती है कि मिट्टी का बर्तन उलटा कर देने पर भी दही नीचे नहीं गिरती। उसे बनाने का तरीका मैनें देखा। जो इस तरह था—

विधि: गाय के कच्चे दूध को पहिला उबाल देकर ही तीन बार और उबाल आने दिया। जिस मिट्टी के बर्तन में दही जमानी है, उसे आग पर रखकर गर्म किया। बर्तन गर्म हो जाने पर उसे आग से नीचे उतार लिया। अब ऊपर से धार छोड़ते हुए उबला हुआ दूध उसमें डाला, पूरा बर्तन दूध के झाग से भर जाता है, उसे बिना हिलाये रख दिया। दूध का बर्तन दो बड़े मिट्टी के टोकरों के बीच में रखा जाता है। ये मिट्टी के टोकरे बड़ी चक्की जितने बड़े होते हैं। एक मिट्टी के टोकरे के अंदर दूधवाला बर्तन रखते हैं, जिसके नीचे थोड़ी भूभल (गरम राख) पड़ी रहती है। ऊपर से दूसरे बड़े मिट्टी के टोकरे से, नीचे वाला टोकरा ढक देते है। एक या दो घंटे बाद अँगुली सहने लायक जब दूध का तापमान हो जाता है तब उसमें जोड़न दिया जाता है जो दूध के किनारों पर सब तरफ थोड़ा-थोड़ा डाला जाता है। दूध को जोड़न डालते समय हिलाया नहीं जाता। केवल जोड़न देते समय अँगुली से जोड़न को दूध में हल्का मसल देते हैं, इससे दही का जोड़न अच्छी तरह फैलता है और दही चक्का जमती है। इतनी चक्का कि चाहो तो चाकू से काट लो। यह दही कढ़कर गाढ़ी हो जाती है, और हल्का पीलापन लिए गुलाबी सी रंगत की होती है, जिस पर ऊपर मोटी सी मलाई की तह जमी होती है। जिस मिट्टी के बर्तन में दही एक रोज़

जमाते है, दूसरे दिन उसे पलट लेते हैं, इससे बर्तन की गंध निकल जाती हैं। इस तरह दो बर्तन बदल-बदल कर काम में आते रहते हैं। महीना दो महीना पर दही जमाने का मिट्टी का बर्तन पलटते रहना चाहिए। मिट्टी की सोंधी गंध के साथ ठण्डी की हुई दही अनुपम स्वाद देती है।

दही के अन्य उपयोग

दही से बनने वाले व्यंजनों का एक विशाल भण्डार है। दही से कढ़ी बनती है। तरह-तरह के रायते बनते हैं। लस्सी बनती है। मट्ठा बनता है। तरह-तरह के सागों के बनाने में दही का उपयोग होता है यथा पालक, सरसों, चना, बथुआ, मेथी के सागों को घोटकर बनाने में दही डाली जाती है। दही से दूध फाड़कर छेना बनाया जाता है, और यह छेना तरह-तरह की स्वादिष्ट मिठाई बनाने के उपयोग में आता है, तथा छेने की पनीर की सब्जी बनायी जाती है। आलू, रसेदार आलू, कटहल, भिण्डी, पनीर टिक्का तथा कई अन्य सब्जियों में दही डाली जाती है। ग्वार की फली, कचनार, सेमल ढोढे, कच्चे केले, कच्चे केले के छिलके, भुट्टे का हलवा बिना दही के बनाने को सोचे भी नहीं जा सकते। किसी भी सब्जी में अच्छी रंगत लाने के लिए एवं रसा गाढ़ा करने के लिए दही जरूरी है। दही से ही ढ़ोकला, भटूरे, सूजी की इडली बनाई जाती है। किसी भी चीज़ में खटास लाने के लिए भी दही का उपयोग एकदम निर्दोष है। होमियोपैथी औषधियों को लेने में इमली व अमचूर की खटाई को मना किया जाता है, पर दही या नींबू को नहीं। कोफ्ते और मंगौरी में दही का उपयोग उनको और स्वादिष्ट बना देता है और रसे को भी गाढ़ा करता है। परम्परा प्राप्त भोज्य पदार्थों में या पूजा के समय भोग बनाने में, फलाहार वगैरह में टमाटर का उपयोग नहीं करके दही का ही उपयोग किया जाता है।

श्रीखण्ड बनाने का तरीका

यह दही से ही बनता है। इसके बनाने की विधि यह है कि एक किलो ताजी चक्का दही लेकर कपड़े में रखकर कसकर निचोड़ डालें, या थोड़ी देर निचुड़ने के लिए कपड़े में बाँधकर टाँग दें जिससे सारा पानी निचुड़

जाए। बाद में स्टील के किसी चौड़े बर्तन में रखकर दही को खूब फेटें। जब दही में लस आ जाये तो उसमें दो सौ ग्राम बूरा और आधी छोटी चम्मच नमक डालकर फेंटे। इसके बाद दो लौंग, आधी छोटी चम्मच कालीमिर्च,आधी छोटी चम्मच केसर, एक छोटी चम्मच छोटी इलायची पीसकर दही में मिला दें। स्वादिष्ट श्रीखण्ड तैयार है, इसे इस्तेमाल में लें।

दही से मक्खन निकालना

दही से ही मक्खन बनाया जाता है। दही को मिट्टी की हंडिया या किसी बड़े बर्तन में रखकर मथानी (रई) से खूब मथें। मथने पर मक्खन निकल आता है। दही में मक्खन ऊपर आ जाने पर ठण्डा पानी डालकर थोड़ा और मथें और मक्खन को हाथ से समेटकर गोला सा बना लें। उसे बाहर निकालें और पानी से धोकर इस्तेमाल करें। मक्खन को पिघलाकर घी बनाया जाता है, जो दाल में छौंका देने के काम में,रोटियों पर चुपड़नेमें व मिठाई बनाने में व अन्य कामों में इस्तेमाल होता हैं।

मट्ठा

दही से मक्खन निकालने के बाद जो हंडिया में बचता है, उसे मट्ठा कहते हैं। इस मट्ठे में भुना पिसा जीरा, नमक एवं कालीमिर्च डालकर स्वादिष्ट व पौष्टिक पेय बनता है। साबुत जीरे को भूनकर एवं हींग मिलाकर भी इस मट्ठे में छौंका दिया जाता है। दोपहर के भोजन के साथ इसे लेने से भोजन ठीक से पचता है। हमारे प्राचीन ग्रंथों में कहा गया है कि मट्ठा देवलोक में दुर्लभ है, देवता भी इसकी आकाँक्षा किया करती हैं, क्योंकि यह बहुत गुणकारी है।

दही में लौकी डालकर जमाना

दशहरे पर दही में लौकी डालकर जमायी जाती है, और फिर इस दही का मूँग के लड्डू के साथ प्रसाद में उपयोग किया जाता है। दही में लौकी डालकर जमाने का तरीका यह है कि लौकी को धोकर, छीलकर,

कद्दूकस कर लिया, उसे थोड़ा सा कड़ाही में भूना, फिर दूध में डालकर दो-तीन उबाल दिए और जमने के लिए हाँडी में डाला, तथा जमने लायक होने पर जोड़न दे दिया। बहुत अच्छी दही जमकर तैयार हो जाती है।

चरणामृत तो बिना दही के बन ही नहीं सकता। इसके लिए गाय के दूध की दही जमायी जाती है। पूजा के लिए गाय का दूध ही उपयोग में लाया जाता है, चरणामृत में भी गाय के दूध-दही का उपयोग किया जाता है। माँगलिक कार्यों में विवाह संस्कार, यज्ञ, हवन, विवाह आदि में भी दही की प्रधानता है। कहीं बाहर जाते समय या परीक्षा देने जाते समय दही खिलाना शुभ समझा जाता है।

दही में आम या केला आदि डालकर फ्रूट कर्ड बनायी जाती है। यह भी फ्रूट क्रीम की तरह स्वादिष्ट होती है। आजकल बड़े-बड़े रेस्तराँ में अनन्नास का रायता मिलता है, जो मीठी दही का ही बना होता है। दही के आलू, बथुए का रायता हर किसी के पसंद की चीज़ है। चाट की तो बिना दही के कल्पना ही नहीं की जा सकती। दही बड़ा-दही पकौड़ी, दही की गुझिया सब दही के ही व्यंजन हैं।

जोड़न (जामन)

दही जमाना भी एक कला है। दूध में जमाने के लिए जो थोड़ी सी दही डाली जाती है, उसे ही जामन या जोड़न कहते हैं। दूध में खटाई मिलाने से दही तैयार होती है। जोड़न किसी भी खटाई का दिया जा सकता है। दही या मट्ठे की खटाई सबसे उत्तम है, लेकिन यह नहीं मिलने पर दूसरी किसी खट्टी चीज़ का रस काम में लाया जा सकता है। जैसे आम की सूखी फाँकों को पानी में थोड़ी देर भिगो कर उसके रस से दही जमायी जा सकती है। दूध के अनुसार जोड़न अंदाज से थोड़ा सा दिया जाता है। ज्यादा जोड़न डालने पर दही खट्टी हो जाती है, और कम जोड़न डालने पर ठीक से जमती नहीं है। अत: दूध की गरमाई एवं जोड़न डालने का सही अंदाज जरूरी है जो धीरे-धीरे अभ्यास से आ जाता है। कोई भी काम करने के लिए अनुभव सबसे ज्यादा काम आता है।

दही कब न ले

दही में इतने गुण है लेकिन इसके प्रयोग में भी यह ध्यान रखना चाहिए कि इसे कब इस्तेमाल करें। शाम के समय या रात के समय स्वास्थ्य के कारणों से दही खाने का निषेध किया जाता है। आर्थराईटिस आदि रोगों या जोड़ों के दर्द में भी दही लेने की मनाही की जाती है, क्योंकि इसमें ठण्डी व खट्टी चीज़ें नुकसान पहुँचाती हैं। अधिक खट्टा, बासी, गरम, घी के साथ, रात को एवं वर्षा ऋतु में दही खानेसे दोषों की उत्पत्ति होती है। अनुपात सही न होने से यह पोषण प्रदान करने के स्थान पर हानि पहुंचा सकती है, इस तथ्य को स्मरण रखना चाहिए।

अमेरिका में दही को 'योगर्ट' एवं ब्रिटेन में 'कर्ड' कहा जाता है। दही में जो पानी छूटता है उसे 'तोड़' कहते हैं। इसमें दूध के मौलिक तत्व ज्यादातर सुरक्षित रहते हैं। अत: इसे फेंकना नहीं चाहिए वरन दही के साथ मथकर अथवा अलग से उपयोग कर लेना चाहिए। यह थकावट को दूर करनेवाला, सुपाच्य, रुचिकर तथा आँतों के लिए लाभकारी समझा जाता है।

मट्ठे के पाँच प्रकार

दही को मथकर पाँच प्रकार का मट्ठा (छाछ) बनाया जाता है। मलाई सहित बिना जल डाले जो दही को मथा जाता है उसे घोल कहते हैं। इसमें शक्कर मिलाकर खाने में ज्यादा अच्छा लगता है। दही से मलाई को अलग करके जब दही मथी जाती है तो इसे मथित कहते हैं।

दही मथते समय दही का चौथाई भाग पानी डाल दिया जाय, तो उसे तक्र कहते है। चौथे प्रकार के मट्ठे में आधा भाग दही एवं आधा भाग जल होता है। इसे उद्श्विवत् कहते हैं। पाँचवें प्रकार के मट्ठे को छाछ (लच्छिका) कहते हैं, इसे दही से मलाई निकालकर खूब मथने के बाद बहुत ज्यादा पानी डालकर पतला कर लिया जाता है। गाय के दही का मट्ठा विशेष गुणकारी है।

14

पनीर (छेना) बनाने के तरीके

पनीर (छेना) बनाने के तरीके

नींबू से पनीर फाड़ना

दूध से पनीर बनाने के लिए एक किलो गाय का दूध लें। एक अच्छा रसदार मीडियम साईज कागजी नींबू लें। दूध को एक भगोने में उबलने चढ़ा दें। पहला उबाल आते ही उसमें नींबू का रस निचोड़ दें एवं गैस बंद कर दें। अच्छा हो कि एक कटोरी में एक चम्मच पानी में नींबू का रस निचोड़ कर पहिले से ही तैयार रखें और जब उबाल आये तो दूध के चारों तरफ यह नींबू का रस फैलाकर डाल दें। चार-पाँच मिनट दूध उसी में पड़ा रहने दें। पनीर की मोटी तह दूध के ऊपर आ जायेगी और पानी नीचे रह जायेगा। यह पानी साफ हो, इसमें दूध का अंश न रहे तो इसमें दूध ठीक फटा है। यदि दूध ठीक से नहीं फटा है, तो नींबू का रस और डालना होगा। नींबू का रस कम रहने पर दूध ठीक से नहीं फटता।

पनीर जो ऊपर आ गया है इसे झंझरी से छलनी में निकाल लें बाकी पानी को भी छानकर पनीर अलग कर लें।

इस पनीर को अपनी इच्छानुसार कड़ा या नरम रख सकते हैं। यदि ब्रेड वगैरह पर लगाकर खाना है तो ऐसे ही ढीला रहने दें।

पनीर की सब्जी वगैरह बनाने के लिए इस पनीर को एक मलमल के कपड़े में या किसी भी पतले कपड़े में लपेटकर दबाकर रखें। एक थाली के उलटी तरफ यह कपड़े में ढीला लपेटा हुआ पनीर रखें, ऊपर से अन्य तश्तरी या थाली ढक दें, उसके ऊपर चकला या कोई भारी चीज़ से दबा दें। चार-पाँच मिनट दबा रहने दें। उसकेबाद निकाल लें। अच्छा जमा हुआ पनीर तैयार हो गया। काम में लाने से पहिले इसे थोड़ा ठण्डा कर लें या कुछ मिनट के लिए फ्रिज में रख दें तब काम में लाएँ। इसके इच्छानुसार पतले या चौकोर या लम्बे टुकड़े काटें और उपयोग में लाएँ। पनीर ज्यादा देर दबाकर नहीं रखें, अन्यथा कड़ा हो जायेगा।

यदि पनीर दबाकर न रखना चाहें तो कपड़े में पोटली बाँधकर थोड़ी देर के लिए लटका दें। धीरे-धीरे पानी निचुड़ जायेगा। थोड़ी देर बाद पोटली से निकालकर ठण्डा करें एवं इच्छानुसार टुकड़े काटकर काम में

लें। ठण्डा कर जमे हुए पनीर को दो-तीन घण्टे ठण्डे पानी में छोड़ने से उसका रूपरंग और बनावट सुधर जाती है। पनीर का पानी फेंकें नहीं। इसे सब्जी, दाल या अन्य तरकारी में ताजा-ताजा ही काम में लें। या आटा गूँधने के काम में लें।

खट्टे पनीर के पानी से पनीर फाड़ना

यह पनीर का पानी रखने पर खट्टा हो जाता है। इसे यदि बारह से चौबीस घण्टे बाहर छोड़ दिया जाय तो और ज्यादा खट्टा हो जाता है। इस पानी से नींबू की जगह पनीर फाड़ने का काम लिया जा सकता है। एक किलो दूध में एक या दो कप यह खट्टा पानी डालें। इससे फटा पनीर नींबू से फटे पनीर की बनिस्वत ज्यादा नरम होता है।

सिट्रिक एसिड से पनीर फाड़ना

सिट्रिक एसिड, सफेद सिरका एवं दही से भी पनीर फाड़ा जा सकता है। सिट्रिक एसिड भी नींबू से ही बनता है। एक किलो दूध के लिए आधी छोटी चम्मच सिट्रिक एसिड लें, इसे आधे कप/कटोरी में घोलकर रखें। दूध में उबाल आने के बाद गैस बंद कर दें, दूध को तीन-चार मिनट चलायें। पानी में घुला सिट्रिक एसिड दूध में डाल दें और हल्के से चलाएँ। दूध फटकर ऊपर आ जायेगा और पानी अलग हो जायेगा। इसे तीन-चार मिनट उसी तरह पड़ा रहने दें, बाद में छान लें। जैसे चाहें उपयोग में लाएँ। ताजा-ताजा ही इस्तेमाल करें। यदि रसगुल्ला या मिठाई बनाने में इस्तेमाल करना है, तो हल्के हाथ से मलकर एक सार कर लें।

सफेद सिरके से पनीर फाड़ना

एक लिटर दूध में एक बड़ी चम्मच सिरका पड़ जाता है। दूध में उबाल आने पर धीमा कर सफेद सिरका डाल दें, दूध फट जायेगा। गैस बंद कर दें। तीन-चार मिनट बाद छान कर छेना निकाल लें। इस छेने को यथा रूचि इस्तेमाल में लाएँ। बाकी विधि नींबू से छेना फाड़ने की तरह ही है।

दही से पनीर फाड़ना

एक किलो दूध के लिए एक कप दही लें। दूध में उबाल आने पर दही डाल दें। दही को अच्छे से मथकर पहिले से तैयार रखें। धीमी आँच पर दूध को चलायें। कुछ ही देर में दूध फट जायेगा, छेना एवं पानी अलग हो जायेंगे। गैस बन्द कर दें। इसे चार-पाँच मिनट ढक कर रखें। बाकी विधि नींबूसे छेना फाड़ने की तरह है।

कॉटेज चीज़

दूध	-	एक लिटर
नींबू	-	एक नींबू का रस (या आधी छोटी चम्मच सिट्रिक एसिड)
नमक	-	आधी चम्मच
क्रीम	-	छह बड़ी चम्मच या थोड़ा सा दूध

विधि: दूध को सॉस पैन या किसी बर्तन में गर्म करें। इसे इतना ही गर्म करें कि भाप निकलने लगे लेकिन उबले नहीं। गैस बंद कर दें। गर्म दूध में नींबू का रस मिलायें और इसे धीरे-धीरे कुछ मिनट चलायें। सॉस पैन को ढक दें।और करीब एक घण्टे तक छोड़ दें। छेना पानी से पूरी तरह अलग हो जायेगा। इसके बाद छेने को छान लें। छलनी के ऊपर पतला कपड़ा रखकर किसी कटोरे में छेने को छानकर पानी से अलग कर लें। छेने से पानी पांच-छह मिनट तक निकलने दें। इसके बाद छेने को पतले कपड़े में रखकर पानी में अच्छे से धो ले और इसे पूरी तरह ठण्डा हो जानेदें। इसके बाद कपड़े से पानी निचोड़ दें और जितना सूखा कर सकते हैं, छेने को सूखा कर लें।

छेने को किसी कटोरे में रखें एवं इसमें नमक व क्रीम मिला दें। क्रीम की जगह छेने में दूध इस्तेमाल कर सकते हैं, दूध एक बार में थोड़ा-थोड़ा मिलायें और काँटे से चलाते जायें। नमक इसका टेस्ट बढ़ाने के लिए

मिलाया जाता है और दूध या क्रीम चीज़ को ढीला करने के लिए मिलाया जाता है। नमक को नहीं चाहते हैं तो न मिलायें, जरूरी नहीं है।

इसके लिए जितना ताजा दूध होगा, उतना अच्छा है। इसके लिए फुल क्रीम मिल्क लें। यह चीज़ फ्रिज में रखने पर तीन-चार दिन चल जायेगा। छेने से निकले पानी का इस्तेमाल सब्जी में डालने के लिए या मिल्क शेक बनाने के लिए कर सकते है। या दाल में मिला सकते हैं, आटे में सान सकते हैं। इस पानी में फैट नहीं होता, केवल प्रोटीन होता है और यह स्वास्थ्य वर्द्धक है।

यह चीज़ सैण्डविच में इस्तेमाल कर सकते हैं या डबल रोटी पर फैलाकर लगा सकते हैं, अथवा सब्जी में, पालक में इस्तेमाल कर सकते हैं, या पनीर की भुजिया बना सकते हैं।

रिकोटा चीज़

दूध - एक लिटर, पूरी चिकनाई वाला

क्रीम - आधा कप

नमक - आधी चम्मच

सफेद सिरका - तीन बड़ी चम्मच

(अथवा तीन बड़ी चम्मच नींबू का रस)

विधि: चीज़ बनाने से पहिले जरूरी सामान जोड़ लें। एक गहरे बड़े कटोरे के ऊपर छलनी रखें और दोहरा किया हुआ मलमल का गीला कपड़ा छलनी के ऊपर लगा दें।

किसी बड़े सॉस पैन या बर्तन में दूध और क्रीम डालें, नमक मिलायें, और मीडियम आँच पर इसे चलाते हुए गरम करें। जब यह उबलने के करीब हो और काफी गर्म हो जाये तो गैस बंद कर दें। सॉस पैन नीचे उतार लें, इसे करीब पाँच मिनट ठण्डा होने दें।

धीरे-धीरे इसमें सिरका मिलायें और इसे एक हाथ से चलाते रहें, दूसरे से सिरका डालते जाये, सिरके से दूध फटना शुरु हो जायेगा और पानी

अलग होने लगेगा। धीरे-धीरे सारा सिरका डालने तक चलाते रहें। इसे दस-बीस मिनट सैट होने के लिए छोड़ दें।

[नोट- दूध और क्रीम गर्म करते समय इसे थोड़ी-थोड़ी देर में चलाते रहें जिससे कि दूध व क्रीम तली में लगकर जलें नहीं।]

थोड़ी देर बाद छेने की मोटी तह ऊपर आ जायेगी और पानी नीचे रह जायेगा। मिश्रण को करछी से निकालकर मलमल का कपड़ा लगी छलनी में डालें, इसी तरह सारा मिश्रण निकाल लें। करीब एक घण्टे तक इसे छलनी में छोड़ दें, धीरे-धीरे इसका पानी निकलता रहेगा। इसे कपड़े के ऊपर दबायें या चलायें नहीं। जितना ज्यादा देर पानी निकलता रहेगा, रिकोटा चीज़ उतना ही गाढ़ा होता जायेगा। अपनी रूचि के अनुसार इसे जितना गाढ़ा रखना चाहें रख सकते हैं। यदि थोड़ा ढीला और क्रीम वाला पसन्द है तो छानने के 5-10 मिनट बाद ही रिकोटा चीज़ को कपड़े से अलग करके एक कटोरी में निकालें। यह ताजा-ताजा उपयोग में ले आए या फिर ढककर इसे फ्रिज में चार-पाँच दिन रख सकते हैं। यह मीठे के साथ लिया जा सकता है या किसी सब्जी में डाला जा सकता है।

रिकोटा चीज़ से निकले पानी से छेना

इस पानी की अब जरूरत नहीं है। पर यदि आप चाहें तो इस पानी से फिर थोड़ा छेना प्राप्त कर सकते हैं। इसका तरीका यह है कि इस पानी को अच्छे से छान लें, जिससे यह एकदम साफ हो जाय और पनीर के जो छिटपुट टुकड़े पड़े हों वह निकल जायें। इस पानी को किसी स्टील के बर्तन में ढककर कम से कम बारह घण्टे के लिए छोड़ दें। इससे यह पानी खट्टा हो जायेगा और इसको फाड़ने के लिए सिरके या नींबू की जरूरत नहीं पड़ेगी।

इस खट्टे पानी को एक सॉस पैन में डालकर गरम करें, साथ-साथ चलाते जायें, जिससे कि यह नीचे लगे नहीं। जब यह पानी काफी गर्म हो जाय तो ऊपर सफेद सा होने लगेगा, ध्यान रखें थोड़ी देर और चलाकर

उबलने से पहिले ही गैस बंद कर दें। उबलकर यह बाहर भी गिर सकता है।

इसे आग से नीचे उतार लें और थोड़ी देर ठण्डा होने दें। जब यह अँगुली से आराम से छूने लायक गरम रहे तब इसे छान लें। इसका छेना फटकर ऊपर आ जायेगा, और पानी साफ पीलापन लिए हरा सा रहेगा। छलनी के ऊपर साफ कपड़ा बिछाकर इसे छानें, इस छेने को दो-तीन घण्टे के लिए ऐसे ही छोड़ दें, धीरे-धीरे पानी रिसता रहेगा।

इसके बाद इसे कपड़े से हटाकर कटोरी में रखें और इस्तेमाल करें। इसे फ्रिज में भी तीन-चार दिन रखा जा सकता है। इसके बचे हुए पानी को हटा दें।

15

मलाई कोफ्ता

मलाई कोफ्ता बनाने के लिए उबले हुए आलू (आधा किलो) छीलकर कद्दूस करके मैश कर लें। इसमें दो बड़ी चम्मच मैदा मिला दें। इसकी छोटी-छोटी गोली बना लें। करीब एक कटोरी मलाई (100 ग्राम) ठण्डी कर जमी हुई लें। आलू की गोली के अंदर आधी छोटी चम्मच जमी हुई मलाई रखें और एक-एक काजू किशमिश रखें। ठीक से गोल करके कोफ्ते की तरह बना लें। आलुओं में मसलते समय नमक के साथ चौथाई छोटी चम्मच कुटी लाल मिर्च भी मिला दें। एक बड़ी चम्मच मैदा आधा कप पानी में घोल लें। कोफ्ते को मैदे के घोल में डुबाकर गर्म तेल में डीप फ्राई कर लें। एक बार में तीन-चार गोली ही फ्राई करें। ध्यान रखें कि यह फटें नहीं।

इसका रसा तैयार करने के लिए एक बड़ी करछी घी या तेल में चार बड़े टमाटर बारीक कटे फ्राई करें, इसी में एक इंच अदरक का टुकड़ा एवं दो हरी मिर्च का पेस्ट बनाकर डाल दें। एक बड़ी चम्मच पिसा हुआ पोस्तादाना भी टमाटर भुनने के बाद डाल दें। दो बड़ी चम्मच पानी डाल दें। मसाले को ठीक से भून लें। धीरे-धीरे पानी डालें जिससे ग्रेवी गाढ़ी रहे। करीब तीन कप गर्म पानी डालें। पाँच मिनट पकने दें। फिर उतार लें। परोसते समय कोफ्तों को ग्रेवी में डालें। ऊपर से हल्के गरम मसाले व धनिए की पत्ती से सजा सकते हैं।

16

पनीर कोफ्ता

मलाई कोफ्ते की तरह ही पनीर कोफ्ता बना सकते हैं। इसमें आलू में भरने के लिए मलाई की जगह पनीर का इस्तेमाल करें। शेष सब विधि मलाई कोफ्ते की तरह है।

अथवा केवल पनीर का कोफ्ता बना सकते हैं। इसके लिए एक किलो दूध का पनीर फाड़ने के बाद अच्छे से मैश करें, फिर उसमें दो-तीन बड़े चम्मच सूखा दूध मिलाकर गोली बना लें। अंदर काजू, किशमिश रख सकते हैं। इन गोलियों को सूखे मैदे में लपेटकर डीप फ्राई कर लें। और मलाई कोफ्ता जैसी ग्रेवी बना लें।

परसते समय ग्रेवी में कोफ्ते डालें। कोफ्ते को आधा काटकर भी सजा सकते हैं। यह ध्यान रखें कि गोली फटे नहीं। एक बार में दो-तीन सेंके। यदि फटती हैं तो थोड़ा और मैदा मिला लें।

17
पालक-पनीर मलाई के साथ

चार-पाँच लाल टमाटर को बारीक काटकर एक चम्मच घी या तेल में भूनें। इसी में पसंद के अनुसार हल्का नमक, मिर्च, धनिया, सौंफ मसाला भूनें। मसाला भुन जाने पर आधी या एक कटोरी मलाई डालें। फिर उबालकर पिसा हुआ पालक डालें। फिर उसे थोड़ा भूनकर पनीर का पानी डालें। उबाल आने पर पनीर के टुकड़े डालें। सब्जी को गाढा होने पर उतार लें। इसमें हल्दी नहीं डालें।

18
टमाटर के सलाद में पनीर

अच्छे पके टमाटर लें मीडियम या छोटे साइज के। ऊपर से थोड़ा ढकना काटकर अंदर से खोखरा कर लें। टमाटर का जो गूदा व रसा निकला है उसी को पैन में डालकर हल्का भूनें। एक चम्मच घी में हल्का नमक मिर्च मिला दें। टमाटर का गूदा भूनने के बाद उसी में पनीर को मैश करके डालें। दो-तीन मिनट भूनने पर निकाल लें। इस मिश्रण को खोखरा किए टमाटरों में भर दें और ऊपर से ढकना लगा दें। एक प्लेट में रखकर टमाटर सजाएँ। उसके चारों तरफ पतले गोल कटे उबले आलू के चन्दे सजा दें, हल्का नमक व ताजी कुटी काली मिर्च डालकर।

19

मलाई की सब्जी

मलाई की सब्जी बनाने के लिए 150 ग्राम मलाई लें। टमाटर 150 ग्राम बारीक काटकर लें। कड़ाही या मोटे तले के बर्तन में एक बड़ी चम्मच घी गर्म करें। उसमें चौथाई छोटी चम्मच जीरा, आधी छोटी चम्मच बारीक कटा अदरक एक हरी मिर्च (छेद करके) का तड़का दें। फिर लाल होने तक टमाटर भूनें। टमाटर भुन जाने पर उसमें हल्का नमक व कालीमिर्च मिलाएँ अथवा जो मसाला पसंद हो मिलाएँ। फिर मलाई डालकर हल्की आँच में पाँच या सात मिनट रखें। ज्यादा देर नहीं रखना है, देर तक रखने से मलाई घी छोड़ सकती है। हरा धनिया छिड़क सकते हैं, उतारने के बाद।

20

फ्रेंच बीन्स मलाई के साथ

250 ग्राम फ्रेंच बीन को अच्छे से धोकर एक इंच लम्बे टुकड़े काटकर पानी में उबाल लें। पानी फ्रेंच बीन के बराबर आ जाए, इतना डालें। शुरू में आँच तेज रखें, बाद में आँच धीमी करके फ्रेंचबीन ढक दें। गलने के बाद उतार लें। बीन्स में यदि पानी बचा है तो पानी अलग रखें। कढाही में एक बड़ी चम्मच घी गर्म करें उसमें जीरे व कलौंजी का छौंक दें (दोनों मिलाकर आधी छोटी चम्मच)। एक साबुत हरीमिर्च डाल दें। दो मीडियम साइज के लाल टमाटर बारीक कटे हुए, इस छौंक में डाल दें और भूंन लें। टमाटर भुन जाने पर मलाई डालकर भूनें। मलाई दो-तीन चम्मच या इच्छानुसार डालें। इसके बाद आधी छोटी चम्मच कुटा धनिया, चौथाई छोटी चम्मच कुटी सौंफ, तिहाई छोटी चम्मच हल्दी डालकर थोड़ा भूनें। फिर फ्रेंच बीन डाल दें। यदि फ्रेंच बीन्स उबालने से पानी बचा है तो उसको इसमें डाल दें। फ्रेंच बीन को ढककर पकाएँ। ढीली-ढीली फ्रेंच बीन्स रहेंगी। थोड़ा पानी यदि चाहें तो डाल सकते हैं। धीमी आँच पर पाँच से दस मिनट पकाए। नमक भी डाल दें। पकने पर उतार लें। चौथाई छोटा चम्मच गरम मसाला या ताजा भुना पिसा जीरा डालें।

21

रसेदार आलू दही के साथ

आधा किलो आलू को धोकर छोटे टुकड़ों में काट लें। कुकर में एक बड़ी चम्मच घी गरम करें। उसमें चुटकीभर हींग, आधी छोटी चम्मच जीरे का तड़का दें, एक छोटी चम्मच बारीक कटा अदरक डालें। एक टमाटर कद्दूकस करके डालें। टमाटर थोड़ा भुनने पर आधी कटोरी दही डालकर भूनें। फिर आलू डालकर भूने। हल्दी आधी छोटी चम्मच, नमक एक छोटी चम्मच, कुटी लाल मिर्च आधी छोटी चम्मच या स्वादानुसार डालें। अंदाज से पानी डालें। पानी आलुओं के बराबर तक आ जाए। कुकर में तीन सीटी लगायें। ठण्डा होने पर कुकर खोलें। आलुओं को थोड़ा घोंट दें।

गरम-गरम रसेदार आलू पूरी के साथ सर्व करें।

22

दही की भिण्डी

250 ग्राम भिण्डी लें। भिण्डी को बीच से चीर लें। इसमें आधी कटोरी दही डालें। इच्छानुसार नमक, मिर्च, सौंफ हल्दी डालें और एक बड़े चम्मच तेल में जीरे का छौंक देकर भून लें। शुरू में खुला भूनें, बाद में ढककर धीमी आँच पर भूनें। गलने पर उतार लें।

23

टमाटर पनीर के साथ

पनीर के इच्छानुसार टुकड़े काट लें। टमाटर को कद्दूकस कर लें या बारीक काट लें। एक पैन में एक चम्मच घी या तेल डालकर टमाटर भूनें। टमाटर भुन जाने पर पनीर के टुकड़े डालकर भूनें। इच्छानुसार हल्का नमक व कालीमिर्च डालें।

24
रायता

रायता

रायता

रायता गर्मियों में ज्यादा अच्छा लगता है। यह दही से बनाया जाता है। जिसमें सब्जियाँ (कच्ची या पकी हुई), फल, दालें और मेवा रुचिकर तरीके से डाले जाते हैं। स्वाद बढ़ाने के लिए मसाले भी डाले जाते हैं। अपनी व्यक्तिगत रुचि के अनुसार ये हल्के या तीखे तेज डाले जा सकते हैं। जो जो मसाले रायते में प्राय: दिए जाते हैं वे हैं- भुना पिसा जीरा, कुटी लाल और काली मिर्च, हींग, नमक, काला नमक, गरम मसाला, बड़ी इलायची, लौंग, दाल चीनी।

रायता दो प्रकार का बनता है, मीठा और नमकीन। दोनों प्रकार का रायता बनाने के लिए एक ही तरह के मसालों की आवश्यकता होती है। अन्तर केवल इतना ही है कि मीठे रायते में शक्कर, और नमकीन रायते में नमक तथा कभी कभी राई भी मिलाई जाती है।

यदि किसी तरकारी का रायता बनाना हो तो उसे या तो भूनकर गला लें या उबालकर गला लें या कच्चा डालें। जिन कच्चे फलों का रायता बनाना हो तो उन को कद्दूकस में कसकर हल्का सा उबाल लें। यदि मेवा वगैरह का रायता बनाना हो तो उन्हें पानी में भिगो दें, तब बनावें। भिन्न भिन्न फलों, तरकारियों अथवा मेवों का रायता अलग रीति से बनाया जाता है। जिनके बनाने की विधियाँ आगे दी जा रही हैं।

रायता देखने में सुरुचिपूर्ण होना चाहिए और उसमें तरकारी, फल, दाल, मेवा स्पष्ट दिखने चाहियें। ऊपर की सजावट भी आकर्षक होनी चाहिए। रंगों का मिश्रण या तो एक तरह का हो या एकदम दूसरे से फर्क हो। रायता पतला या गाढ़ा हो सकता है। रायते का जायका संतुलित होना चाहिए, दही में मसाले या अन्य सामग्री ठीक से मिले होने चाहिये। रायता खट्टा नहीं हो। मसालों की खुशबू हल्की हो।

तीखे तेज एवं मसालेदार भोजन के साथ रायता सुखद एवं रुचिकर पूरक है। हल्के नमक एवं हल्के मसाले का रायता मनोहारी होने के साथ

साथ आँखों के लिए सुहाना भी है और स्वाद ग्रंथियों के लिए भी आनन्द दायक है।

पिसे भुने जीरे, पिसी मिर्च, सूखे पिसे पौदीने, काला नमक, हरे धनिये या पौदीने की पत्तियों से रायता सजाया जाता है और राई, सरसों, जीरा, करी पत्ता एवं हींग से इसमें बघार भी दिया जाता है तथा मीठे रायते को इलायची, किशमिश एवं केसर से सुगंधित किया जाता है। रायता ठण्डा सर्व किया जाता है।

खीरे, लौकी, ककड़ी, आलू का नमकीन रायता सेन्धा नमक एवं जीरा काली मिर्च डालकर व्रत उपवास में भी लिया जा सकता है। इसी तरह केले, अनन्नास, अंगूर, आम, किशमिश का मीठा रायता भी फलाहार में लिया जा सकता है।

लौकी का रायता

सामग्रीः

लौकी	- 250 ग्राम
दही का गाढ़ा मट्ठा	- आधा किलो
नमक	- स्वादानुसार
मिर्च	- स्वादानुसार
गरममसाला	- स्वादानुसार

पिसा भुना जीरा, काला नमक भी स्वादानुसार डाल सकते हैं।

विधिः लौकी धोकर छिलका धुड़ा लीजिए। लौकी के डंडी की तरफ वाला ऊपर का एक इंच हिस्सा काटकर निकाल दीजिए। लौकी को कद्दूकस कर लच्छों को थोड़े पानी में उबालिए। लौकी को कद्दूकस करने के तुरन्त बाद पानी में डालकर उबलने चढ़ाइये। अन्यथा लौकी काली पड़ जाती है। अन्दाज से उतना ही पानी डालें जितने में लौकी गल जाय। ठण्डा होने पर लौकी को निचोड़ लीजिए। जो पानी निकले उसे दही में ही मिलाकर दही थोड़ा पतली कर लीजिए। दही को अच्छे से मथ

लीजिए। दही में यह लौकी डालकर मिलाइये। मिर्च, गरम मसाला, पिसा भुना जीरा, डाल दीजिए। नमक परोसते समय डालिए। पहले से डालने से दही खट्टी हो सकती है। नमक हल्का ही डालें।

यदि रायते में बारीक कटी हरी मिर्च डाल रहे हैं तो लाल मिर्च न डालें।

रायते में छौंका देना- कुछ लोग छुका हुआ रायता पसन्द करते हैं। इसके लिए एक करछी में थोड़ा साबुत जीरा लेकर हल्की आँच पर सूखा भूनें, थोड़ा सा चुटकीभर हींग भी डाल दें। जीरा भुन जाने पर गर्म करछी रायते में डालें और साथ ही तश्तरी से ढक दें। छन से आवाज होगी और धुआँ उठेगा। इसे रायते को धुआँ देना भी कहते हैं। पहले मिट्टी के चुगड़े (दिए) में जीरा हींग गरम करके गरम चुगड़ा (दीपक) ही रायते में डाल देते थे। इससे सोंधी गन्ध के साथ जीरे व हींग की खुशबू भी रायते में बस उसे सुस्वादु बना देती थी। जीरा भूनते समय थोड़ा नमक भी उसमें मिला दें तो जीरा अच्छे से भुन जाता है।

रायता दोपर के भोजन में चावल, पुलाव या रोटी के साथ दें। अथवा पूरी पराठे या कचौरी के साथ दें। रायता ठण्डा करके सर्व करें।

आलू का रायता

सामग्रीः

आलू	- 250 ग्राम
दही का गाढ़ा मट्ठा	- आधा किलो
लाल मिर्च	- एक छोटी चम्मच
गर्म मसाला	- एक छोटी चम्मच
नमक	- स्वादानुसार

विधिः आलुओं को धोकर उबाल लीजिए। जब अन्दर तक गल जायें तो उतार लीजिये। ठंडा होने पर छिलका छुड़ा लीजिए। आलू के छोटे छोटे चौकोर टुकड़े करिये और इन्हें गाढ़ी दही में मिला दीजिए। दही को

अच्छे से मथकर थोड़ा पानी डालकर हल्का पतला कर लीजिए। गाढ़े मट्ठे जैसा।

दही मथने के बाद तब उसमें आलू डालें। ऊपर से मिर्च मसाले डाल दीजिए। गरम मसाले की जगह सूखा भुना पिसा जीरा भी डाल सकते हैं। नमक के साथ थोड़ा काला नमक एवं काली मिर्च भी डाल सकते हैं। यदि हरा धनिया पसन्द है तो ऊपर से बारीक कटा हरा धनिया छिड़क सकते हैं।

नोटः यह ध्यान रखें कि नमक परोसते समय डालें। पहले डालने से दही में खटास आ सकती है।

रायते के लिए ताजी जमी चक्का दही लें तो रायता सुस्वादु होगा। रायता ठण्डा सर्व करें।

सजावट के लिए रायते में भिगोए हुए छोले, कटे बादाम दो हिस्सा किए हुए, नारियल के पतले टुकड़े या किशमिश वगैरह डाले जा सकते हैं।

नोट: रायते कचनार, बथुए, पोदीने, ककड़ी, खरबूजे आदि के भी बनाए जाते हैं।

ककड़ी का रायता

सामग्रीः

दही	-	200 ग्राम
ककड़ी	-	120 ग्राम
नमक	-	चौथाई (1/4) छोटी चम्मच
काला नमक	-	एक चुटकी
काली मिर्च	-	एक चुटकी
गरम मसाला	-	चौथाई छोटी चम्मच
भुना पिसा जीरा	-	चौथाई छोटी चम्मच
कटे हरे धनिये की पत्ती	-	दो-तीन टहनी

विधिः दही को ठीक से फेंटे अथवा छलनी से छान लें। यदि ज्यादा गाढ़ी है तो थोड़ा पानी मिला दें।

ककड़ी को कद्दूकस कर लें। दही में अच्छी तरह मिला दें। हल्का नमक डालें। ककड़ी कच्ची ही रहने दें।

जीरा, काली मिर्च, भुना जीरा एवं गरम मसाला डालकर सजा दें। ऊपर से हरे धनिये की कटी हुई पत्तियाँ छिड़क दें। यदि हरी मिर्च पसन्द है तो एक हरी मिर्च भी बारीक काट कर डाल दें।

खीरे का रायताः- नरम खीरे लें। उनका ऊपर का हिस्सा काटकर और अच्छी तरह रगड़कर उनका जहर निकाल दें। फिर छिलका छुड़ाकर, कद्दूकस कर लें। इसे कच्चा ही रहने दें। खीरे से दुगनी दही लें। दही को अच्छे से फेंट लें। फिर ऊपर लिखे ककड़ी वाले मसाले मिला दें। कुछ देर तक रखे रहने के बाद खाने के काम में लायें।

बथुए का रायताः- बथुए को अच्छे से धोकर बीन लें। बिना पानी के उबाल लें। उबल जाने पर उसे ठण्डा करके निचोड़ लें और मसल लें। दही को फेंट लें। बथुए से दुगनी दही लें। बथुए से निकला पानी दही में ही मिला लें। दही गाढ़ी है तो हल्का पानी मिला लें। उसमें नमक, मिर्च, भुना पिसा जीरा डालें। इसके बाद हींग, जीरे का घुंगार अर्थात् छौंक दे दें। जैसे लौकी के रायते में छौंक लगाते हैं। हींग जीरे को करछी में गर्म करके गर्म करछी रायते में डालकर ढक दें। हींग की खुशबू बस जायेगी। फिर करछी निकाल लें।

गाजर का रायताः- दो सौ ग्राम दही के लिए सौ ग्राम कद्दूकस की हुई गाजर लें। अच्छी मोटी गाजरें लेकर साफ से धो लें। उनको खखोर कर साफ कर लें। बीच के कड़े भाग को निकालकर कद्दूकस करें। इसके बाद उन्हें पानी में उबाल लें और जब गाजर गल जाय तो ठण्डा करके निचोड़ लें। गाजर का पानी दही में ही मिला दें। दही अच्छे से फेंटे। इसमें हल्का नमक, भुना पिसा जीरा, काला नमक, गरम मसाला, काली मिर्च मिला दें। जैसा ककड़ी के रायते में बताया है। थोड़ी देर ढककर रखें, तब काम में लायें।

कचनार का रायता:- कचनार की नरम नरम कच्ची फली लेकर उबाल लें। जब फली अच्छी तरह गल जाय तब उसे उतार लें। ठंडी होने पर पानी निचोड़ दें और खूब अच्छी तरह मसल लें। मसली हुई फली में थोड़ा सा पिसा नमक मिलाकर थोड़ी देर रख दें। उसके बाद दो तीन बार पानी से धोकर निकाल लें। कचनार की फली से दुगुनी दही लें। दही को अच्छे से फेंट कर उसमें नमक मिर्च, भुना पिसा जीरा, गरम मसाला आदि जैसा ककड़ी के रायते में लिखा है, मिला दें। दही यदि गाढ़ी है तो अन्दाज से पानी मिलाकर ठीक कर लें।

टमाटर का रायता:- टमाटर से दुगुनी दही लें। दही को अच्छे से फेंट लें। टमाटर के छोटे छोटे टुकड़े कर लें। इन्हें दही में अच्छे से मिला दें। हल्का नमक डालें। बाकी मसाले जैसा ककड़ी के रायते में लिखा है, इच्छानुसार डाल दें।

बूँदी का रायता:- पतले बेसन की बूँदी घर पर भी तलकर तैयार की जा सकती है। अन्यथा बाजार में भी बूँदी के रायते का पैकेट मिलता है। बूँदी से दुगनी दही लें। दही को फेंटकर पतली कर लें। बूँदी भी पानी सोखती हैं। नमक मिला दें। साथ ही जीरा, हींग का छौंका दे दें एवं गरम मसाला, काला जीरा, भुना पिसा जीरा, काली मिर्च आदि इच्छानुसार मिला दें। कटा हरा धनिया भी डाल दें। दही अच्छी ताजी और मीठी लें। दही में हल्की सी छोटी एक चम्मच चीनी भी स्वादानुसार मिला सकते हैं। जब रायता इस्तेमाल करना हो, तभी बूँदी मिलाएँ। काफी पहले बूँदी मिला देने से वे ज्यादा फूल जाती है और कुरकुरापन खत्म हो जाता है।

मीठे कद्दू (कोंहड़े) का रायता:- 200 ग्राम दही के लिए 100 ग्राम कुम्हड़ा (मीठा कद्दू) लें। इसको कद्दूकस कर लें। दो बड़ी चम्मच पानी देकर उबाल लें कि नरम हो जाए। फिर इसे भी लौकी के रायते की तरह बना लें। दही को फेंटकर उसमें उबला हुआ कुम्हड़ा डाल दें एवं नमक, मिर्च, भुना जीरा, गरम मसाला आदि मिला दें।

पौदीने एवं मूँगफली का रायता

सामग्रीः

पौदीने की पत्तियाँ - 20 ग्राम
या डंडी समेत पौदीना - 40 ग्राम (डंडी हटा देनी है)
भुनी मूँगफली - 20 ग्राम
दही - 200 ग्राम
नमक - तिहाई (1/3) छोटी चम्मच
कुटी काली मिर्च - एक चुटकी
भुना पिसा जीरा - आधी छोटी चम्मच

विधिः पौदीने को धोकर बारीक पीस लें। भुनी मूँगफली को कूटकर दरदरा कर लें। दही को फेंट लें। यह गाढ़ी हो तो थोड़ा पानी मिला दें। फेंटी हुई दही में पौदीना एवं मूँगफली मिला दें। इसमें नमक, भुना पिसा जीरा एवं काली मिर्च मिलायें। ठण्डा ही परसें।

अंकुरित साबुत मूँग का रायता

सामग्रीः

दही - 200 ग्राम
अंकुरित मूँग - 40 ग्राम
हरे धनिये की पत्ती - थोड़ी सी
नमक - एक तिहाई (1/3) छोटी चम्मच
भुना पिसा जीरा - आधी छोटी चम्मच
काली मिर्च - एक चुटकी
लाल मिर्च - एक तिहाई (1/3) छोटी चम्मच

विधिः दही को फेंट लें। गाढ़ी हो तो पानी थोड़ा मिला दें। दही में अंकुरित मूँग मिला दें। नमक मिलाएँ। लाल मिर्च, पिसे जीरे एवं धनिये पत्ती से सजा दें।

केले का मीठा रायता

सामग्रीः

पके हुए केले	- आधा दर्जन
मलाई	- 100 ग्राम
दही मथी हुई	- आधी किलो
किशमिश	- 25 ग्राम
पिस्ता	- एक छोटी चम्मच कटे हुए
पिसी चीनी या बूरा	- 100 ग्राम

विधिः- दही को मथकर छलनी या कपड़े में छान लीजिए। इसमें मलाई अच्छी तरह मिला दीजिए। मलाई के बजाय थोड़ा दूध भी मिला सकते हैं। यदि दही ज्यादा गाढ़ी है तो थोड़ा पानी मिला दीजिए। दही में पिसी चीनी या बूरा मिला दीजिए। यदि चाहें तो इसमें दो छोटी चम्मच नमक व आधी छोटी चम्मच कुटी काली मिर्च मिला सकते हैं।

केले का छिलका छुड़ाकर पतले पतले गोल चन्दे काट लीजिए एवं उन्हें तैयार दही में मिला दीजिए।

ऊपर से किशमिश एवं कतरे हुए पिस्ते डालकर सजाइये और ढककर रखिए।

इसे दोपहर के खाने के साथ सर्व कर सकते हैं।

अनन्नास का रायता

जैसे केले का रायता बताया है, ऐसे ही अनन्नास का रायता बनता है। फर्क इतना ही है कि अनन्नास के टुकड़ों को चीनी में पकाकर नरम करना है।

अनन्नास के छोटे छोटे टुकड़े करिये। इन टुकड़ों में हल्की चीनी डालकर मध्यम आँच पर चार पाँच मिनट पका लीजिए। जरा नरम होने पर उतार लीजिए।

अनन्नास के चीनी में नरम हुए इन टुकड़ों को तैयार दही में मिला लीजिए।

अनन्नास का स्वादिष्ट रायता तैयार है। इसे दोपहर के भोजन में परोसिए।

अंगूर का रायताः- हरे व काले दोनों तरह के अंगूर लें। अंगूरों को धोकर साफ करें। यदि अंगूर बड़े हैं तो बीच से आधा कर दो टुकड़े कर लें। दो सौ ग्राम दही के लिए 50 ग्राम हरे अंगूर एवं 50 ग्राम काले अंगूर लें। दही को फेंटकर थोड़ा ढीला कर लें। उसमें अंगूर मिला दें। इसमें एक तिहाई छोटी चम्मच नमक, आधी छोटी चम्मच भुना जीरा, एक चुटकी काली मिर्च डालें।

यदि अंगूर का मीठा रायता करना है तो दही में स्वादानुसार चीनी मिला दें। चीनी या बूरा करीब 40 ग्राम पड़ जायेगा।

आम का रायताः- पके आम के छोटे टुकड़े कर लें। पचास ग्राम अंगूर की जगह पचास ग्राम आम के टुकड़े डाल दें। बाकी तरीका अंगूर के रायते की तरह ही है।

किशमिश का रायताः- 200 ग्राम दही के लिए पचास ग्राम किशमिश डालें। किशमिश को साफ करके पानी में भिगो दें। जब किशमिश अच्छे से फूल जायें तो उनका पानी निचोड़ दें। दही को अच्छे से फेंटे और उसमें किशमिश मिला दें। जैसे अंगूर के रायते में नमक, भुना जीरा एवं काली मिर्च डाली थी ऐसे ही इसमें मिला दें। मीठा रायता करने के लिए दही में करीब 40 ग्राम चीनी या बूरा मिला दें।

बैंगन का रायताः- एक बड़ा बैंगन लें। बैंगन का छिलका छुड़ा लें। थोड़े से तेल में मेथी व हींग का फोरन देकर बैंगन छोटे टुकड़ों में काटकर डाला, हल्दी, मिर्च, हरी मिर्च, अदरक बारीक कटा हुआ, नमक डालकर ढक दिया। बीच बीच में चलाया। गलने पर मैश कर लें कड़ाही में। ठण्डा होने पर दही में मिला लें। ऊपर से हरे धनिये, जीरे हरी मिर्च से सजा दें।

लौकी का रायता (राई के साथ)

(यह रायता बिहार में अधिकांशत: बनता है।)

सामग्रीः

लौकी	- 250 ग्राम
दही	- आधी किलो
पिसी राई/सरसों पीली	- एक बड़ी चम्मच (12 ग्राम)
भुना पिसा जीरा	- एक छोटी चम्मच (6 ग्राम)
पिसी लौंग	- चौथाई छोटी चम्मच
पिसी बड़ी इलायची	- आधी छोटी चम्मच
हल्दी	- चौथाई (1/4) छोटी चम्मच
सरसों तेल	- दो छोटी चम्मच
कुटी लाल मिर्च	- आधी छोटी चम्मच (या स्वादानुसार)
कुटी काली मिर्च	- चौथाई छोटी चम्मच
हींग	- एक चुटकी (ऐच्छिक)
नमक	- स्वादानुसार

विधिः अच्छी मुलायम नरम लौकी लेकर छील लें। फिर उसके दो टुकड़े करके थोड़े से पानी में उबाल लें। जब गल जाये तो पानी से निकाल कर रख लें। थोड़ी ठंडी होने पर चाकू से उसके छोटे छोटे चौकोर टुकड़े काट लें, करीब आधा इंच से भी छोटे।

ताजी मीठी दही को अच्छे से मथ लें। उसमें मसाला नमक मिलाकर लौकी के छोटे छोटे टुकड़े डाल दें। कच्चा सरसों तेल मिला दें। स्वादिष्ट रायता तैयार हैं। इसमें चुटकी भर हल्दी भी डाल सकते हैं।

नोटः इसमें राई की जगह पीली सरसों भी पीसकर मिला सकते हैं। इससे हल्का पीला रंग आ जायेगा। इसमें सरसों तेल की खुशबू अच्छी लगती है। सरसों के तेल से स्वाद में फर्क आ जाता है।

फूल गोभी का रायता

सामग्रीः

फूलगोभी	-	350 ग्राम
दही	-	200 ग्राम
चने की दाल	-	125 ग्राम

नमक, मिर्च, हल्दी, जीरा, घी या तेल अन्दाज से, हरा धनिया, पिसी काली मिर्च, पिसी हुई राई।

विधिः चने की दाल को पाँच छह घंटे पानी में भीगा रहने दें। जब दाल फूल जाय तो पानी अलग करके पिट्ठी पीस लें। गोभी को कद्दूकस कर लें।

कड़ाही में घी डालकर जीरे का छौंक दे और गोभी को नमक व हल्दी डालकर पकने के लिए रखें। पानी का छींटा देकर ढक दें। जब गोभी कुछ गल जाए तो दाल की पिट्ठी मिला दें। थोड़ी देर पकने दें। दोनों के गलने पर हरी मिर्च व हरा धनिया डालकर नीचे उतार लें।

दही को अच्छे से मथ लें। इसमें गोभी व दाल के मिश्रण को मिला दें। ऊपर से पिसी हुई काली मिर्च तथा थोड़ी सी पिसी हुई राई डाल दें।

पालक का रायता

सामग्रीः

दही	-	225 ग्राम
पालक	-	115 ग्राम
हरी मिर्च	-	दो
नमक	-	स्वादानुसार

छौंक के लिए-

जीरा	- एक छोटी चम्मच
राई	- दो छोटी चम्मच
मेथी	- एक छोटी चम्मच
साबुत लाल मिर्च	- दो-तीन
तेल	- 15 ग्राम (एक बड़ी चम्मच)

तरीकाः पालक को धोकर छोटे छोटे टुकड़ों में काट लें। फिर हल्का सा पानी डालकर उबाल लें या बिना पानी डाले ही कुकर में एक सीटी दे दें। उबल जाने पर हाथ से मसल लें या सिल पर मोटा मोटा पीस लें।

दही को मथकर उसमें उबला हुआ पालक और कटी हुई हरी मिर्च के टुकड़े मिलायें, फिर नमक डालें।

अब इसे लाल मिर्च, राई, जीरा और मेथी से छौंक दे।

नोटः1. पालक ऐसे उबालें कि उसका पानी न फेंकना पड़े। यदि चाहें तो बिना काटे साबुत उबाल लें और बिना मसले ऐसे ही दही में मिला दें।

2. पालक को नमक, पिसी हुई लाल मिर्च और भूनकर पिसे हुए जीरा मिली दही में भी मिला सकते हैं।

3. छौंकने के लिए लोहे की बड़ी करछी में भी छौंका बना सकते हैं। करछी आग पर गरम कर उसमें तेल डालें, फिर छौंका डालें और इसे रायते में गरम गरम करछी समेत डाल दें। और तश्तरी या ढकने से रायते को तुरन्त ढक दें। इससे धुआँ उठकर रायते में मसाले की खुशबू जायेगी और छींटे भी नहीं पड़ेंगे।

4. मिट्टी के दिये को गरम कर उसमें भी छौंका बना सकते हैं, और चिमटे से उसे पकड़कर रायते में डुबा दें, इससे मिट्टी की सोंधी गन्ध रायते में आ जाती है।

5. या फिर पैन या किसी बर्तन में ही छौंका तैयार कर उसमें रायता डाल सकते हैं।

पहाड़ी रायता

सामग्रीः

खीरा	- 250 ग्राम
दही	- आधा किलो
जख्या (पहाड़ी सरसों)	- दो छोटी चम्मच
हरी मिर्च	- दो
नमक	- स्वादानुसार
पिसी लहसुन	- एक छोटी चम्मच (ऐच्छिक)
हरा धनिया	- थोड़ा सा
हल्दी	- आधी छोटी चम्मच या थोड़ा कम
सरसों तेल	- दो छोटी चम्मच

विधि: दही को मथ लें। खीरे को छिलका छुड़ाकर कद्दूकस कर लें। हरी मिर्च, लहसुन, हरा धनिया पत्ती, जख्या, नमक, हल्दी को मिक्सी में थोड़ा पानी डालकर पीस लें।

मथी दही में कद्दूकस किया खीरा मिलायें, फिर इसमें पिसा हुआ मसाला मिलाकर चला लें। अच्छा हल्का पीला रंग आ जायेगा। अब इसमें दो छोटे चम्मच सरसों का तेल मिला दें।

नोट: इसे पहाड़ (उत्तराखंड) में गेहट की दाल के साथ परोसा जाता है। गेहट भी पहाड़ी दाल है जिसको बारह से पन्द्रह घंटे पानी में भिगोया जाता है। फिर कुकर में 10-12 मिनट उबाला जाता है। इसके बाद इच्छानुसार छौंककर खाया जाता है। इस दाल का पानी किडनी की पथरी गलाने के लिए अच्छा समझा जाता है। यह दाल गर्म होती है अत: जाड़ों में ठीक रहती है।

जख्या पहाड़ी सरसों है, यह तड़के के काम में आती है।

❑❑❑

25
व्रत उपवास
के
फलाहारी व्यंजन

व्रत उपवास के फलाहारी व्यंजन

व्रत उपवास के फलाहारी व्यंजन

कुछ तरह के व्रतों में प्रायः अनाज का त्याग करते हैं। अनाज अर्थात् अन्न यथा चावल, गेहूँ, चना, दाल, बाजरा, मक्का, सूजी, बेसन आदि। सब्जियों में लहसुन प्याज आदि नहीं ली जाती। खाना सादा बनाया जाता है। आमचूर, लाल मिर्च व मसाले नहीं रहते हैं। सेंधा नमक का प्रयोग किया जाता है। काली मिर्च, नींबू, दही, दूध आदि का इस्तेमाल किया जाता है।

भोजन के माध्यम से सात्त्विकता बढ़ाना लक्ष्य होता है। व्रत उपवास स्वास्थ्य के लिए, आत्मा की शुद्धि के लिए और भोगों की लालसा से दूर रहने के लिए किए जाते हैं। भगवान को भोग अर्पण करके तब खाया जाता है जो वस्तु भगवान को अर्पित न कर सकें उसे भोजन में नहीं बनाया जाता है। इसीलिए लाल मिर्च, मसाले, खटाई, हल्दी आदि का व्यवहार भोग के भोजनों में नहीं होता। यदि खाने में ही मन पड़ा रहा तो व्यर्थ है उपवास। इसलिए उपवास या तो निर्जल रखा जाता है या एक समय भोजन करते हैं। अथवा अल्पाहार करते हैं। व्रत का भोजन बनाते समय नाम जप प्रभु का करते रहें, और प्रसाद तैयार कर रहे हैं यह भावना करें। प्रसाद का थोड़ा सा भी ग्रहण सन्तुष्टि देता है। सात्विक भावना से सात्विक कर्म होता है। भोजन यज्ञ-कर्म बने, ऐसा ध्यान रखा जाता है।

शब्द, स्पर्श, रूप, रस, गन्ध और उनकी शक्तियों का सह-अस्तित्व होता है। भोजन का स्पर्श सुखद, दर्शन मनोहारी, गन्ध सुहावनी एवं स्वाद अच्छा हो। स्नान करके शुद्ध वस्त्र पहनकर पवित्रता से भोजन बनाया गया हो, थाली उचित ढंग से परोसी गई हो, सही स्थान पर सही ढंग से बैठकर भोजन खाया गया हो। जैसा आहार वैसे विचार होते हैं और जैसे विचार होते हैं वैसा कर्म होता है।

दो संस्मरण इस प्रसंग में याद आ रहे हैं। एक उच्च अधिकारी दौरे पर आए। उनके लिए भोजन बनना था। ऊपर से ही आदेश आ गया कि शाकाहारी भोजन बनेगा और बर्तन भी शुद्ध हों। पहले उनमें लहसुन

प्याज भी न पका हो। इसलिए उनके लिए अलग से बर्तन लाए गए। अलग से चूल्हा जलाया गया। वह जब भोजन के लिए बैठे तो नहा धोकर आए, धोती पहन ली, जूते उतार दिए. पैरों के नीचे दरी रखी। कहते हैं कि खाते समय यदि जमीन का स्पर्श करें तो ऊर्जा नीचे पृथ्वी में चली जाती है। अतः योगासन करते समय, खाते समय धरती पर दरी बिछा लेते हैं जिससे ऊर्जा बनी रहें।

दूसरा संस्मरण एक गाँव से आए लड़के का है। वह नौकरी के लिए नया-नया आया था। उस समय खेत में खीरे बहुत हो रहे थे। हमने उसे खीरे खाने को दिए। उसने हाथ में ले लिए पर खाए नहीं। पूछने पर कि क्यों नहीं खा रहे हो तो उसने कहा 'अच्छा खा लेते हैं।' वह गया हाथ, पैर, मुँह धोया, पालथी मारकर बैठा, भगवान को प्रणाम में सिर झुकाया, फिर आदरपूर्वक भोग ग्रहण करने के समान उसने वे खीरे के कटे हुए टुकड़े खाए। हम आश्चर्य चकित रह गए। सोचा था थोड़ा सा है खड़े-खड़े खा लेगा। पर उसका यह नियम देखकर अच्छा लगा। साथ ही मन में विचार आया कि कुछ और भी साथ में खाने को देना चाहिए था। इतनी श्रद्धा से और शान्तचित्त से उसने वह खीरा प्रसाद की तरह ग्रहण किया। फिर उठकर हाथ धोये। कुल्ला किया, हाथ झाड़े, पोंछे। यह भोजन क्रिया का संस्कार उसे परिवार से ही मिला लगता था। विद्यालय में तो आजकल नैतिक शिक्षा होती नहीं है और भोजन सम्बन्धी आचार भी बताए नहीं जाते।

भोजन में यदि सात्विक पदार्थ हों तो उनके सेवन में मन शरीर की सात्त्विकता बढ़ने में सहायता मिलती है। 'विना स्नानेन न भुंजीत' स्नान किए बिना भोजन न करें। साधना के रूप में भोजन ग्रहण किया जाता है।

आजकल व्रत त्यौहार पर भी बाजार में जाकर खाना खाने का चलन हो गया है। बचपन में व्रत में जो सीधा सादा खाना बिना किसी आडम्बर के घर का बना खाया जाता था हर पर्व त्याहौर पर, वह बाजार में नहीं मिल सकता।

फलाहार में मोटे तौर पर तो फल ही आते हैं। या मेवा- बादाम, अखरोट, किशमिश, खजूर, मुनक्का आदि आते हैं। सिंघाड़े, मखाने,

पोस्तादाना, नारियल, दूध, दही, इलायची, शक्कर, गुड, बूरा, चीनी, खीरा, धनिया, तुलसी पत्ता, सेन्धा नमक, आलू, अरवी, केला, शकरकन्द आदि आते हैं। प्रायः शुद्ध घी का उपयोग करते हैं। गाय का घी हो तो और भी अच्छा है। साँवाँ के चावल एवं सिंघाड़े का आटा भी बहुत से लोग उपयोग करते हैं। कुट्टू के आटे की पूरी या चीला या पकौड़ी प्रायः सभी बनाते हैं। व्रत उपवास में यथा नवरात्रि वगैरह के समय बाजार में पिसा पिसाया कुट्टू का आटा मिल जाता है। अन्यथा घर पर भी कुट्टू को साफ करके आटा पीस लिया जाता है। चौलाई के लड्डू एवं तिल के लड्डू भी बनाए जाते हैं। यदि देखा जाए तो व्रत के समय खाने वाली चीजों की कमी नहीं है। परन्तु बहुत से लोग व्रत के समय दो चार चीजों से ज्यादा नहीं लेते और हल्का ही लेते हैं।

व्रत उपवास के समय जो मिष्टान्न बनाए जाते हैं, वे मेरी अन्य पुस्तक 'भोग प्रसाद' में विस्तार से लिखे हैं। अतः यहाँ मुख्यतया जन्माष्टमी, रामनवमी एवं शिवरात्रि, एकादशी आदि पर बनाये जाने वाले फलाहारी व्यंजन यथा कुट्टू की पूरी आदि एवं सब्जियाँ व पकौड़ी वगैरह बनाने की विधि लिखी है।

फलाहारी खाना बनाने में ज्यादा मसालों का इस्तेमाल नहीं किया जाता है। काली मिर्च व सेन्धा नमक के इस्तेमाल के बारे में ऊपर लिख ही दिया गया है। बाकी जीरा, अजवायन का इस्तेमाल किया जात है। जीरे को भूनकर पीसकर भी इस्तेमाल करते हैं।

कुट्टू की पूरी

(श्रीकृष्ण जन्माष्टमी के व्रत में बनाई जाती है विशेषतौर से।)

सामग्रीः

कुट्टू का आटा - 100 ग्राम (करीब एक कटोरी)
अरवी - चार-पांच मीडियम साईज की
गर्म पानी - दो करछी के अन्दाज
घी - तलने के लिए

विधिः कुट्टू का आटा बाजार से पिसा पिसाया ले लें, या साबुत कुट्टू मँगाकर घर पर मिक्सी में आटा पीस लें। आटे को छान लें एवं कुट्टू का काला छिलका अलग कर दें। बाजार के आटे को भी छानकर देख लें।

अरवी को उबालकर छील लें। पानी को गर्म कर लें। कुट्टू के आटे में पहले अरवी अच्छे से मसलकर मिलायें। उसके बाद पूरी की तरह कड़ा आटा सानें। थोड़ा गर्म पानी मिलाकर। अच्छे से मलें। पानी कम ही मिलायें क्योंकि कुट्टू का आटा थोड़ी देर रखने पर तुरन्त ढीला हो जाता है। इसलिए आटे को सानने के साथ ही बेलकर पूरी उतार लें। यदि बिना पलोथन के नहीं बना पाएँ तो थोड़ा सा सूखा कुटटू का आटा लगा लें। आटा सानते समय थोड़ा सा सूखा आटा पलोथन के लिए बचाकर रखें। एक कटोरी आटे में करीब दस बारह पूरी बन जायेंगी। पूरी बनाने के लिए पहिले 10-12 लोई बनाकर रख लें। कड़ाही में घी गरम करें व एक-एक करके पूरी छान लें।

नोटः यदि अरवी नहीं है तो आलू उबालकर मसलकर मिला सकते हैं। अथवा अरवी व आलू दोनों आटे में मिला सकते हैं। कुट्टू के आटे में लोच नहीं होती है। अतः अरवी या आलू मिलाना जरूरी है। नहीं तो आटा फट जाता है। पूरी ठीक नहीं बन पाती। अरवी में आलू से ज्यादा लस होता है। अतः अरवी मिलाने से आटा आसानी से बेलने लायक हो जाता है।

कुट्टू का चीलाः- चीला बनाने के लिए दो करछी कुट्टू में करीब एक कप दूध लेकर घोल लें। घोल न ज्यादा पतला हो न ज्यादा गाढ़ा हो। इसमें चाहें तो हल्का सेन्धा नमक व काली मिर्च कुटी हुई मिला दें। तवे को चिकना करके चीला फैला लें। हल्का घी लगाकर दोनों तरफ से उलट पुलटकर सेंक लें। इसमें करीब तीन चार चीले बन जायेंगे। इसे दही या आलू की सब्जी के साथ परसें।

कुट्टू की आलू की पकौड़ीः- आलू को धोकर बारीक बारीक काट लें। काटकर एक दो बार फिर धो लें। थोड़ा गर्म पानी करके कुट्टू के आटे का

पकौड़ी की तरह का कुछ गाढ़ा घोल बनाएँ। उसमें कटे हुए आलू डाल दें। अन्दाज से सेन्धा नमक व काली मिर्च मिला दें। कड़ाही में घी गरम करें। उसमें कुट्टू की पकौड़ी मध्यम आँच पर डीप फ्राई करके निकाल लें। गर्म गर्म कुट्टू की पकौड़ी दही के साथ परसें।

नोटः उबले आलू की भी पकौड़ी इसी तरह बना सकते हैं।

कुट्टू की दही की पकौड़ीः- थोड़ा कुट्टू का आटा लें। उसमें दो तीन उबली हुई अरवी मसलकर मिला दें। फिर थोड़े गरम पानी से उसे गाढ़ा घोल लें। खूब फेंटकर अच्छे से मिलायें। कड़ाही में घी गरम करें एवं मद्धिम आँच पर इन्हें डीप फ्राई करें। तलकर निकालने के बाद सेन्धा नमक मिले पानी में एक भिगोने में पकौड़ी डालते जायें। 10-15 मिनट बाद नमक मिले पानी से पकौड़ी, हाथ से हल्के से दबाकर, निकाल लें।

थोड़ी दही मथकर तैयार रखें। दही में सेंधा नमक, कुटी काली मिर्च, भुना पिसा जीरा मिलाएँ एवं पानी से निकली हुई पकौड़ियों को दही में डाल दें।

स्वादिष्ट दही की पकौड़ी तैयार हैं। इन्हें कुट्टू की पूरी एवं रसेदार आलू की सब्जी के साथ परसें। या आलू की पकौड़ी के साथ भोजन के लिए दें।

दही के आलूः- आलू उबाल लें। उबालकर छिलका छुड़ा लें। बारीक बारीक छोटे टुकड़े आलुओं के कर लें। इच्छानुसार दही लें, दही को मथ लें उसमें नमक, काली मिर्च एवं भुना जीरा मिलाएँ एवं फिर आलू मिला दें। स्वादिष्ट दही के आलू सहज ही तैयार हैं।

आलू के चॉप/टिक्कीः- आलू उबालकर छिलका छुड़ाकर गरम गरम को ही कांटे से मसल लें। मसलने के बाद हाथ से अच्छे से मिला दें। एकदम आटे जैसे हो जायेंगे तो फटेंगे नहीं न चिपकेंगे। उसमें सेन्धा नमक, काली मिर्च, जीरा मिला दें। तवे पर हल्का घी डालकर आलू को टिक्की की तरह बनाकर सेंक लें।

रोल्स: अथवा इनके छोटे छोटे रोल्स बनाकर गर्म तेल या घी में थोड़ी तेज आँच पर डीप फ्राई कर सकते हैं। एक बार में ज्यादा न डालें। तीन चार एक बार में सेकें तो फटेंगे नहीं।

अरवी के चॉप/टिक्की:- अरवी उबालकर छिलका छुड़ा लें। गरम गरम अरवी को कांटे से हल्का हल्का मसल लें। पिर इनकी टिक्की बनाकर तवे पर आलू के चॉप की तरह ही सेक लें। इसमें भी सेन्धा नमक व काली मिर्च मिला लें। या सेकने के बाद ऊपर से डाल दें।

नोट: अरवी व आलू का बराबर मात्रा में या कम ज्यादा मात्रा में मिश्रण करके भी चॉप/टिक्की बनाए जा सकते हैं।

कच्चे केले के दही बड़े:- तीन चार ताजे हरे छिलके वाले कच्चे केले लेकर साबुत ही उबाल लें। पिर छिलका छुड़ाकर उन्हें मसल लें। इनके छोटे छोटे गोल चॉप बना लें। कड़ाही में तेल गर्म करके डीप फ्राई कर लें। एक बार में तीन चार चॉप ही फ्राई करें।

दही मथकर उसमें यह तले हुए चॉप डाल दें। ऊपर से सेन्धा नमक, काली मिर्च व भुना पिसा जीरा बुरक दें। दही बड़े का टेस्ट देगें।

कच्चे केले के चॉप:- कच्चे हरे केलों को छिलके सहित उबाल लें। छीलकर गूदा मसल लें। उसमें नमक, मिर्च, जीरा इच्छानुसार मिलायें और तवे पर हल्का घी डालकर आलू चॉप की तरह सेक लें।

केले के चिप्स:- कच्चे हरे केले बड़े वाले लें। इनका कच्चे का ही छिलका छुड़ा लें। गूदे के पतले-पतले चिप्स काट लें और कड़ाही में घी गर्म कर चिप्स तल लें। चिप्स में इच्छानुसार सेन्धा नमक व काली मिर्च मिलायें।

आलू के चिप्स:- कच्चे आलू का छिलका छुड़ा कर गोल गोल चन्दे बारीक काट लें और कड़ाही में गरम घी में तल लें।

अथवा आलू के पतले पतले लम्बे टुकड़े काटकर फिंगर चिप्स बना लें और गरम घी में तल लें। इसके बाद इच्छानुसार सेंधा नमक एवं पिसी काली मिर्च छिड़कें।

हरे कच्चे सिंघाडे सूखेः- कच्चे हरे सिंघाड़े के मौसम में जो शारदीय नवरात्रों के आस पास आने लगते हैं, आधी किलो सिंघाड़े लेकर छील लें। कुकर में थोड़ा घी जीरा डालकर सिंघाड़े छौंक दें। ऊपर से काली मिर्च, नमक व भुना पिसा जीरा डालकर चला दें। हल्का आधी करछी पानी डालकर उबाल लें। सीटी आने के बाद दो तीन मिनट में उतार लें। अच्छे सूखे सिंघाड़े बन जायेंगे हल्के गुलाबी रंग के, खाने में स्वादिष्ट।

हरे सिंघाडे रसेदारः- सूखे सिंघाड़ों की तरह ही इन्हें छौंक दें। इसमें पानी ज्यादा पड़ता है। अपनी इच्छानुसार एक कटोरी या दो कटोरी पानी डालें। सीटी आने के बाद पाँच छह मिनट पकायें। अच्छे से खूब गल जायें। गर्म गर्म रसेदार सिंघाड़े की सब्जी तैयार है। इसमें भी वही सेंधा नमक, पिसी काली मिर्च व भुना पिसा जीरा पड़ता है।

आलू सूखेः- आलूओं को उबालकर छील लें। छीलकर इच्छानुसार छोटे टुकड़े कर लें। या हाथ से ही फोड़ लें। कड़ाही में थोड़ा घी डालें। जीरे का छौंक दें। आलू डालें, सेन्धा नमक, पिसी काली मिर्च, भुना पिसा जीरा इच्छानुसार डालकर चलायें। दो तीन मिनट में उतार लें। स्वादिष्ट सूखे आलू तैयार हैं।

आलू रसेदारः- आधा किलो आलूओं को उबाल लें। गरम गरम का ही छिलका छुड़ाये एवं हाथ से फोड़ लें या कांटे चम्मच के सहारे छोटे टुकड़े कर लें। कड़ाही या भगौने में थोड़ा घी करीब एक चम्मच डालकर करीब आधा चम्मच साबुत जीरा डालें। जीरा पटपटाने पर उसमें आलू डालकर चालयें। करीब आधी चम्मच पिसी काली मिर्च, आधी चम्मच भुना पिसा जीरा एवं स्वादानुसार सेंधा नमक मिलायें। आलू को अच्छे से चलाएँ एवं फिर एक गिलास गर्म पानी डालकर धीमी आँच पर पाँच छह मिनट पकने दें। इसके बाद उतार लें। रसा अपनी इच्छानुसार कम ज्यादा कर

सकते हैं। स्वादिष्ट रसेदार आलू तैयार हैं। ठीक से भुने जीरे एवं कालीमिर्च की खुशबू इन्हें देखने में मनोहारी एवं खाने में स्वादिष्ट बनाती है। कुट्टू की पूरी के साथ इनका बहुत अच्छा मेल है।

श्रीकृष्ण जन्माष्टमी पर जब दिन भर का निर्जल उपवास रखा जाता है और रात्रि के बारह बजे आरती के बाद भोग लगता है, तब गरम गरम कुट्टू की पूरी के साथ इन आलूओं का स्वादिष्ट मेल अच्छे रस की सृष्टि करता है।

अरवी सूखी - रसेदार आलूओं एवं कुट्टू की पूरी के साथ सूखी अरवी का बहुत अच्छा मेल है।

आधी किलो अरवियों को धोकर उबाल लें। उबालकर छील लें। छीलकर छोटे छोटे गोल टुकड़े करीब आधा इंच मोटे काट लें। कड़ाही में एक बड़ी चम्मच घी डालें। उसमें एक छोटी चम्मच अजवायन का फोरन दें। अजवायन परपटाने पर अरवी डालें। अच्छे से चलायें। फिर उसमें आधी चम्मच कुटी काली मिर्च, आधी चम्मच भुना पिसा जीरा एवं स्वादानुसार सेन्धा नमक डालें। तीन चार मिनट चलाएँ आँच धीमी करने के बाद। दो तीन मिनट बाद उतार लें। स्वादिष्ट सूखी अरवी तैयार हैं।

अरवी रसेदारः- यदि आलू रसेदार बनाए हैं तो साथ में रसेदार अरवी की आवश्यकता नही हैं। आलू रसेदार नहीं बनाने पर अरवी रसेदार बनाएँ।

आधा किलो अरवी लेकर अच्छे से धो लें। उनका छइलका छुड़ा लें। छिलका छुड़ाने से पहले हाथ में घी मलकर चिकना कर लें। अन्यता हाथ चिरमिराने लगता है। इसलिए सावधानी से छिलका छुड़ाएँ। छिलका छुड़ाने के बाद थोड़े पतले गोल गोल चन्दे काट लें। कड़ाही या भगोने में एक चम्मच घी डालें। एक छोटी चम्मच अजवायन का छौंक दें। कटी हुई अरवी डालें। उसमें आधी छोटी चम्मच काली मिर्च एवं भुना पिसा जीरा डालें। स्वादानुसार नमक डालें। एक गिलास गर्म पानी डालें। अरवी गलने पर उतार लें।

इन्हें कुकर में भी पका सकते हैं। कुकर में एक या दो सीटी के बाद इन्हें उतार लें। ये जल्दी गलती हैं।

नींबू की शिकंजी:- एक गिलास पानी में आधा नींबू निचोड़ें, दो चम्मच शहद डालें। शहद न लेना चाहें तो दो चम्मच बूरा डालें। व्रत में यह शिकंजी ले सकते हैं, यदि निर्जल व्रत नहीं रखा है।

फलों का ताजा जूस:- यदि निर्जल व्रत नहीं रखा है तो सन्तरा, मौसमी, अनार आदि का ताजा जूस घर पर ही निकालकर ले सकते हैं। इसमें नमक, चीनी वगैरह मिलाने की जरूरत नहीं है। यह ऐसे ही फायेदमन्द है।

मखाने हल्के भूनकर:- यदि ताजे मखाने हैं तो इन्हें साबुत ही भून सकते हैं। पुराने मखाने हैं तो बीच से चीरकर देख लें कि इसमें सुरसुली कीड़े वगैरह तो नहीं है। एक चम्मच घी कड़ाही में गरम करें। उसमें दो कटोरी मखानेडालकर हल्की आँच पर कुरकुरा होने तक भूनें। थोड़ा सेंधा नमक डाल दें। काली मिर्च भी डाल सकते हैं।

बादाम बर्फी:- बादाम को भिगो दें। करीब छोटी आधी कटोरी बादाम भिगो दें। चार पाँच घंटे भीगा रहने दें। या सुबह भिगो दें एवं शाम को छील लें। छिलका छुडाने के बाद बादाम को बारीक पीस लें।

कड़ाही में एक बड़ी चम्मच घी गरम करें। हल्की आँच में बादाम को थोड़ा भून लें। फिर उसमें बादाम से थोड़ा कम चीनी मिला दें एवं थोड़ा सा दूध डाल दें। इसे चलाते जायें। जब जमने लायक हो जाय तो एक थाली को घी लगाकर चिकनी करें एवं उसमें यह मिश्रण डालकर जमा दें। जमने पर बर्फी की तरह चौकोर काट लें।

अन्यथा इसे बिना जमाये ऐसे ही रख लें तो यही बादाम के हलवे की तरह उपयोग में ले सकते हैं।

फ्रूट कर्ड:- दही को मथ लें। यदि कड़ी है तो थोड़ा पानी या दूध डालकर ढीला कर लें। इसमें स्वादानुसार बूरा मिलायें। एक-दो इलायची

पीसकर डाल दें। इसमें कोई सा एक फल जो पसन्द हो डालकर फ्रूट कर्ड बना लें। आमतौर पर केले का फ्रूट कर्ड बनाते हैं। या इसे केले का मीठा रायता भी कह सकते हैं।

फ्रूट क्रीमः- आधा किलो दूध को गाढ़ा कर लें, जब 250 ग्राम दूध रह जाये तो उसमें स्वादानुसार चीनी या बूरा मिला दें और थोड़ा चलाकर उतार लें। ठण्डा होने पर इसमें अपनी इच्छानुसार फल काटकर मिलायें। इसमें सेब व अंगूर डाल सकते हैं।

सिंघाड़े के आटे की कंपकंपीः- कुछ लोग सिंघाड़े के आटे की पतली सी पंजीरी जमाते हैं, जिसको कंपकंपी बोलते हैं। इसके लिए एक कटोरी सिंघाड़े का आटा लें। इसे कड़ाही में घी में भून लें। घी एक कोटरी सिंघाड़े के आटे में एक कटोरी पड़ जाता है, पर आप अपनी इच्छानुसार आधी कटोरी घी या कम घी में भी भून सकते हैं। भूनने के बाद उसमें एक कटोरी चीनी एवं चार कटोरी पानी डालकर चलाते रहें। जब हलवे जैसा होजाय तो एक घी लगी चिकनी थाली में पंजीरी की तरह जमा दें। जमने के बाद चौकोर कंपकंपी काट लें। यह ज्यादा दिन नहीं ठहरती, ताजी ताजी अच्छी लगती है। या एक दो दिन चल जाती है। इसे एकादशी के व्रत में ज्यादा बनाते हैं।

मखाने दही में:- अच्छे साफ मखाने लें। उन्हें थोड़ी देर दूध या पानी में करीब एक घंटा भीगने दें। दूध इतना ही डालें कि पूरा सोख जाये, बचे नहीं। इससे मखाने नरम हो जायेंगे। फिर दही मथकर उसमें मखाने डाल दें। इच्छानुसार सेंधा नमक व काली मिर्च मिलाएँ। इसे मखाने का रायता कह सकते हैं। अथवा मखाने की पकौड़ी भी कह सकते हैं।

शकरकन्दी दूध में:- शकरकन्द को अच्छे से धोकर उबाल लें। एक शकरकन्द को मसल लें, उसमें थोड़ा दूध एवं स्वादानुसार चीनी डालें। स्वादिष्ट भोजन तैयार हैं।

शकरकन्द के गुलाबजामुन:- उबले शकरकन्द 250 ग्राम, खोया 100 ग्राम, 250 ग्राम गुल चीनी की चासनी, छोटे बताशे या इलायची

दाना। शकरकन्द को अच्छे से मसल लें, खोया मिला दें। इसकी छोटी गुलाबजामुन की शेष की बेलनाकार गोलियाँ बनाकर गरम घी में एक-एक कर सुनहरा तल लें। गुलाबजामुन बनाते समय बीच में एक बताशा या तीन-चार इलायची के दाने रख सकते हैं। शकरकन्द तलकर गाढ़ी चासनी में छोड़ते जाएँ। खोये की जगह दूध का पाउडर भी मिला सकते हैं।

शकरकन्द की बर्फी:- एक किलो शकरकन्द उबाल लें, छिलका छुड़ाकर अच्छे से मसल लें। कढ़ाही में 250 ग्राम घी डालकर शकरकन्द को लाल भून लें। अब 400 ग्राम चीनी डालकर चलाएँ। जब चीनी पिघल जाए तो उतारकर थाली में फैला दें। ऊपर से इच्छानुसार मेवा डाल दें। मेवे में काजू, किशमिश, चिरौंजी एवं कसा हुआ नारियल प्रत्येक पचास-पचास ग्राम डाल सकते हैं।

मखाने की खीर:- एक किलो दूध को उबालकर गाढ़ा करें कि तीन कप रह जाए।एक कप मखानों को एक छोटी चम्मच घी डालकर कड़ाही में कुरकुरा होने तक भूनें। भूनने के बाद मखानों को हल्का कूट लें और गरम दूध में डालकर एक उबाल दें। उसमें एक-डेढ़ करछी चीनी मिलाएँ। चिरौंजी, बादाम, पिस्ता, काजू, किशमिश इच्छानुसार डालें और आँच से उतार लें।

शकरकन्द, आलू, सिंघाड़े:- ये केवल उबालकर भी लिए जा सकते हैं। चाहें तो स्वाद के लिए इच्छानुसार नमक, काली मिर्च एवं नींबू का रस मिला सकते हैं। अथवा उबालने के बाद थोड़ा घी डालकर जीरा, नमक व काली मिर्च का छौंक देकर भून सकते हैं।

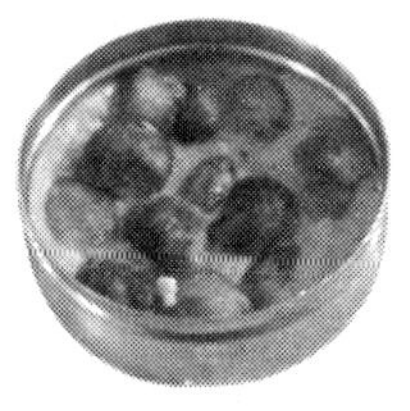

26

भोजन में सब्जियाँ

रोजमर्रा घर में साधारण खाना पकता है। उसमें हल्के मसाले व हल्के तेल डाले जाते हैं। ज्यादा भूना भी नहीं जाता। हल्का पानी डालकर या बिना पानी के सब्जी गला ली जाती है।

यह ध्यान रखा जाता है कि कौन सब्जी नरम या ताजी है और हरी है। नरम व ताजी सब्जियाँ यथा भिण्डी, परवल, तोरी, गाजर या पत्ता गोभी बिना पानी के भी अच्छे बन जाते हैं। नरम लौकी (घिया, कद्दु) भी अपने पानी में गल जाता है या बहुत कम पानी की जरूरत होती है।

नए-नए आलू के साथ मेथी की भुजिया स्वादिष्ट बनती है और बिना पानी के गल जाती है। ऐसे ही कच्ची फूल गोभी नरम हो तो उसमें भी पानी की जरूरत नहीं पड़ती।

लौकी, तोरी में नमक हल्का डाला जाता है। ज्यादा नमक से इनकी मिठास चली जाती है। लौकी को सब्जियों का राजा व तोरी को सब्जियों की रानी कहते हैं। यह सब्जी हर कोई आसानी से खा व पचा सकता है, फायेदमन्द भी है और ठीक से पकाने पर स्वादिष्ट भी बनती है। इसमें बहुत कम मसालों की जरूरत होती है। केवल जरा से जीरे व नमक के साथ छौंक दी जाती है एवं हल्की हल्दी डालते हैं। बाकी मसाले डालने की भी ज़रूरत नहीं है। लौकी व तोरी के छिलके मोटे नहीं उतारे जाते, बल्कि हल्के हाथ से चाकू से खखोर लिए जाते हैं। जिससे इनका हरापन बना रहे। तोरी या लौकी के मोटे छिलके उतारने पर इनकी सतह सफेद दिखाई देने लगती है, और पकने के बाद अच्छी हरी हरी रंगत भी नहीं आती।

पालक में अपना नमक होता है, अतः पालक में कम नमक डाला जाता है, तभी वह स्वादिष्ट लगता है।

आलू, अरवी में जरा चटक नमक अच्छा लगता है।

यदि आधा किलो सब्जी है तो उसमें एक चम्मच तेल, आधी छोटी चम्मच जीरा, आधी छोटी चम्मच हल्दी, आधी छोटी चम्मच धनिया एवं

चौथाई छोटी चम्मच सौंफ काफी है। यदि मिर्च डालनी है तो वह भी चौथाई छोटी चम्मच या आधी छोटी चम्मच काफी है। रसोई के मसालेदान के डिब्बे में ये सब मसाले रोजमर्रा के काम में आते हैं। हींग एक चुटकी काफी है। और नमक आधे छोटी चम्मच से एक छोटे चम्मच तक स्वादानुसार काफी है। भिण्डी में केवल सौंफ पड़ती है, धनिया नहीं।

सच पूछा जाय तो रोजमर्रा की सब्जियों की कोई अलग रेसिपी नहीं है। कोई सब्जी जल्दी पकती है, कोई देर में पकती है, यह अपने आप ही एक दो बार पकाने पर समझ में आ जाता है। सभी सब्जियाँ अपने साधारण रूप में खाई जाती है, बिना मसालों के तामझाम के और बिना ज्यादा मेहनत या फेरबदल के।

सब्जियों को जितना स्वाभाविक रूप में खाईये, उतनी ही वे पौष्टिक होती है। भोजन तैयार करने व पकाने में कोई तत्व नष्ट न हो।

आलू, शकरकन्द, अरवी आदि को पकाकार पूर्णरूप से गलाना आवश्यक है, अतः इन्हें उबाल कर बनाया जाता है। ज्यादा तलने या घी, तेल में भूनने से ये भारी हो जाती है और इन्हें पचाने में कठिनाई होती है। उबालने के लिए इतना पानी तो अवश्य डालें कि सब्जी के बराबर तक आ जाए। कुकर में उबालें तो कुकर को आधे से ज्यादा न भरें।

विभिन्न भोजन पकाने व प्रस्तुत करने की भिन्न-भिन्न विधियाँ अपनाने से भोजन का आकर्षण एवं पाचकतत्व दोनों ही बढ़ जाते हैं। एक ही भोज्य पदार्थ को भिन्न विधियों से पकाकर उसका स्वाद बदला जा सकता है तथा भिन्न रूपों में परसकर उसे आकर्षक बनाया जा सकता है। उदारणार्थ गाजर को लीजिए। इसको कच्चे रूप में फाँके, या टुकड़े काटकर अथवा कसकर प्रस्तुत किया जा सकता है, इसको नमकीन रूप में या भुजिया रूप में तैयार कर सकते हैं, इसका मीठे रूप में खीर, हलुआ या मुरब्बा बनाया जा सकता है। विभिन्नता भोजन में आवश्यक है और इसे रूप रंग व रचना के आधार पर अपनाना चाहिए। आहार में भिन्न भिन्न रंगों के भोज्य पदार्थों सम्मिलित करना मनोहर ही नहीं लगता वरन् आवश्यक भी है। रंगों की विभिन्नता आकर्षण व पौष्टिक तत्व दोनों प्रकार का सन्तोष देगी।

दोपहर तथा रात के भोजन में भिन्न भिन्न सब्जियों का प्रयोग होना चाहिए। भोजन में एक रसेदार सब्जी है तो एक सूखी सब्जी होनी चाहिए। कोई खाद्य पदार्थ नर्म व मुलायम होते हैं, कुछ कुरकुरे, कुछ सख्त, कुछ गीले, कुछ सूखे। समान रचना एवं एक ही रंग के भोजन से मन ऊब जाता है। अतः भोजन में बदल बदलकर सभी खाद्य पदार्थ सम्मिलित हों तो ठीक रहता है।

सब्जियों को उबालकर, गर्म राख में पकाकर, बेक कर, तलकर, हल्का तलकर, भाप में पकाकर, प्रेशर कुकर में पकाकर, भूनकर कई तरीके से पकाया जाता है। विभिन्नता की चाह के कारण ही सब्जियाँ अलग अलग तरीके से पकाई जाती हैं और फिर जो सब्जी पकाई जा रही है वह किस तरीके से ठीक बनेगी यह भी देखना है।

सब्जियों को पकाने से पहले कुछ बातों का ध्यान रखना आवश्यक है-

सब्जियों को काटने या छिलका उतारने से पहले अच्छे से धो लें। छिलका पतला उतारें क्योंकि उसी के नीचे विटामिन एवं खनिज रहते हैं। सब्जियों को ज्यादा छोटी या बारीक न काटें, साधारण मोटाई की काटें. सब्जियों को काट लेने के बाद पानी से न धोयें। आलू, बैंगन जैसी सब्जियों को पकाने के समय ही काटें। पहिले से काटकर रखने पर ये काली पड़ जाती हैं। काटते समय भी इन्हें पानी में डालें पर ज्यादा देर पानी में न छोड़ें। सब्जियों को पर्याप्त पानी में पकाएँ। नरम हरी सब्जियों में अलग से पानी डालने की जरूरत नहीं है यथा भिण्डी, परवल, मेथी आदि बिना पानी के सूखे बनाए जाते हैं। धोने के समय जितना पानी रह जाता है उतना ही काफी है।

तीखी गन्ध वाली सब्जियाँ यथा पत्तागोभी, फूलगोभी और हरी सब्जियाँ शुरू के कुछ मिनट खुली ही पकाएँ। उसके बाद कसकर ढक दें और गलने पर उतार लें। इन्हें कम से कम समय तक पकाएँ और ज्यादा नहीं गलायें। ज्यादा गलने पर महक आने लगती है, स्वाद भी नहीं रहता। शुरू में खुली पकाने से हरी सब्जियों का रंग ठीक बना रहता है। हरी

सब्जियों में नींबू या इमली न डालें, जिससे उनका रंग ठीक रहे। उबलने के बाद सब्जियों का पानी न फेंककर किसी दूसरे काम में ले लें। अदरक आदि को हाथ की हाथ ताजा पीसें।

सब्जियों के रसे (ग्रेवी) को गाढ़ा बनाने के लिए और विभिन्नता के लिए भी टमाटर डाला जाता है। इसके अलावा आलू, शकरकन्द, अरवी या ज़मीकन्द को उबालकर और मसलकर रसे में मिला सकते हैं। कौर्न फ्लोर, चावल का आटा, मैदा भी सब्जियों के रसे को गाढ़ा करते हैं। बेसन वगैरह भी रसे को गाढा करने या कोफ्ता बनाने में इस्तेमाल होता है। नारियल का पेस्ट व गीले नारियल का पानी भी रसे को गाढ़ा करता है। रसा गाढा करने के लिए जमींकन्द, कोफ्ता, आलू, केले वगैरह में दही का भी इस्तेमाल होता है।

ताजी सब्जियों की सुगन्ध को बनाए रखने के लिए मसालों में हेरफेर कर सकते हैं या कम ज्यादा कर सकते हैं. पालक व आलू में दही या थोड़ा मट्ठा डालने से इनका स्वाद फर्क हो जाता है और स्वादिष्ट लगते हैं।

गाजर एवं मटर या कच्चे पपीते में पकाते समय चुटकी दो चुटकी चीनी डालने से इनकी खुशबू एवं स्वाद बढ़ जाते हैं।

सब्जी में हल्की मलाई डालने से उसमें बदलाव लाया जा सकता है। फ्रेंचबीन में थोड़ी मलाई डालने से रसा भी गाढ़ा हो जाता है और टेस्ट भी बढ़ जाता है। सब्जी में हल्का नींबू निचोड़ने या अमचूर डालने या इमली का रस डालने से भी स्वाद पलट जाता है। मीठे कद्दू, भिण्डी, पालक, बैंगन एवं गाजर में इमली का रसा डाला जा सकता है।

विभिन्न छौंक भी सब्जियों में अलग खुशबू व टेस्ट ला देते हैं। अरवी, मूली की भुजिया में अजवायन का छौंक देते हैं। भिण्डी में जीरा, कलौंजी (मंगरैला) एवं अजवायन का छौंक देते हैं। मीठे कद्दू में पंचफौरन अथवा केवल मेथी का छौंक देते हैं, पत्ता गोभी, फूलगोभी में भी पंचफोरन का छौंक दिया जा सकता है, अथवा केवल जीरे का छौंक दे सकते हैं। कच्चे

पपीते की सब्जी में भी पंचफोरन या मेथी का छौंक दिया जा सकता है। गाजर में मेथी की छौंक अच्छी लगती है, अथवा जीरे का फोरन दे सकते हैं।

जरा जरा से परिवर्तन से आप सब्जी को नया रूप रंग दे सकते हैं। जरा सा काटने का ढंग फर्क कर दें, जरा हल्दी कम ज्यादा कर दें, जरा पानी कम ज्यादा कर दें, सब्जी में परिवर्तन एवं फेरबदल हो जाता है।

तरकारी (सब्जी) की साधारण जानकारी

शरद ऋतु की तरकारियाँ ये हैं- मटर, गोभी, टमाटर, मेथी, बथुआ, सोया, जमींकन्द आदि।

ग्रीष्म ऋतु की तरकारियाँ ये हैं- लौकी, तोरई, भिण्डी, टिण्डे, परवल, कटहल आदि। आलू बारहों महीने की तरकारी है।

शेष तरकारियाँ- सेम, ग्वार की फली, करेला, काशीफल, बैंगन, पालक आदि।

प्रत्येक तरकारी बनाने की विधि भिन्न-भिन्न है। किन्तु एक ही तरकारी भी नाना प्रकार से बनाई जा सकती है, जैसे- आलू- सूखे, रसेदार, तले और दम आलू। और आलू के कोफ्ते, चिप्स, पकौड़ी, कचौरी आदि।

तरकारी बनाने के लिए निम्नलिखित मसालों को रखना चाहिएः-

नमक, मिर्च, हल्दी, धनिया, सौंफ, मेथी, जीरा, खटाई, गरममसाला, राई, हींग, अजवायन। इसके अतिरिक्त घी या तेल का प्रयोग इच्छानुसार किया जा सकता है। घी अथवा तेल से बनी सब्जियों का स्वाद फर्क होता है। सरसों तेल का अलग स्वाद होता है।

तरकारी दो प्रकार से बनाई जाती है- (1) सूखी और (2) पतली या रसेदार। एक तीसरी तरह की सब्जी कम रसे की होती है जिसे लटपट सब्जी भी कहते है, कम रसे के आलू को लुटपुटे आलू कहते हैं।

सूखी सब्जी बनाना

कुछ तरकारियों को प्रथम उबालते भी हैं, बाद को भूनते हैं जैसे आलू, अरवी इत्यादि। किन्तु कुछ सब्जियाँ बिना उबाले ही बनाई जाती हैं, जैसे भिण्डी, बैंगन आदि। किन्तु ध्यान रखना चाहिए कि काटने या उबालने से पूर्व सब्जी को धो लेना चाहिए, पर भिण्डी की सब्जी काटने के बाद कभी भी धोनी नहीं चाहिए क्योंकि काटने के बाद धोने से सब्जी लसलसी और झागदार बनेगी, जो खाने में स्वादिष्ट नहीं होगी।

यदि तरकारी उबालकर नहीं बनानी है तो उसे प्रथम धोकर चाकू से काटे लें। पतीली/कड़ाही गर्म होने के लिए चूल्हे/गैस पर रख देनी चाहिए, जब कुछ गर्म हो जाये तब थोड़ा सा घी/तेल डालकर घी/तेल में ही हींग, जीरा, मिर्च, हल्दी डालकर भून लें। जब भुनकर बादामी रंग का हो जावे, जीरा पटपटाने लगे, तब तरकारी डाल दें और अन्दाज से सब्जी के अनुसार नमक डालकर चला दें। खूब चलाकर ढक दें। आँच एकमद धीमी रखें। थोड़ी गल जाने के पश्चात कटा अदरक एवं हरा धनिया काटकर डाल दें। जब सब्जी खूब गल जाये तो थोड़ा सा अमचूर और गरम मसाला डालकर सब्जी निकाल लें। अमचूर व गरममसाला यदि पसन्द है तभी डालें अन्यथा नहीं भी डाल सकते हैं। तरकारी में थोड़ा पानी का छींटा दे सकते हैं, यदि तरकारी नरम नहीं है।

भरवाँ सब्जी बनाने की विधि

भिण्डी, बैंगन, करेला, परवल भरवाँ और सादा दोनों प्रकार से बनाये जाते हैं। भरवाँ सब्जी बनाने के लिए पिसे हुए मसाले- नमक, धनिया, सौंफ, राई, हल्दी, अमचूर- में थोड़ा तेल या घी मिलाकर गीला कर लें। साबुत सब्जी को बीच में से चीरकर यह मसाले बीच से चिरी सब्जी में भर दें और किसी डोरे से दो तीन बार लपेद दें जिससे मसाला निकल न पावे। सूखी सब्जी में अधिक घी/तेल पड़ता है, अतः अच्छी मात्रा में घी/तेल डालकर जीरे व हींग का छौंक लगाकर पतीली/कड़ाही में सब्जी डालें, चलाकर ढक दें, आँच धीमी कर दें नहीं तो सब्जी जल

जाने का डर रहता है। पतीली के ढकने के ऊपर थोड़ा पानी रख देते हैं जिससे सब्जी जलने न पावे। बीच बीच में चलाकर देखते भी रहना चाहिए।

रसेदार सब्जी बनाने की विधि

जैसे सूखी सब्जी छौंकी जाती है, वैसे ही रसेदार सब्जी भी छौंकी जाती है। अन्तर केवल इतना ही है कि रसेदार सब्जी में छौंकने में कम घी/तेल डाला जाता है, और पानी की मात्रा अधिक रहती है। जितनी पतली सब्जी रखनी है, उसी के अनुसार पानी अधिक रखा जाता है। सब्जी अच्छे से गल जाने के बाद सब्जी को स्वादिष्ट बनाने के लिए अमचूर, नींबू या दही डाली जा सकती है। आलू व अरवी में गरममसाला व पिसा धनिया भी डाला जाता है। सब्जी बन जाने के बाद उतारकर किसी चीनी या स्टील के बर्तन में पलटकर ढककर रखनी चाहिए।

तरकारी बनाते समय ये बातें ध्यान में रखनी चाहिए

(1) तरकारी ठीक से काटकर, धोकर तब बनानी चाहिए।

(2) विशेष तरकारी में विशेष मसाला ही डालना चाहिए।

(3) अधिक भूनने से तरकारी के पौष्टिक तत्व नष्ट हो जाते हैं, स्वाद भी बिगड़ जाता है।

(4) अधिक मसाला भी सब्जी के स्वाद को बिगाड़ देता है।

(5) घी या तेल भी उचित मात्रा में ही डालना चाहिए।

(6) सब्जी में खटाई व दही सब्जी गल जाने के बाद में ही डालनी चाहिए, अन्यथा वे गलेंगी नहीं, अथवा बहुत देर से गल पायेंगी।

(7) हरी सब्जी जैसे लौकी, तोरई आदि केवल जीरे व मिर्च के छौंक से ही स्वादिष्ट बनती हैं। इनमें ज्यादा मसाला या घी/तेल नहीं डाला जाता।

(8) भूनकर बनाई जाने वाली सब्जियाँ कड़ाही में और रसेदार सब्जियाँ पतीली या कुकर में बनानी चाहिएँ।

❑❑❑

27

आहार-योजना

भारत में परम्परागत रूप से सुबह का नाश्ता, दोपहर का खाना, शाम का अल्पाहार एवं रात का खाना होता है। सुबह के नाश्ते में दूध या दलिया वगैरह होता है, तो दोपहर के खाने में रोटी, दाल, चावल, सब्जी, दही व चटनी होती है, तो रात में पराठा, कोई रसेदार सब्जी एवं सूखी सब्जी होती है। यह सीधासादा खाना है जो रोजाना घरों में बनाया जाता है। दोपहर व रात के भोजन में भिन्न-भिन्न सब्जियों का प्रयोग होता है। यदि दिन में भिण्डी बनी है तो रात में करेला बन जाता है। एक समय के भोजन से दूसरे समय के भोजन में बदलाव हो जाता है। दिन में दही या मट्ठा है तो रात में दूध या दूध की बनी कोई मीठी चीज़ होती है। व्यंजन बनाने की तरह-तरह की विधियाँ हैं पर रोज़ तो ज्यादा घी व मसाले वाला खाना न खाया जा सकता है और न ही स्वास्थ्यवर्द्धक है। घर में खाना बनाते समय गृहिणी को वृद्धों एवं बालकों व शिशुओं की पाचन शक्ति का भी ख्याल रखना पड़ता है, रोगी का भी ख्याल रखना पड़ता है और युवा सदस्यों की आवश्यकताओं का भी। अत: भोजन सोच-समझकर चुनना एवं सावधानी से बनाना ज्यादा महत्त्वपूर्ण हो जाता है। बिना अन्न के शरीर रूपी इंजन नहीं चलता। अत: शरीर को चलाने एवं इसके रखरखाव के लिए भोजन की महत्ता से इन्कार नहीं किया जा सकता। शरीर स्वस्थ रहे, भोजन पौष्टिक भी हो और सुस्वादु भी लगे, ये सब आरम्भिक पर साथ ही साथ आवश्यक बातें हैं।

आहार योजना करने व सूची बनाने में गृहिणी को इन सभी बातों सिद्धांतों को ध्यान में रखना आवश्यक है। पारिवारिक परिस्थितियाँ भिन्न होने से कोई निश्चित आहार सूची बनाना सर्वसाधारण के लिए उपयुक्त नहीं हो सकता। स्कूल व दफ्तर जाने वाले अधिकांश लोग सुबह 9 या 10 बजे ही भारी भोजन करते हैं व शाम को भी जल्दी खाना लेना

पसन्द करते हैं। ऐसी दशा में सुबह या शाम या दोनों समय ही वे कोई नाश्ता नहीं लेते अथवा बहुत कम लेते हैं। कुछ लोग प्रात: व संध्या समय केवल दूध या चाय पीकर ही सन्तुष्ट हो जाते हैं, व कुछ लोगों को पेय पदार्थ के साथ मठरी, बिस्कुट, टोस्ट, मिठाई, फल आदि भी आवश्यक प्रतीत होते हैं। कुछ व्यक्ति दिन में चार बार भोजन करते हैं, कुछ तीन ही बार। कुछ व्यक्ति प्रात:काल भारी नाश्ता लेते हैं। इन अनन्त विभिन्नताओं के फलस्वरूप परिस्थिति के अनुसार ही आहार सूची बनाना हितकर होता है।

अत: आहार सूची बनाने का व्यवहारिक संकेत देना अधिक लाभदायक है। चाहे दिन में दो बार भोजन किया जाय या अधिक बार, यह अनिवार्य है कि प्रतिदिन के आहार से भिन्न-भिन्न भोजनों की आवश्यक मात्रा प्राप्त हो जाय। समयानुसार सूची बनाने में मुख्य समयों के लिए क्या भोजन उपयुक्त व आवश्यक है, यह जान लेना जरूरी है।

प्रात: काल का नाश्ता— इसमें निम्नलिखित प्रत्येक में से कम से कम एक पदार्थ होना आवश्यक है—

(i) दूध, चाय, कॉफी, लस्सी या मट्ठा।

(ii) मौसम का फल, कच्ची खाने योग्य सब्जी या रस।

(iii) कोई अन्न जैसे गेहूँ या जौ का दलिया, पराठा, पूरी, रोटी या टोस्ट।

(iv) मक्खन, पनीर, या क्रीम।

(v) चीनी, गुड़, शहद या मुरब्बा।

दोपहर का भोजन :— निम्नलिखित प्रत्येक श्रेणी में से कम से कम एक पदार्थ का होना आवश्यक है।

(i) **अनाज** – गेहूँ, चना, जौ, बाजरा, मक्का आदि।

(ii) **दालें** – मूँग, उड़द, अरहर आदि।

(iii) दही, मट्ठा या पनीर।

(iv) **मौसमी फल** – सन्तरा, सेब, नाशपाती, आम आदि।

(v) **मौसमी सब्जी** – गोभी, मटर, गाजर, तुरई, लौकी, कद्दू, परवल, टिण्डा आदि।

(vi) हरी पत्तीदार सब्जी व कच्ची सलाद

(vii) स्निग्ध पदार्थ – पसन्द का कोई मीठा हो सकता है।

रात्रि का भोजन– रात्रि का दैनिक भोजन हल्का होता है। इसमें भी मौसमी सब्जियों में से कोई एक या दो सब्जी एवं पराठा या रोटी होनी चाहिए। मीठे की जगह गर्म दूध लिया जा सकता है। रात्रि में दही लेना ठीक नहीं है।

प्रत्येक गृहिणी को चाहिए कि वह अपने परिवार के लिए समयानुसार साप्ताहिक आहारसूची बनाए जिससे नियोजित आहार की पौष्टिकता, विभिन्नता व परिवर्तन आसानी से समझा जा सकता है, तथा खाना पकाने के पूर्व प्रतिदिन की समस्या-"आज क्या बनें?" सुलझ जाती है। इससे परिवार के सभी सदस्यों की वैयक्तिक आवश्यकताओं को पूर्ति के साथ-साथ गृहिणी का परिश्रम भी कम हो जाता है।

28

व्यंजनी (मेन्यू)

कुछ सुझाव हैं कि किस वस्तु के साथ किसका मेल बैठता है, जो प्राय: ही अधिकतर लोगों द्वारा पसन्द किए जाते हैं और रिवाज के अनुसार भी बनाए जाते हैं।

1. पुलाव, बिरयानी, तहरी, साथ में रायता या दही, नींबू या आम का अचार, पापड़।
2. चावल – कढ़ी, आलू की भुजिया (सूखी सब्जी)।
3. चावल – राजमा, अचार मूली गाजर, सलाद।
4. मटरपुलाव – टमाटर की चटनी।
5. चावल – अरहर दाल, पापड़।
6. खिचड़ी – टमाटर चटनी, आलू भरता (चोखा), पापड़, अचार।
7. खिचड़ी – दही, पापड़, अचार।
8. पूरी – आलू, रसेदार या सूखे।
9. कचौरी – मीठा कद्दू, , रसेदार आलू, आलू गोभी, सोंठ।
10. चीला, पूड़ा मूँगदाल का – टमाटर चटनी, नींबू का अचार, या दही, या घिया की सब्जी।
11. चीला बेसन का – दही नींबू अचार, या टमाटर चटनी।
12. रोटी – उड़द दाल, आलूगोभी की सब्जी, या गाजर, मेथी या अन्य कोई मनपसन्द सब्जी।
13. मिस्सा पराठा (गेंहूँ + चना मिला) – करेला, दही, आम का खट्टामीठा अचार।
14. सत्तू भरी पूरी – आलू की रसेदार सब्जी।

15. भटूरा – काबुली चने के छोले।
16. मक्का की रोटी – सरसों का साग या चने का साग, या पालक मेथी का साग।
17. बाजरे की रोटी – शक्कर एवं मक्खन, अथवा कोई साग।
18. आलू के पराठे – दही, अचार, मक्खन।
19. डबलरोटी – टमाटर का सूप, या कोई मनपसन्द सूप, चिप्स, मक्खन।

इसके अलावा भी रोजाने के खाने का अपनी रुचि के साथ मेल बैठा सकते हैं। जैसे तोरी की सब्जी के साथ पराठे एवं परवल की भुजिया। ढोकले के साथ हरे पौदीने की चटनी। उपमा के साथ नारियल की चटनी। पकौड़ी के साथ हरे धनिये, पौदीने की चटनी या टमाटर की चटनी।

29

भोजन की प्लानिंग

रेसिपी एवं मेन्यु आपके लिए केवल मार्ग दिखाने की तरह हैं, आप सृजनशील एवं कल्पनाशील होवें एवं अपनी वैयक्तिक रुचि के हिसाब से परिवर्तन कर लें, उसके बदले कोई दूसरी चीज़ इस्तेमाल कर लें या उसे छोड़ ही दें।

बहुत कम व्यक्ति ऐसे हैं जिन्हें अच्छा खाना नापसन्द है। यदि आप उन्हें अच्छा भोजन देंगे तो उन्हें इस पर संभवत: ध्यान नहीं जायेगा कि इसमें लहसुन, प्याज नहीं है, या कि उन्होंने आज मांसाहार नहीं किया है। सहजता से अनुकूल भोजन का वे आनंद लेते हैं।

यह मेरा व्यक्तिगत अनुभव रहा है कि यदि अतिथियों को ऐसा भोजन परोसा जाय, जो उनके लिए थोड़ा नया हो, या नये प्रकार से बनाया गया हो तो भोजन की सफलता काफी बढ़ जाती है। तृप्त होकर अच्छी प्रकार से भोजन करने के साथ वे भोजन के विन्यास से भी प्रभावित होते हैं। इसे मेज पर एक साथ भी रखा जा सकता है और अनुक्रम में रखा जा सकता है, एक या अधिक डिश प्रधान हो सकती हैं और शेष पूरक या सहायक होती हैं। जब रात के भोजन में विभिन्न प्रकार के पकवान परोसे जाते है तो अच्छा रहता है कि उन्हें एक क्रम में सिलसिलेवार बारीबारी से परोसा जाय। हरेक क्रम (कोर्स) को ज्यादा प्रशंसा मिलेगी, क्योंकि इसे पूरा मनोयोग मिलेगा। सारी चीजें एक साथ रख देने से ढंग से खा भी नहीं पाते हैं। किसी के भी साथ पूरा न्याय नहीं हो पाता है। बहुतसी चीज़ें लेने से छूट भी जाती हैं।

परिवार के लिए या मित्रों की पार्टी के लिए क्या भोजन बनना है, इसका ध्यान भी गृहिणी को रखना पड़ता है। एक अच्छा भोजन ऋतु, स्थान व खाने वालों की रूचि को देखकर तय किया जाता है। भोजन एक दूसरे से फ़रक होना चाहिए, साथ ही पूरक भी होना चाहिए, और सब

मिलाकर सन्तुलन में होना चाहिए। कुछ सुरुचिपूर्ण मूलभूत विचार भी हैं, जैसे कि भोजन टेबिल पर इस तरह रखना चाहिए कि देखने में अच्छा लगे। साथ ही उसमें भारी व हल्के की विभिन्नता हो, तीखा व सादा हो। इसके साथ ही समय का भी महत्त्व है। भोजन तैयार करना एक आनन्ददायक सुखदायक अनुभव होना चाहिए, लेकिन कार्याधिक्य इसे समाप्त कर सकता है। अत: भोजन की सादगी भी सुरुचि सम्पन्न दृष्टिकोण से वाँछित है, विशेषकर जब आप अकेले तैयारी कर रहे हैं। बहुत कम लोग ही खुद खाना बनाना पसन्द करते हैं, आदमी सोचते हैं कि उनका यह काम नहीं है और स्त्रियाँ सोचती हैं कि उनके लिए अकेले भार है। लोगों को प्यार से आदर से खिलाना सहज आनन्द है। किसी दूसरे के जीवन को थोड़ी देर के लिए ही सुखप्रद बनाना बड़ी बात है।

इसलिए जो आप ठीक से, सहजता से, बिना अपने को थकाए कर सकें, वही करने का प्रयत्न करें। केवल एक अच्छी सी डिश से भी खाना खिलाया जा सकता है जो सुस्वाहु हो, पौष्टिक हो। कहने को एक अच्छी सी डिश होती है, लेकिन साथ में पूरक के रूप में कुछ सलाद, दही, या अचार आदि हो सकते हैं जो उस एक डिश को सजाते हैं लेकिन उनके करने में परिश्रम नहीं पड़ता। पूरक डिश सीधी सादी होनी चाहिए, जिसके लिए कुछ तैयारी न करनी पड़े यथा फल, चीज़ या कुछ कच्ची सब्जियाँ।

जब पाँच या छह तरह के भोजन एक साथ परोसे जाते हैं तो दुर्भाग्य से हममें बहुत ज्यादा और बहुत जल्दी खाने की प्रवृत्ति होती है जिससे खाने का पूरा आनन्द लेकर नहीं खा पाते। इसी का दृष्टान्त एक किस्सा है कि एक होटल का बैरा लाल रसगुल्लों का बहुत शौकीन था। जब भी वह रसगुल्ले सर्व करता था, स्टोर में से एक दो स्वयं भी मुँह में डाल लेता था। एक बार अपने मित्र के साथ वह होटल में खाने बैठा तो रसगुल्लों का आर्डर दिया। उसके मित्र ने आश्चर्य प्रकट करते हुए कहा कि अरे, रसगुल्ले तो तुम रोज़ ही अपने होटल में खा जाते हो; आज फिर क्यों मंगा रहे हो। तो वह बोला कि "जल्दी-जल्दी शीघ्रता से हड़बड़ी में खाने

से मैं उनका पूरा स्वाद नहीं ले पाता इसलिए आज आराम से बैठकर धीरे-धीरे आनन्द के साथ खाऊँगा।" अच्छा भोजन करना भी जीवन का समारोह है। जीवन का यज्ञ है। अन्न को ब्रह्म की संज्ञा दी गई है। 'अन्नाद् भवन्ति भूतानि (गीता 3.14), सम्पूर्ण प्राणी अन्न से ही उत्पन्न होते है। अत: भोजन की बहुत महिमा है।

गर्मियों में दोपहर के भोजन से पहिले शीतल पेय सोयी हुई भूख को जगा देता है। और रात्रि के भोजन के कुछ देर बाद कोई ताजा फल या कोई हल्का मिष्टान्न देकर शालीनता एवं मनोहरता से डिनर समाप्त किया जा सकता है।

गर्मियों में कम तेल कम मसाले अच्छे लगते हैं। ज्यादा भुनी सूखी सब्जियाँ अच्छी नहीं लगती। गरम मसाले भी ठीक नहीं लगते। हल्का तरल खाना कुछ ठण्डा पेय, हरा सलाद ये सब गर्मियों में अच्छे लगते हैं। स्वादिष्ट हरी चटनी, हरा पन्ना अर्थात् कच्चे आम का शर्बत, ये सब दोपहर भोजन के लिए अच्छे हैं। मट्ठा, दही, तोरी, लौकी, हरी भिण्डी कम मसाले के ठीक रहते हैं। दोपहर को मिष्टान्न की जगह फल अच्छे लगते हैं। आम के मौसम में आम, लीची आदि फल दोपहर के भोजन में दिए जा सकते हैं। यदि खाना परोसने एवं पकाने का काम आपको अकेले करना है तो यह अच्छा रहेगा कि एक या दो से ज्यादा व्यंजन ऐसे न रखें जायें जिनमें आखीर में (बाद में) ध्यान देने की जरूरत है। बहुत से गर्म भोजन पहिले से तैयार किये जा सकते हैं और परोसने से पहिले बनाना खत्म कर लिया जा सकता है। भोजन जो परोसा जाता है, सन्तुष्टिदायक होना चाहिए बजाय प्रभावित करने के एवं आडम्बर दिखाने के।

मुझे आज भी नहीं भूलता कुवैत के पाँच सितारा होटल का वह प्रभावोत्पादक खाना, जहाँ हमें रुकना पड़ा था; लंदन से लौटते समय फ्लाईट लेट होने की वजह से। वहाँ कम से कम दो दर्जन सलाद की डिश एक तरफ लाईन से सजी हुई थीं तो दूसरी तरफ शाकाहरी खाना, जिसमें रायते से लेकर सभी तरह की सब्जियाँ आदि थी, तो दूसरी तरफ सामिष भोजन की लम्बी लाईन थी। करीब-करीब पूरा बड़ा हॉल तरह-तरह के

पकवानों से एक तरह से कहा जाये तो छप्पन भोग एवं षट् रस व्यंजनों से सजा हुआ था। एक साईड में तरह-तरह के मिष्टान्नों की कतारें थीं, जिनमें केक से लेकर फ्राई कर मीठे किए हुए गुलाबी से केले भी थे। सजावट भी अनुपम थी। देखने में इतना भव्य व शानदार लग रहा था कि हम मन ही मन प्रशंसा कर उठे। लगा कि प्लेन लेट होने से हमें यह भी देखने को मिल गया।

वह आयोजन भव्य था पर सन्तोष जनक सन्तुष्टिदायक नहीं। एक भी चीज़ हम खा नहीं पाए। न सन्तुष्टि मिली न तृप्ति। हमारे भारतीय नथुने उसमें पड़े अजीब मसालों की सुगन्ध ग्रहण नहीं कर पाए और न ही रसनेन्द्रिय को वे स्वादिष्ट लगे।

ऐसे ही बरमिंघम में जब एक जगह भारतीय छात्रों को पार्टी दी गई और टूर पर ले जाया गया तो यद्यपि तरह-तरह के खाने सजे थे, पर सब में सेलरी स्टिक व अन्य विदेशी मसाले स्वाद और गन्ध का अजीब-सा मिश्रण पैदा कर रहे थे, जो खाने में रुचिकर नहीं था। वहां स्वीट डिश में स्ट्राबेरी क्रीम के साथ सर्व हुई। सोचा उसको खाकर ही खाने की कमी पूरी करेंगे, पर क्रीम फ्रैश (ताजी) नहीं थी और स्ट्राबेरी खट्टी बहुत थी, अधपकी सी, जिन्हें पूरा लाल होने से पहिले ही तोड़ लिया गया था। मीट भी उबला हुआ था। अत: न शाकाहारी न मांसाहारी कोई तृप्त नहीं हो सके। जबकि व्यंजनों की गिनती एवं आयोजन में कोई कमी नहीं थी। अत: खाना प्लान करते समय किसके लिए पकाया जा रहा है, यह भी ध्यान में रखना बहुत आवश्यक है। अन्यथा सारस एवं लोमड़ी वाली बचपन की कहानी याद आ जाती है, जिसमें चौड़ी थाली में परोसा खाना सारस नहीं खा पाया था और सुराही में परोसा खाना लोमड़ी नहीं खा पाई थी।

बहुत बढ़िया खाना बना दीजिए, राजमा, साबुत उड़द दाल, दही बड़े, पुलाव, पूरी तरह-तरह की सब्जियों के साथ। पर यदि खाने की टेबिल पर अति वृद्ध दम्पती हों तो यह खाना रूचि से न खा सकेंगे, पेट में बादी की शिकायत हो जायेगी अलग से। ऐसे समय यदि सादा चावल,

बिना मिर्च मसाले वाली कोई हल्की पचने वाली दाल और पत्तागोभी गाजर वगैरह की सब्जी होती तो वे शौक से सन्तुष्टि से खाते।

एक दम्पती एक महीने बाद नेपाल के दौरे से लौटे थे बिगड़ा आमाशय लिए। वहाँ का खाना खा न सके थे। हमारे यहाँ मिलने आए थे, पर खाने में संकोच कर रहे थे। कह रहे थे कि बाज़ार में खा लेंगे। पर बहुत आग्रह कर उन्हें रोका। मूँग की दाल, परवल सूखे और रोटी दही उन्हें भोजन में दी। खाकर वे तृप्त एवं सन्तुष्ट हुए। ऐसे समय दिखावा नहीं परन्तु जरूरत के अनुसार सन्तोषजनक खाना परोसना अधिक अच्छा था। उन्होंने सच्चे दिल से आशीर्वाद दिया और बोले कि आज एक महीने बाद ठीक से खाना खा पाए हैं।

ऐसे ही एक बार हम सब कार से अहमदाबाद जा रहे थे। रास्ते में चित्तौड़गढ़ पड़ता था, सोचा उसे भी घूमते चलें। घूम तो लिए अब रात में ठहरने व खाने की समस्या थी। सोचा एक पुराने मित्र है वहाँ, जिनसे बरसों से मुलाकात नहीं हुई, पर अब भी फोन करने पर ठहरने का इन्तजाम करा देंगे। मित्र को फोन किया, उनकी पत्नी ने उठाया। कहा, आ जाईये। वहाँ पहुँचे तो पता चला कि मित्र नहीं थे, वे कार्यवश टूर पर गए हुए थे, पर उनकी पत्नी ने रेस्टहाउस में ठहरने का इन्तजाम करा दिया था। हम लोग खाने के लिए बाहर निकलने वाले थे, पर उनकी पत्नी ने रोक लिया, बोली कि भोजन तैयार है, खाकर जाईये। हम आठ-दस लोग दो कार लोड थे। हमने संकोच किया और कहा, रहने दीजिए, अभी रेस्ट हाऊस जाकर सामान रखना है, फ्रैश होना है। तो उन्होंने कहा कि रेस्ट हाऊस में ही आपका खाना भिजवा देते हैं, वहीं खा लीजियेगा और उन्होंने दो बड़े टिफिन में भरकर रेस्ट हाऊस में खाना भिजवा दिया। रात्रि के दस बजे इतने शॉर्ट नोटिस पर कैसे उन्होंने भोजन तैयार किया हमें आश्चर्य हो रहा था।

टिफिन खोलकर देखा तो एक में खूब सारा गर्मागर्म पुलाव था, दूसरे में रसेदार गट्टे की खुशबूदार सुन्दर सब्जी, साथ में पूरियाँ। देखकर मन प्रसन्न हो गया। कुल तीन आईटम थे, पर सभी सुस्वादु आकर्षक एवं

तृप्तिदायक थे। पुलाव के चावल नर्म ठीक गले हुए, अन्दाज का मसाला नमक पड़ा था; गट्टे की सब्जी के गट्टे भी नरम थे। पूरियाँ पतली-पतली ठीक सिकी हुई थीं, साथ में थोड़ा अचार था। थोड़ी देर में उनका फोन आ गया कि भोजन ठीक से किया या नहीं; बोली कि जल्दी-जल्दी में बनाया, बाजार से भी कुछ मंगाने का समय नहीं था इसलिए गट्टे (बेसन) की सब्जी बनाकर भेज दी। हमने उन्हें बहुत-बहुत धन्यवाद दिया कि आपने बहुत अच्छा खाना भेजा। हमें बाज़ार जाने की जरूरत नहीं पड़ी और घर का स्वादिष्ट खाना मिल गया। उनकी पाककुशलता, प्रबन्ध एवं निपुणता को आज तक हम सब याद करते हैं। साथ ही इतने लोगों के लिए अन्दाज से भोजन बनाकर भेजना जो न कम था, न जरूरत से बहुत ज्यादा।

ज्यादा ठूंसकर खाना प्रसन्नता का दुश्मन है। अत: खाना सर्व करने से पहिले इतना ज्यादा स्नैक्स न दे दें कि पेट भर जाय और खाना स्वाद लेकर खा न सकें। कभी कहीं कोई पार्टी होती है या बड़ा खाना होता है तो डिनर का टाईम दिया जाता है सात बजे शाम का, पर खाना सर्व होता है रात्रि के ग्यारह बजे, तथा 12 या 12½ बजे तक घर आ पाते है। सात बजे से ड्रिंक शुरू होता है, पीने वाले तो पीते रहते है, जो नहीं पीते वे फ्रूट जूस, कोकाकोला, गोल्ड स्पॉट, लिम्का पी पीकर बोर होते रहते हैं, स्नैक्स सर्व होते रहते हैं। फल यह होता है कि जब तक खाना सर्व होता है, कोई भी उसकी क़दर नहीं कर पाता, प्रशंसा नहीं कर पाता। सही समय पर खाना सर्व हो और ड्रिंक भी संयमित हो तभी भोजन का आनन्द कोई उठा सकता है। इतनी देर हो जाने पर और स्नैक्स से भूख खत्म हो जाने पर भोजन का लुत्फ उठाने की या खाने की नफासत की, बारीकियों की प्रशंसा न कोई कर सकेगा, न देख पायेगा। अत: पार्टी के पहिले हल्का ही स्नैक्स दें एवं खाना समय पर शुरू करें जिससे भोजन से न्याय हो सके।

वास्तव में डिनर के बाद का टाईम कोई भी पार्टी आयोजित करने में उपेक्षित कर दिया जाता है। डिनर के बाद जब सब लिविंग रूम में आते हैं यह कहते हुए कि अब पेट इतना भर गया है कि एक दिन तक भूख नहीं लगेगी, और सब तरह की बात करने या चुटकुले सुनाने में लग जाते

हैं तो करीब एक घंटे बाद ही मुँह सूख जाता है। यदि उस समय गर्म चॉकलेट या कॉफी, कुछ नमकीन या सूखे मेवे के साथ हो जाये, तो इसका सभी स्वागत करते हैं।

एक बार हमने दोपहर को कुछ लोगों को खाने पर बुलाया। सब सामान तैयार किया। तय हुआ कि जैविक उद्यान में चलकर खायेगें। वहाँ सबने दोपहर का भोजन लिया। जिन अतिथि को सपरिवार बुलाया था, वे बहुत प्रसन्न हुए और वहीं आराम करने लगे। स्पष्ट था कि वे लोग अब देर में जायेगें अर्थात् शाम की चाय या कॉफी सर्व करनी होगी। हमने यह पहिले नहीं सोचा था। इसलिए किसी तरह से चाय, कॉफी का तो इन्तज़ाम हो गया, किन्तु उसके अनुरूप ठीक से स्नैक्स का, नाश्ते का इन्तज़ाम नहीं हो सका। यदि प्लानिंग ठीक रहती तो लंच का एक दो आईटम कम करके भी चाय के साथ कुछ स्नैक्स रखे जा सकते थे। यह ध्यान रखा जाना चाहिए कि यदि पार्टी ठीक तरह सम्पन्न हो गई और अतिथि ज्यादा देर रूक गए तो बाद में भी सर्व करने के लिए कुछ होना चाहिए।

हमारी इन्द्रियों पर रंगों का बहुत प्रभाव पड़ता है। भोजन चुनते समय रंगों के समायोजन का भी ध्यान रखा जाना चाहिए। एक बार दोपहर के भोजन में मेहमानों को लाल राजमा, मूँगदाल के सफेद दही बड़े, बैंगन का हरा भरता, पीले चावल, फूलगोभी-आलू, फ्रूट सलाद और भरवाँ रोटी परोसी गई। सबने बहुत उत्साह एवं प्रसन्नता से खाया और मेन्यू की बहुत तारीफ़ की।

एक डिनर में पहिले सूप के साथ आलू के छोटे-छोटे रोल्स दिए गए, फिर चावल, मटर खोये की सब्जी, भरवाँ भिण्डी, कटलेट, राजमा, रायता, पूरी, कोफ्ता भोजन में दिया गया। भोजन के बाद क्रीम में पड़े अनन्नास एवं साथ में काजू की बर्फी दी गई। हर किसी को पसन्द आया। शुरूआत भी अच्छी हुई, अन्त भी अच्छा हुआ।

एक बार दोपहर में खाने पर एक सम्मानीय अतिथि आए, उनके साथ उनके एक मित्र उच्च न्यायालय के न्यायाधीश भी थे। दोपहर के

भोजन में व्यक्तिगत रूचि लेकर हमने मेन्यू प्लान किया था। खेत में से पत्तागोभी टूटकर आई थीं, जो थीं तो पाँच-छह पर बहुत छोटी-छोटी थीं एवं किसी मध्यम आकार के बैंगन जितनी थीं। नरम-नरम हरे पत्ते थे। देखने में खूबसूरत लग रही थीं। उन्हें काटने को भी मन नहीं कर रहा था, सोचा कि उन्हें साबुत का साबुत क्यों न बना दिया जाय। इसके लिए आलू उबाले, उन्हें छीलकर फोड़कर भूना। पत्तागोभी का डण्ठल की तरफ से ढकना उतार दिया, थोड़ी देर गर्म पानी में रख उन्हें नरम होने दिया, फिर उनमें भुनेहुएआलू भर कर ढकना लगा दिया। एवं धीमी आँच पर घी में थोड़ी देर सिकने दिया। जब वे सीझ गए तो हटा लिया। लाल-लाल टमाटर भी खेत से आए थे उन्हें भी भरवाँ बना दिया। एक प्लेट में हरी-हरी पत्ता गोभी एवं एक प्लेट में लाल-लाल टमाटर सजा दिए। बाकी दाल, चावल, रोटी, दही, सलाद, अचार, चटनी वगैरह तो थे ही। टेबिल की सजावट देखते ही दोनों अतिथि खुश हो गए। उन्हें लगा कि उनका विशेष सत्कार किया गया है। प्रसन्न मन से खाने बैठे।

एक तेज चाकू से पत्तागोभी बीच से आधी करके उन्हें दी। हरी पत्तागोभी के बीच कसकर भरे हुए भुने आलू सजे हुए सुन्दर लग रहे थे, साथ में चमकीले भरवाँ टमाटर थे। आराम से उन्होंने भोजन किया और जो उन्होंने प्रशंसापूर्ण टिप्पणी की वह भुलाने योग्य नहीं थी। उन्होंने भोजन के लिए दो शब्द कहे 'संतुलित बुद्धिमत्ता पूर्ण' (Judiciously judicious)। वह प्रशंसा में कहे गए शब्द आज भी याद आ जाते हैं। उन्होंने यह भी कहा कि "और कामों के साथ आप क्या भोजन का भी प्लान करते रहते हैं।"

परिवार के लिए, मित्रों के लिए भोजन प्लान करना भी एक कला है। वास्तव में, यह एक अन्तहीन विविधता की संभावना है, जिससे भोजन का एक सम्पूर्ण नया तरीका सृजित होने में सहायता मिलती है। अच्छा मेन्यू प्लान करना एक उत्कृष्ट कोटि की सारगर्भित निपुणता है। प्रत्येक भोजन की एक संरचना होती है, और यह टेबिल पर रखते ही आकर्षित कर सकता है।

30

भोजनालय एवं भोजन कराना

जिस प्रकार खाना बनाना एक कला है उसी प्रकार परोसने व खिलाने का ढंग भी एक कला है। बहुतसी गृहिणियाँ खाना बनाना तो जानती हैं किंतु परोसने या खिलाने का ढंग उनको नहीं आता। खाना परोसने या खिलाने के समय सबसे पहले तो यह ध्यान रखना चाहिए कि जहाँ बैठकर भोजन करा रहे हैं वह जगह कैसी है। पहले जमाने में तो रसोई में क्यारियों में पटरे पर बैठकर भोजन करनेकी प्रथा थी, परन्तु आजकल प्राय: ही टेबल कुर्सी पर बैठकर भोजन किया जाता है अत: परिवेश का ध्यान रखना जरूरी हो जाता है।

जहाँ भोजन की व्यवस्था है, उसे भोजनालय कहते हैं,वह जगह स्वच्छ साफसुथरी हो। वहाँ कम से कम सामान हो। शान्त जगह हो, जहाँ बैठकर आराम लगे और बिना शोरगुल के शान्त भाव से प्रसन्न मन से खाना खाया जा सके। अच्छा हो कि रसोईघर के पास ही भोजनालय हो, जहाँ एक मेज़ हो और घर के सदस्यों की संख्यानुसार कुर्सी बिछी हों। इस प्रकार घर के सभी सदस्य एकसाथ बैठकर प्रेमपूर्वक भोजन कर सकेंगे। मेज़ के बीच में एक छोटा फूलदान ताजे फूल लगाकर रखना चाहिए। इसके पास नमक, जीरे, मिर्चआदि की शीशियाँ सजी हों। गिलास आदि के लिए पास में ही छोटी मेज़ या स्टूल रखा हो। दीवारों पर एक दो सुन्दर चित्र हों। दरवाजे व खिड़कियों पर हल्के रंग के पर्दे हों। स्वच्छ हवा का वहाँ प्रवेश हो, रोशनी की व्यवस्था ठीक हो, यदि घर में बगीचा है तो उसकी हरियाली खिड़की से दिखती हो। आजकल की युवा पीढ़ी परिवेश का बहुत ख्याल रखती है और बाहर बड़े होटलों में अच्छे परिवेश के कारण खाना खाने जाते हैं, जहाँ हलकी प्रकाश व्यवस्था, मधुर संगीत एवं स्वच्छ वातावरण होता है, चाहे खाना कितना भी महंगा हो। यदि घर पर ही सही परिवेश दिया जाय तो बाहर जाने की जरूरत ही नहीं रहती।

कुछ लोग जिस मेज़ पर खाते हैं वहीं किताबें कलम, दवाई और तरहतरह की चीज़ें फैली रहती हैं, वहां टेबल का एक कोना साफ करके बैठकर भोजन कर लेते हैं, यह ठीक तरीका नहीं है। भोजन आनन्दमय मनोहारी वातावरण में हो तो सुरुचि शांति से खाया जाता है।

जिन बर्तनों में खाना खाया जाता है, वह साफ सुथरे हों, चाहें थाली हो या प्लेट हो। प्लेट हो तो किनारे से फूटी या दरार पड़ी हुई न हो। खाना खिलाने के बर्तन स्वच्छ व चमकीले मँजे होने चाहिएँ। चावल एक कटोरी में भरकर उसे किसी तश्तरी में रखना चाहिए। खाने व सब्जियों को हाथ नहीं लगाना चाहियें, उसे चम्मच से परोसना चाहिए। सावधानी से परोसना चाहिए जिससे वस्तु नीचे न गिर सके। खाना खाने वाले से पूछकर सामान रखें, नहीं तो सामान निरर्थक जाने का भय रहता है। खाने के पदार्थों पर मक्खियाँ नहीं बैठने देनी चाहियें। भोजन के बाद हाथ धोने के लिए साफ साबुन व तौलिया भी रखना चाहिए। खाना खिलाते समय किसी से भी कटु वचन न बोलें। सुरुचिपूर्ण तरीके से व स्वच्छता से पकाया भोजन प्रसन्नता व स्वास्थ्य प्रदान करने वाले होते हैं।

भोजन आदर प्रेम एवं सम्मान से खिलाना चाहिए। एक जगह का किस्सा है, खाने पर हमें बुलाया गया, जब गए तो गृहिणी खाना पका ही रही थीं, रसोई में जाकर उनकी मदद कर दी, उन्होंने प्रसन्नता से मदद ले ली, मना नहीं किया और जब खाना बनाकर टेबिल पर रख दिय। तो न तो किसी को परोसा, न खाने को कहा, और बातों में मशगूल हो गईं। खुद खाना भी ले लिया। हारकर हमने खुद ही प्लेट उठायी, खाना लिया, कुछ लिया कुछ नहीं लिया, पर उन्होंने कुछ ध्यान नहीं दिया, न कुछ और लेने को कहा। हमें कुछ असहज सी स्थिति लगी, पर कुछ कहा नहीं। बिल्कुल नहीं पूछना भी ठीक नहीं।

एक बार हमारे यहाँ एक रिश्तेदार आए। हमने अपने हाथ से काफी मेहनत व ध्यान से भोजना बनाया, टेबल पर अच्छे से सजाया, और जब भोजन का ढक्कन हटाकर परोसने के लिए बढ़ाया तो वे बोले कि 'मैं

अपने आप से ले लूँगा।' उन्होंने खाना शुरू किया। जब हमने किसी चीज़ को सेकिण्ड हैल्पिंग के लिए पूछा कि ये सब्जी और दें तो बोले कि आपको पूछने की जरूरत नहीं है, मुझे खाने दें, मुझे जो जरूरत होगी, ले लूंगा। ऐसा दो टूक व्यवहार हमको विस्मित कर गया। अतिथि को भी थोड़ी नम्रता चाहिए।

कहीं-कहीं मेजबान इतना ज्यादा अतिथि सत्कार करते हैं कि अतिथि के पेट भरने पर भी एक कचौरी और उसकी थाली में डाल देते हैं, स्वाद में अतिथि ज्यादा खा तो लेता है पर बाद में पेट फटने को आ जाय। हमेशा मध्यम मार्ग ठीक रहता है, न बहुत ज्यादा पूछें, और ना ही ऐसा हो कि बिल्कुल ही न पूछें। अत: ठीक ही कहा गया है कि खाना परोसने व खिलाने की भी एक कला है, जिसका उचित ज्ञान होना चाहिए।

यह भी अच्छा तरीका है कि खाना सुन्दर बर्तनों डोंगों में सजाकर मेज पर रख दिया जाता है, खाना परोसने के लिए छोटी करछी व चम्मच आदि रखे जाते हैं तथा प्रत्येक व्यक्ति अपनी रुचि एवं इच्छानुसार स्वयं भोजन परोसता है। इस रीति से भोजन प्राय: व्यर्थ कम जाता है। बचा हुआ भोजन साफ छोटे बर्तन में पलटकर जाली की आलमारी या फ्रिज में सुरक्षित रख दिया जाना चाहिए।

डोंगों में सामान परसने के लिए भोजन के परिमाण स्वरूप डोंगा होना चाहिए। यह न हो कि छोटे डोंगे में ज्यादा सब्जी ठूंसकर भर दी गई हो, और थोड़ी सब्जी बड़े डोंगों में भर दी गई हो। ऐसे ही सूखी सब्जी किसी गहरी प्लेट में सजी सुन्दर लगती है। अचार चटनी आदि रखने का भी आवश्यकतानुसार उचित प्रबन्ध होना चाहिए। खाने का प्रस्तुतीकरण बहुत महत्त्व रखता है।

कुछ लोग खाने के रूप रंग (appearance) और स्वाद (taste) में ज्यादा रुचि लेते हैं, यहाँ तक की ध्वनि में भी। चाहे भोजन में उन्हें कुछ अच्छाई मिले या नहीं। उनके लिए आलुओं को कुरकुरा बनाया जाता है

या चिप्स बनाए जाते हैं,भिण्डी एवं परवल को भी तेल में तलकर कुरकुरा बनाते हैं जिससे खाते समय वे ध्वनि उत्पन्नकर सकें। सलाद में कच्ची गाजर, कच्ची फूलगोभी एवं कच्ची मूली परोसी जा सकती है, इनकी ध्वनि का भी अदभुत आनन्द है। ये कुर कुर करके खायी जा सकती हैं।

टेबल कुर्सी पर बैठाकर खाना खिलाने में खाने को सही ढंग से रखना और कलात्मक ढंग से मनोहारी रूप से सजाना जरूरी हो जाता है। यदि परोसने वाले दूसरे हैं तो अच्छा रहता है, अन्यथा बाएँ हाथ से खाना निकालना उचित रहता है।

सादा खाना भी अच्छी तरह रखने से शानदार लग सकता है। हम सोचते हैं कि तले गोल बैंगन कटोरे में अच्छे लगेंगे पर उन्हें एक तश्तरी में सजाकर रखना ज्यादा दर्शनीय बनाता है। गोल तले बैंगन के टुकड़ों को एक तश्तरी में सजाएँ, ऊपर से हल्के तले हुए टमाटर के गोल छोटे टुकड़े रखें। उसके ऊपर भुने आलू का एक टुकड़ा रखें। ऊपर से मूली का लच्छा भी छिड़क दें। एक साधारण सी सब्जी भी देखने में शानदार लग सकती है, स्वाद में भी अच्छी और ध्वनि में भी।

जब आपके अतिथि कोई खाना पसन्द करते हैं तो दोबारा उन्हें बुलाने पर वही चीज़ बनाने में न हिचकें, क्योंकि इस बीच उन्होंने वह चीज़ नहीं खाई होती और वे उसी चीज़ को दुबारा फिर खाना चाहेगें आपके यहाँ। हमने अपने यहाँ जब पार्टी दी है तो इस चीज़ को बहुत बार अनुभव किया है। एक बार कुछ लोगों को खाने पर बुलाने पर मैंने मटर की सब्जी बनाई। हरी-हरी मटर थी, जो टमाटर की ग्रेवी (रसे) में थी। टमाटर की ग्रेवी को गाढ़ा बनाने के लिए खोये को लाल रंग होने तक भूना था, मटर अलग से उबाले थे और टमाटर व खोये की ग्रेवी में उबले मटर डालकर पकाए थे। हरी-हरी मटर लाल टमाटरों की गाढ़ी ग्रेवी के बीच सौन्दर्य को सृष्टि कर रही थी, साथ ही खोये की मिठास के साथ स्वाद में भी अनुपम थी। सभी ने उसे पसन्द किया व तारीफ की। अगली बार जब खाने पर वे लोग फिर आए तो कहने लगे कि हम तो आपकी

मटर की सब्जी खाने आए थे, आज तो वह सब्जी कहीं नहीं दिख रही। मुझे कहना पड़ा कि उसकी जगह आज दूसरी डिश है। जब आप मित्रों के लिए खाना बनाना चाहते हैं, तो आप अच्छा समय बिताना चाहते हैं न कि रसोई में फँसना। अत: खाना सादा और उत्कृष्ट हो यह महत्त्व रखता है। हम करते-करते अनुभव से ही सीखते हैं।

दक्षिण भारत में केले के पत्तों पर भोजन परोसने का रिवाज है। हम लोग भी थाली में, केले के पत्ते के छोटे हिस्से करके उस पर अचार या चाटनी रखना पसन्द करते हैं। केले के पत्ते पर भोजन रखना या अचार चटनी रखना उसके स्वाद को बढ़ाता है। विवाह जैसे किसी बड़े समारोह में तो पत्तलों पर भोजन परोसने का परम्परागत रिवाज था, जिससे बर्तन धोने का समय बचता था।

केले के पत्ते पर भोजन परोसने के बारे में यह विश्वास है कि पके हुए भात (चावल) की गर्मी केले के पत्ते पर एक ऐसा पदार्थ छोड़ती है जिससे पाचन में सहायता मिलती है। कुछ लोगों का कहना है कि केले का पत्ता स्वयं किसी गर्म खाने के स्वाद को बढ़ा देता है। जिस पत्ते पर परसकर खाने को दिया जाता है, इसे वह तीक्ष्ण शाकीय गन्ध से सुगन्धित कर देता है। इसलिए केले के पत्ते के बीच में भात परोसा जाता है। तमिलनाडु, केरल, कर्नाटक एवं आंध्रप्रदेश में चावल राजा है। केले के पत्ते पर परोसा हुआ चावल हाथ से खाया जाता है। अत: खाने से पहले व खाने के बाद हाथ धोना जरूरी है। केलेके पत्ते पर शाकाहारी भोजन परोसा जाता है। पत्ता पर्यावरणसहायक प्लेट है।

पहले क्या चीज़ परोसी जाय इसका भी ध्यान रखना जरूरी होता है। बंगाल, बिहार, उड़ीसा में चावल से भोजन शुरू किया जाता है। उत्तर प्रदेश, पंजाब, हरियाणा, उत्तर भारत में पहले रोटी परसी जाती है। बाद में चावल।

चिंतित मन:स्थिति में किए भोजन से यकृत बिगड़ता है, चित्त खिन्न और उदास रहता है, रक्त में भी दोष उत्पन्न हो जाता है और वह ज्ञान

तंतुओं और दिमाग में दूषित पदार्थ प्रवाहित करने लगता है। भय खाना, चिन्ता करना और भोजन करते समय यह सोचना कि इससे नुकसान न हो जाए, रोग को स्वयं आमंत्रित करना है।

भोजन उत्तम मन:स्थिति से अधिक सुस्वादु बन जायेगा। जब भोजन सामने आए आप शान्त स्थिर एवं प्रसन्न हों। भोजन करना दिनचर्या का सबसे प्रधान अंग है। भोजन का एक देखने का भी अर्थात् चाक्षुष आकर्षण है। भोजन जिह्वा से स्वाद लेने से भी अधिक कुछ है, सबसे पहले नेत्रों से इसका रस लिया जाता है, पसन्द किया जाता है। अत: खाना देखने में अच्छा लगे, इसके लिए यह जरूरी है कि किस क्रॉकरी में या किस तरह रखने से यह ज्यादा अचछा लगेगा। ताजा खाना, चुनी हुई ऋतु अनुकूल अच्छी सब्जियाँ हमेशा पोषक एवं आकर्षक होती हैं और एक प्लेट के आकर्षण को बढ़ाती हैं। रंग एवं रचना के सुव्यवस्थित मेल से एक डिश उदर की तृप्ति के अलावा इन्द्रिय, मन की भी तृप्ति करती है। मन को संतोष देती है। प्रत्येक कौर के साथ उत्तम विचार भी भोजन के साथ मिश्रित होकर पहुंचता है और खाने को पौष्टिक, सुस्वाद, अमृतमय बना देता है।

विधिपूर्वक भोजन करना कराना भी यज्ञ हैं। हमारा जीवन यज्ञमय है और इसका उद्देश्य यज्ञेश्वर की उपासना है अर्थात् ईश्वर की अनन्त ऊर्जा शक्ति की उपासना है।

'अन्न देखकर हर्षित हों, प्रसन्न हों और उसकी सर्वदा प्रशंसा करें।

बीच-बीच में न खायें, भूख लगने पर ही खायें, स्वच्छ स्थान पर और प्रेमपूर्वक दिया हुआ खायें। आहार प्रकृति के अनुसार हो।'

31
बुजुर्गों के लिए भोजन

अतिवृद्ध जो असहाय हैं, अपना काम स्वयं नहीं कर सकते, उन्हें नहलाने, खिलाने, कपड़ा पहनाने का काम भी दूसरे करते हैं, चाहे घर का कोई सदस्य करे या बाहर से वेतन पर रखी गई कोई दाई, आया, नर्स या काम करने वाला। उन्हें भोजन उनके स्वास्थ्य की आवश्यकतानुसार मिलना चाहिए जिसे वे चबा सकें, उनके दाँत कमज़ोर हो जाते हैं, गिर जाते हैं, पाचन शक्ति क्षीण हो जाती है। ऐसे भी उनकी जरूरी आवश्यकताओं को पूरा करने की जिम्मेदरी दूसरों की हो जाती है। जब तक उनमें स्वास्थ्य था, ताकत थी, उन्होंने गृहस्थी की जिम्मेदारी उठायी, सबका ध्यान रखा। अब जब वे अशक्त हो गए, घर के सदस्यों को सहानुभूतिपूर्वक उनका ध्यान रखना चाहिए। विशेषकर खाने पीने का, सही खाना मिलने से ही वे स्वस्थ रहेंगे। उनकी आवश्यकताएँ कम हो जाती हैं, खाना कम हो जाता है। अत: उन्हें भोजन ऐसा दें जो ज्यादा खट्टा न हो, ज्यादा मिर्च वाला न हो, या मिर्च हो ही नहीं। शुरू अवस्था में चाहें उन्हें कितना ही खट्टा व मिर्च क्यों न पसन्द हो, परन्तु पकी उम्र में उनके दाँत खट्टा बर्दाश्त नहीं कर सकते और मिर्च वाला खाना नहीं खा सकते। अत: उनका भोजन ऐसा हो जिसे वे सुखपूर्वक संतुष्टिपूर्वक खा सकें।

मैंने देखा है कि बहुत से घरों में वृद्धों की आवश्यकताओं का ध्यान नहीं रखा जाता। रात को आलू की सब्जी बनी, उसी में से सुबह आलू के टुकड़े निकालकर उन्हें सुबह नाश्ते के साथ दे दिए जाते हैं। रातभर फ्रिज में रखे ठण्डे आलू के टुकड़े और एक तरफ ताजे-ताजे उबाले गए आलू के टुकड़े, दोनों में स्वाद एवं पौष्टिकता में जमीन आसमान का फर्क है।

ताजे उबाले गए आलू सुस्वादु होते हैं, उन्हें ऐसे ही फोड़कर या हल्का नमक कालीमिर्च डालकर देने पर अच्छे लगते हैं, रात की बासी सब्जी के फ्रिज में रखे हुए बचे हुए टुकड़े गरम भी कर दिए जाएँ तो भी

कड़े रहते हैं, नरम नहीं रहते। अतिवृद्ध उन्हें खा नहीं सकते, और उनका भोजन अधूरा रह जाता है।

अति वरिष्ठों को चावल अर्थात् भात भी ज्यादा पका हुआ नरम चाहिए, जिसे कहते हैं कि चावल गलकर भुत हो गए, अर्थात् अच्छे से पककर खूब नरम हो गए। तभी वे भात चबा सकते हैं, निगल सकते हैं। ऐसे ही करेले चाहे उन्हें कितने भी पसन्द हों, पर अब यदि करेला ठीक से गला नहीं होगा तो वे खा नहीं पायेंगे। अधिकतर घरों में वृद्धों को सबसे पहले खाना देने का चलन है, यह अच्छी बात है, पर इसमें लापरवाही करने से जल्दीजल्दी में, आधा पका आधा कच्चा खाना दे देते हैं, खाना तो पहले मिल गया, पर उसकी गुणवत्ता खराब रहती है, जिससे वे बेचारे पेटभर खाना खा नहीं पाते, भूखे रह जाते हैं। वे बेचारे कुछ कह भी नहीं पाते, नहीं तो सुनना पड़ता है कि एक तो खाना दो, काम करो, दूसरे मीनमेख निकालते हैं। जब तक और लोगों का खाना होता है, सब्जियाँ व दाल वगैरह अच्छे से गला ली जाती हैं। घर के और सदस्यों को पता नहीं चल पाता कि वृद्धोंने कितने कष्ट से अधपका या ठीक से नहीं सिझाया गया भोजन किया है और भूखे रह गए हैं।

अतिवृद्धों के पानी की प्यास से सूखते होंठ मैंने देखे हैं। उन्हें पूरा पानी नहीं दिया जाता कि बारबार मूत्र त्यागने के लिए जायेंगे तो उन्हें उठाना पड़ेगा, अन्यथा बिस्तर गीला करेंगे। पानी भी भोजन का आवश्यक तत्त्व है। पानी के अभाव में होंठ सूखकर पपड़ा जाते हैं और वे दीन बेबस आँखों से सब कुछ देखते समझते हुए भी कुछ कहने का साहस नहीं जुटा पाते, नहीं तो सुनना पड़ेगा कि "बारबार मूत्र त्याग, मल त्याग करेंगे, एक इन्हीं का काम रह गया है, हमारी अपनी भी लाईफ है।"

बेगार समझकर वृद्धों का भोजन आदि का काम किया जाता है। वृद्धों के मन में बैठ जाता है कि घर में अब किसी को उनकी जरूरत नहीं है, वे बोझ है। वे भगवान से मौत मांगते हैं और यदा कदा खाना छोड़ देते हैं कि खाना नहीं खाना इससे तो मर जाना अच्छा है। पर यहाँ भी ताने

सुनने पड़ते हैं कि "हमारी मुश्किल बढ़ा दी, अब खुशामद कर खाना खिलाओ और फिर डाक्टर को बुलाओ और डाक्टर की फीस भरो।"

'पराधीन सपनेहुं सुख नाहीं' की, वृद्ध जन जीती जागती मिसाल हैं। कोई न उनका कहना सुनता है, न प्यार से उनका काम करता है, न उनके लिए सहानुभूति रखता है। सब 'गैर पचेड़' वाला काम होता है। खाने के बाद कुल्ला कराने के लिए भी कोई नहीं आता। कह दिया जाता है कि हाथ से मुँह पोंछ लें या दो कुल्ले धीरे से कर दें। लेकिन इससे तो मुँह साफ नहीं होता। दाँतों में भोजन कण चिपके रह जाते हैं। ठीक से कुल्ला न करने से जिह्वा भी साफ नहीं रहती।

जो व्यक्ति वृद्ध को खाना खिलाता है, वह यह भी ध्यान नहीं रखता कि जब दाँतों से खाना चबाने में कठिनाई होती है तो खाने की स्पीड, गति धीमी हो जाती है। खिलाने वाला जल्दी–जल्दी काम निबटाना चाहता है। मुँह में बड़ेबड़े निवाले जल्दी-जल्दी ठूँसता है, और पहला चबने से पहले ही दूसरा ठूँस देता है। फल यह होता है कि मुँह में खाना भर जाता है। जो या तो अध चबा पेट में जाता है, या मुँह से बाहर उल्टी के रूप में निकल जाता है। तब कह दिया जाता है कि खाना हटा दो। और खाना बिना खाये ही उन्हें भूखा रह जाना पड़ता है। यह कोई नहीं देखता कि ठीक से खाना खिलाया नहीं गया।

इसलिए चाहे खाना खुद बनायें या दूसरों से बनवाएँ, यह देख लें कि ठीक से पका है या नहीं, नमक मिर्च ठीक है या नहीं, कड़वा तो नहीं है। यदि खीरा काटकर दिया गया तो देने से पहले चख लें। यदि कड़वा है तो नुकसान करता है। बेचारा वृद्ध बोलेगा भी कि कड़वा है तो कोई ध्यान नहीं देता या कह दिया जाता है कि खा लो, नहीं तो खीरा बर्बाद हो जायेगा, फेंकना पड़ेगा, महंगा आता है। अब बेचारा वृद्ध क्या करे? जो दिया जाता है वही खाना पड़ता है। शेर बकरी वाला हिसाब हो जाता है। वृद्ध बकरी की तरह हो जाता है, सामने वाला शेर की तरह। जो भी दिया जायेगा, उसी को बिना ना नुकर खाना पड़ेगा। यह बड़ी दयनीय दशा है।

यह भोजन का भी अपमान है, वृद्ध का भी अपमान है। थोड़ी सी सहृदयता व सावधानी इस परिस्थति को बदलकर सुखमय कर सकती है। भोजन तो वृद्ध, अतिवृद्ध सभी को चाहिए, लेकिन ठीक पका हुआ। कहा भी गया है कि 'सही रसोई करे उपचार।'

जरूरी है कि घरों में बुजुर्गों की उपेक्षा न की जाय।उनकी आवश्यकताओं का ध्यान रखा जाय। मैला सा बिस्तर, मैला सा पुराना तकिया, मैला सा वर्षों पुराना गद्दा, मैली गन्दी ढीलीसी खटिया, अधगला, अधपका भोजन और लापरवाही की जगह स्वच्छता, सजगता, सहृदयता से उनकी सुचारु देखभाल और भोजन व्यवस्था की जाय।

"जो देह की आवश्यकतानुसार पर्याप्त मात्रा में खाता है, उसे रोग नहीं होते"

"जो देह की आवश्यकतानुसार ही खाता है, उसे साधना कहते हैं।"

32

बीमारों का भोजन

पारिवारिक आहारसूची बनाने में परिवार के समस्त सदस्यों के साथ बीमारों का विशेष रूप से ध्यान रखना चाहिए। आवश्यकताओं के विचार से आहार में संशोधन करना चाहिए। यदि संभव हो तो कुछ ऐसा भोजन बन सकता है जो रोगी के अतिरिक्त परिवार के अन्य सदस्य भी खा सकें। इस प्रकार परिवार के सभी सदस्यों की आवश्यकता पूर्ति के साथ-साथ गृहिणी का परिश्रम भी कम हो जाता है। हरी सब्जी जैसे लौकी, नेनुआ (तोरई) आदि केवल जीरे व मिर्च के छौंक से अधिक स्वाद बनती हैं और इन्हें परिवार के सभी सदस्य खा सकते हैं।

रोगी! के लिए साबूदाना एवं सूप अत्यंत लाभकारी होता है। साबूदाना दो प्रकार से बनाया जाता है—

(i) दूध का साबूदाना, (ii) पानी का साबूदाना। दोनों प्रकार के साबूदाने बनाने की विधि करीब करीक एक सी है। केवल थोड़ा सा अंतर है।

दूध का साबूदाना : आवश्यकतानुसार साबूदाना लेकर साफ कर लें। स्वच्छ पानी में धो लें। साबूदाने से दुगना पानी पतीली में भरकर रख दें। जब पानी खौलने लगे तो उस साबूदाने को खौलते पानी में डाल दें। थोड़ी देर बाद चलाते भी रहना चाहिए। जब साबूदाना गल जाए अथवा पारदर्शी हो जाए तब दूध डाल दें। दूध खदकने के उपरान्त चीनी डालकर चलाकर नीचे उतार लें।

पानी का साबूदाना : यह अधिक पतला होता है। अतएव साबूदाने से चार गुना पानी इसमें डालते हैं। जब साबूदाना गल जाए तो नीचे उतार लें। चीनी या नमक आवश्यकतानुसार उचित मात्रा में रोगी की रुचि के अनुसार डालना चाहिए।

शाकों का सूप तैयार करना : सूप लाभकारी होने के साथ-साथ स्वादिष्ट भी होता है। अधिकतर हरी सब्जियों से ही सूप बनाए जाते हैं, जैसे पालक, परवल, लौकी, गाजर, टमाटर सभी शाकों सब्जियों का सूप प्राय: एक ही प्रकार से बनाया जाता है। सूप बनाने को शाकों का रस तैयार करना भी कहते हैं।

टमाटर का सूप तैयार करने की विधि : आवश्यकतानुसार लाल पके टमाटर लेकर धोकर उबालने के लिए स्टील के बर्तन में रख दें या कुकर में उबाल लें। पानी इतना ही रखना चाहिए कि टमाटर गल सकें। इसके उपरान्त उसे ठण्डा होने के लिए रख दें। एक मजबूत सा साफ कपड़ा लेकर टमाटरों को कपड़े के ऊपर रखकर छील लें। बाद को कपड़े को उमेठकर सारा रस निकाल लेना चाहिए अथवा छलनी में भी छान सकते हैं। आजकल मिक्सी में रखकर भी चला सकते हैं। इसमें थोड़ा सा नमक व काली मिर्च डालें। इसके उपरान्त दाल की तरह मक्खन व जीरें का छौंक लगा सकते हैं। स्वाद के लिए बारीक हरा धनिया व अदरक कतर कर मिला सकते हैं। फिर कप में पीने के लिए दें।

पालक का सूप : थोड़ा सा पालक लेकर डंडी आदि निकालकर अच्छे से धो लें। उबालने रख दें। जब गल जाय तब कपड़े से निचोड़ कर नमक कालीमिर्च व अदरक मिला दें। मिक्सी है तो मिक्सी में भी चला सकते हैं, या छलनी से छान सकते हैं।

परवल लौकी व अन्य सब्जियों का सूप : जिस भी सब्जी का सूप बनाना हो उसे धोकर, छीलकर काटकर टुकड़े कर लें, उबालने के लिए रख दें। गल जाने पर कपड़े से निचोड़ लें। या मिक्सी में चला लें। नमक व कालीमिर्च डालकर काम में लाएं।

चाय बनाना : चाय भी ठीक से नहीं बने तो संतोषजनक नहीं लगती। अत: इसका भी सही तरीका जान लेना चाहिए। घर के अन्य सदस्यों के साथ रोगी को भी चाय दी जा सकती है।

चाय के लिए आवश्यक सामग्री : 1. केतली अथवा पतीली 2. चीनी की चायदानी, दूधदानी व चीनीदान 3. चाय के कप का सैट 4. चाय की चम्मच 5. छलनी 6. शक्कर 7. दूध 8. पानी 9. चाय की पत्ती। चाय कई प्रकार की आती है परन्तु आजकल लिपटन या ब्रुकबौंड की चाय ही अधिकतर काम में लाई जाती है। चाय के सैट में जो चाय बनाने का बर्तन होता है उसे चायदानी या कैटली कहते हैं।

चाय बनाने के पूर्व बर्तनों को स्वच्छ कर लेना चाहिए। एक साफ पतीली / भगोने में पानी गर्म करने रख दें। जब पानी खौलने लगे तब एक करछी / चमचा भर खौलता पानी कैटली में डालकर गर्म कर लेनी चाहिए जिससे साफ भी हो जाय और गर्म भी हो जाय; इसके बाद यह पानी फेंक दें। इसके पश्चात् जितने कप चाय बनानी है, उतनी ही चम्मच चाय केटली में डाल दें, दो चम्मच चीनी भी डाल दें। इसके बाद खौलता पानी चायदानी में डालकर तुरन्त ही ढक्कन बंद कर दें। अच्छा हो एक टीकोज़ी से इसे ढक दें। यदि टीकोज़ी नहीं है तो तौलिये से लपेट दें। दूध गर्म कर दूधदानी में कर लें, चीनीदानी में चीनी डाल लें। पाँच मिनट पश्चात् चाय को चलाकर कप पर छलनी रखकर टोंटी की तरफ से छान लें। कप को कुछ खाली रखें, इच्छानुसार चम्मच से नापकर चीनी दे दें, थोड़ासा दूध डालकर चला दें। बस चाय तैयार हो गई। ध्यान रखें कि पानी को अधिक नहीं खौलाना चाहिए, न कम ही। जब पानी में एक खौल आ जाय तब ही चाय बनानी चाहिए।

> "अन्न का सदैव पूजन करें। नित्य पूजित अन्न बल तथा वीर्य प्रदान करता है।"

33

बचे हुए खाने को इस्तेमाल करना

सब्जी बच जाती है या कोई खाद्य पदार्थ बच जाता है तो आर्थिक दृष्टिकोण से उसे दुबारा ताजा कर लेना, अर्थात् गरम करके परोसना यदि है तो कुछ जरूरी बातों का ध्यान रखना आवश्यक है। जैसे कि —

सब्जी को केवल दोबारा गरम करे, पकायें नहीं। यदि उसमें अन्य कच्ची सब्जी मिलानी है तो उस कच्ची सब्जी को अलग से पकाकर तब मिलायें।

गर्म करने के समय सब्जी में नमी बनाए रखने के लिए अलग से थोड़ा तरल पदार्थ यथा घी / तेल या पानी मिला दें। फिर उसे अच्छे से सुन्दर सी डिश में रखें और सावधानी से सजाएँ। उसे गरमागरम ही परोसें। दोबारा गरम किया हुआ आधा गरम भोजन सुस्वादु नहीं होता।

(i) **सूखी सब्जी बच जाने पर :** पराठा या समोसे में भरने के काम में लें। अथवा कटलेट बनाने के काम में लें। या खिचड़ी बनाने में इस्तेमाल कर लें।

(ii) **रसेदार सब्जी बचने पर :** उसमें कुछ नई सामग्री मिला दें। यथा टमाटर भूनकर या उबालकर छीलकर डाल दें, अथवा मथी हुई दही मिला दें या पिसा न।रियल मिला दें जिससे उसका स्वाद और सुगंध बढ़ जाय।

(iii) **उबला चावल बच जाने पर :** उसका लेमन राईस, कर्ड राईस (दही चावल), फ्राईड राईस या मीठा चावल या चावल की खीर बना लें। अथवा टमाटर या शिमला मिर्च में भरने के काम में ले आयें अथवा चावलों को आलू के साथ मैश करके चॉप बना लें।

(iv) **दाल बच जाने पर :** उसे रोटी या पराठा बनाने के लिए आटे में गूंध लें। दाल सूखी है तो पराठे में भरने के काम में ले लें। अथवा

कटलेट बनाने के काम में ले लें। या लौकी, बड़ी वगैरह बनाकर उसमें मिला दें। अरहर की दाल को सांभर बनाने के काम में ले लें।

(v) **डबलरोटी बचने पर :** इसका चूरा बना लें, जो आलू के चॉप या कटलेट बनाने में लपेटने के काम में आयेगा। अथवा पकौड़ी बना लें, या छोटे टुकड़े कर उपमा बना लें, या शाही टोस्ट बना लें— इसको फ्राई कर चासनी में डुबोकर ऊपर मलाई लगा दें, या छोटे टुकड़े कर फ्राई कर दूध में डालकर खीर बना लें।

(vi) रोटी बचने पर रोटी के छोटेछोटे टुकड़ेकर सरसों, करीपत्ता, नमक, मिर्च, तेल के साथ छौंककर उपमा बना लें।

(vii) **चीज़ सूखने पर :** इसे ग्रेट कर (कसकर) पराठे में भर सकते हैं, किसी सब्जी में डाल सकते हैं, या उसमें थोड़ा दूध डालकर ढीला कर डबलरोटी पर फैला सकते हैं। या चीज़ की पकौड़ी बना सकते हैं।

(viii) **बेसन या आटे का लड्डू, बरफी :** इनको चूरा कर थोड़ा पानी मिलाकर हलवा बन सकते हैं। गरमा-गरम हलवा एकदम स्वादिष्ट लगेगा।

(ix) **मावे की बरफी :** इसको दूध में मिलाकर कुल्फी या रबड़ी बना सकते हैं या दूध में डालकर फल मिलाकर फ्रूटक्रीम बना सकते है।

(x) **गाजर का हलवा बच जाने पर :** दूध में डालकर गाजर की खीर बना लें।

(xi) **सफेद रसगुल्ला बच जाने पर :** उसके बारीकबारीक गोल स्लाईस काटकर सर्व करें, एकदम नई मिठाई लगेगी। अथवा छोटे टुकड़े कर एक गाढ़े दूध में डालकर छेने की खीर बना लें।

ऊपर केवल कुछ सुझाव दिये गए हैं। बचे खाने को नवीन तरह से परसकर देने से उसका समुचित उपयोग हो जाता है। कोशिश तो यही होनी चाहिए कि खाना अन्दाज से बनायें कि बचे नहीं, परन्तु यदि किसी

कारणवश बच जाय तो तुरन्त उसका सदुपयोग कर लें, अथवा हाथ की हाथ निबटा दें।

ठण्डी सब्जी को दूसरे दिन के लिए गरम करना हो तो पहले कड़ाही में थोड़ा सा घी डालें। जीरे का छौंक दें। फिर थोड़ा पानी डालकर खौलायें, तब सब्जी डालें। इससे सब्जी का स्वाद व रंगत ठीक बनी रहती है।

छोले, राजमा, दही बड़े, पकौड़ी दूसरे दिन भी अच्छे लगते हैं क्योंकि एक रात रखने से इसमें थोड़ी खटास बढ़ जाती है। कोईकोई कढ़ी भी दूसरे दिन इस्तेमाल करते हैं।

आदर्श स्थिति तो यही है कि अन्दाज से खाना बनायें, सब्जी गरमगरम परसें। दो घंटे से ज्यादा देर का पकाया हुआ खाना खाने में उतना स्वादु नहीं लगता।

34

रसोई की अलमारी में भण्डार (स्टॉक) रखना

जब यह कहा जाता है कि रसोई में सब ताजी सामग्री इस्तेमाल की जाय तो यह जानना भी जरूरी हो जाता है कि कौन चीज़ कब तक इस्तेमाल की जाय और कब नहीं की जाय, अर्थात् कौन सामग्री कितने दिन रखी जा सकती है। आजकल सामानों की पैकिंग पर समाप्ति (एक्सपायरी) की तारीख लिखी आती है, फिर भी यह जानना जरूरी है कि पिसा हुआ आटा, बेसन, मसाले, मेवा, घी, शहद आदि चीज़ें, कब तक रखी जा सकती हैं। इसकी एक तालिका नीचे दी जा रही है कि रसोई में कौन सामान कितने दिन ठहर सकता है।

गेहूँ का आटा पिसा हुआ	–	पन्द्रह दिन या एक महीना
मक्का का आटा	–	एक सप्ताह या पन्द्रह दिन
बाजरे का आटा	–	एक सप्ताह या पन्द्रह दिन

कुट्टू का आटा	– एक सप्ताह या पन्द्रह दिन
बेसन पिसा हुआ	– पन्द्रह दिन
डबलरोटी के सूखे टुकड़े (ब्रेड क्रम)	– दो से तीन महीना
दाल	– छह महीने
नूडल्स	– छह महीने
बेकिंग पाउडर	– दो-तीन महीना
बेकिंग सोडा	– दो-तीन महीना
बादाम साबुत	– दो-तीन महीने
बादाम कटा हुआ	– तुरन्त इस्तेमाल करें
अखरोट	– एक बार में थोड़ा खरीदें
सूखा नारियल	– छह महीना
कौर्नफ्लेक्स	– एक बार में थोड़ा खरीदें।
काजू	– छह महीना
काजू कटा हुआ	– तुरन्त इस्तेमाल करें
शहद	– छह महीने
मार्मलेड	– छह महीने
सॉस	– दो-तीन महीने
कालीमिर्च	– दो-तीन महीने
पोस्तादाना	– छह महीने
घी	– छह महीना
नमक	– दो-तीन महीना (ढककर रखें)
ब्राउन शुगर	– एक बार में थोड़ी खरीदें। वैसे चीनी ठीक रहती है।
डिब्बा बंद (कैण्ड) सामान	– छह महीने से ऊपर न रखें।

सरसों	– छह महीने से ऊपर भी ठीक रहती है।
अर्क (एक्सट्रैक्ट)	– छह महीने से ऊपर न रखें।
मिलाने वाला रंग	– छह महीने से ऊपर न रखें।

चाय, कोका, कॉफी, सूखा दूध थोड़ा खरीदें और दोतीन महीने से ज्यादा न रखें।

गेहूँ का पिसा हुआ आटा तीन महीने से अधिक बिल्कुल भी न रखें। इसमें कीड़े पड़ जाते हैं। जैसेजैसे आटा पुराना होता है, उसका टेस्ट (जायका) एवं पौष्टिकता कम होती जाती है। पुराने मक्के के आटे या बाजरे के आटे की रोटी बनाना मुश्किल है, इसमें स्वाद में भी कड़वाहट आ जाती है। यही बात कुट्टू के आटे के बारे में है।

दूध, क्रीम, दही, मक्खन, चीज़ (पनीर) सब जल्दी खराब होने वाली चीज़े हैं, इन्हें फ्रिज में रखें। और थोड़ी मात्रा में खरीदें। फ्रिज में भी दूध, खीर वगैरह एक-दो दिन में ज्यादा न रखें, इनका स्वाभाविक स्वाद खत्म हो जाता है, खीर में लस उठ जाती है।

ताजगी

सबसे बड़ी चीज़ ताजगी है। जितने ताजे मसाले आटे, सब्ज़ी रहेंगी, उतनी अच्छी सब्जी रोटी बनेगी, आठ दिन से अधिक पुराना पिसा आटा उतर जाता है। पन्द्रह दिन के बाद बेसन खत्म हो जाता है। यह इनकी एक्सपायरी डेट है।

घर में पुराने धुराने मसालों से लेडीज़ काम करती रहती हैं, फिर कहती हैं कि खाना अच्छा नहीं बनता।

क्या कभी आपने जीरा भूना है तवे पर, और पीसा है और फिर दही में डाला है? क्या कभी फ्रैश पैपर (कालीमिर्च) की खुशबू महसूस की है? इनका स्वाभाविक सौन्दर्य ताजेपन में छिटककर आता है।

एक जगह गए। उनके यहाँ आटे में कीड़े थे। सफेदसफेद जैसे कभीकभी पुरानी सूजी या मैदे में हो जाते हैं। छानकर वे लोग खाते थे। हमारा नौकर वहाँ गया, तो उसने उनकी रोटी बनाने से इन्कार कर दिया। उस पर वे बिगड़ी मेरे से शिकायत की। मैंने कहा कि वह ठीक कह रहा है। आटा पुराना होकर खराब हो गया है। तो बोलीं कि "आपके यहाँ फैसिलिटी है नौकर की, तो आप करायें। हम तो ये ही आटा सप्लाई से खरीदकर लाते हैं। तीन-चार महीना पुराना तो रहेगा ही।"

पर उनकी इस बात में तथ्य नहीं है। छोटे शहरों में नौकर, महरी की सुविधा हो जाती है तो आप गेहूँ फटकवा, चुनवाकर रख सकते हैं। हर हफ्ते ताजा पिसवा सकते हैं। परन्तु बड़े शहरों में भी आटा चक्की वाले गेहूँ रखते हैं; गेहूँ फटकनेवाली भी बैठी रहती हैं। फटका हुआ चना गेहूँ कुछ ज्यादा दाम देने पर मिल जाता है। यह कुछ ज्यादा दाम देना मुनासिब है। सोचिए, यदि आप नौकर रखते, उसे महीने की तनख्वाह व खाना देते तब गेहूँ फटकवा पाते। यहाँ पार्ट टाईम गेहूँ फटकने वाली आपको सस्ते में मिल जाती है। चक्की वाला आपको आटा पीसकर घर पर पहुँचाने को तैयार रहता है। हर महीने आप एक जगह तय कर सकते हैं और ताजा आटा पा सकते हैं। थोड़ी सी प्लानिंग से यह संभव है।

जरूरी नहीं है कि अच्छा खाना बहुत ज्यादा खर्च करके ही बनाया जाय। रसोई में कुछ सामान ऐसे हैं, जिन पर खर्च करना वाजिब है, जैसे ताजी कालीमिर्च, ताजे मसाले, ताजा भुना पिसा जीरा, ताजा नमक, अच्छी क्वालिटी का तेल एवं घी, अच्छी शक्कर। ये सब चीज़ें अच्छा भोजन बनाने में सहायक हैं। आटा भी ताजा हो। जिस चीज़ की शेल्फ लाईफ खत्म हो गई हो, वह इस्तेमाल न की जाय।

द्वितीय भाग

35

रोटी

रोटी

रोटी प्रधान खाद्य पदार्थ

रोटी एवं चावल भारत के प्रधान खाद्य पदार्थ हैं। पंजाब, दिल्ली, उत्तर प्रदेश, हरियाणा के अधिकाँश भागों में गेहूँ बहुत उपजता है, अत: उन्हीं भागों में लोग इसे आटा बनाकर रोटी की तरह अधिक खाते हैं। आसाम, बंगाल, बिहार, झारखण्ड, उड़ीसा, दक्षिण भारत- तमिलनाडु, केरल, कर्नाटक, आँध्र प्रदेश और देश का पश्चिमी तट धान (चावल) उपजाने वाले क्षेत्र हैं और यहाँ के लोगों का मुख्य भोजन चावल है। मक्का, ज्वार, बाजरा, जौ, चना, मड़ुआ आदि अन्य अनाज हैं, इनके दानों को चक्की में पीसकर आटा तैयार किया जाता है, तब इनकी रोटी बनाई जाती है। इन्हीं अनाजों से विश्व के विभिन्न हिस्सों में तरह-तरह के बिस्कुट, ब्रेड और रोटी तैयार की जाती है। गेहूँ का ऊपरी छिलका हटाकर जब आटा बनाया जाता है तो उसे मैदा कहते हैं। गेहूँ के ऊपरी छिलके में ही बहुत से विटामिन होते हैं अत: मैदे से आटा ज्यादा पौष्टिक होता है। गेहूँ, चावल एवं सभी अनाज हमें पौधों से मिलते हैं।

गेहूँ के आटे में लेस होता है, इसमें पानी मिलाकर गुंधा आटा (डो) बना लेते हैं और तब उससे बिस्कुट, ब्रेड, रोटी पकाते हैं। विश्व के विभिन्न भागों में यह सब बनाने के विभिन्न तरीके हैं। गेहूँ से ही दलिया भी बनता है। चावल में लेस नहीं होता, इसलिए उसे उबालकर खाते हैं।

इन अनाजों से हमको स्टार्च मिलता है। मुख्य कारबोहाईड्रेट स्टार्च ही है। यह स्टार्च पानी में घुलनशील नहीं है, अत: हमारे शरीर के सक्रिय अवयव संस्थान (आरगैनिज़्म) इस स्टार्च को चीनी में परिवर्तित कर देते हैं जो पानी में घुलनशील है और इस तरह यह स्टार्च हमारे कोशाणुओं में चला जाता है और हमें शक्ति देता है। कार्बोहाईड्रेट्स में कार्बन के छह अणु, हाईड्रोजन के बारह अणु एवं ऑक्सीजन के छह अणु रहते हैं जिनका रेशियो 1 : 2 : 1 है।

पकाने के तरीके

गेहूँ का आटे के रूप में ही अधिक प्रयोग भारत में होता है। आटे की मुख्यतया रोटी या चपाती ही बनती है, इसे फुलका भी कहते हैं। रोटी बनाने एवं पकाने के कई तरीके है। यह रुचि एवं रिवाज के अनुसार बहुत पतली एवं बहुत मोटी बनती है। इसकी मोटाई 1/6 इंच से लेकर आधा इंच तक होती है। यह मिट्टी की खपड़ी पर, आग पर लोहे का तवा रखकर, या तंदूर (गरम चूल्हे की दीवार) आदि पर सेंकी जाती है। भोज आदि विशिष्ठ अवसरों पर आटे की पूरियों एवं कचौरियों का प्रचलन है, जो उबलते हुए घी या तेल में पकाई जाती हैं।

भारतीय घरों में आग पर लोहे का तवा रखकर पतली रोटी बनाने का चलन है जो आम घरों में रोज बनाई एवं खाई जाती हैं। रिवाज के अनुसार प्राय: दोपहर के समय रोटी एवं शाम के समय पराठे का चलन है। रोटी जब बनाई जाती है तो इसे कच्ची रसोई कहते हैं। पहिले रोटी बनाने का लोहे का तवा उलटी तरफ से चिकना होता था तथा ऊपर हल्की सी गोलाई लिए होता था, इस पर रोटी अच्छी बनती थी। पर अब इसका इतना चलन नहीं रहा और एक ही तरह के तवे पर रोटी एवं पराठा बना लिये जाते हैं।

अच्छी रोटी बनाने के लिए ठीक से आटा गूंधना एवं ठीक से रोटी सेंकना जरूरी है। आजकल रोटी गैस की आँच पर ही फुलाकर सेक ली जाती है। पर पारम्परिक रूप से जब घरों में लकड़ी की आग चूल्हों मे जलाई जाती थी, तब जलते अंगारों पर जो रोटी सेकी जाती थी, उसमें अद्भुद् स्वाद एवं मिठास होती थी, जो आज की गैस पर सिकी रोटियों में नहीं मिलती।

आटा गूंधना/सानना

रोटी सभी के घरों में बनती है। पर अच्छी रोटी किसी-किसी घर में ही बनती है। इसका मुख्य कारण है सही तरीके से आटा गूंधने की जानकारी का अभाव और सही आटा चुनने की जानकारी का अभाव। यह

पहिले ही बताया जा चुका है कि अलग-अलग तरह के अन्न के आटे की रोटी बनाई जाती है। जिस अन्न का आटा पिसवाना हो, उसे पहिले खूब साफ करके बीनकर धो लें। फिर धूप में सुखाकर आटा पिसवा लें। आटा मोटा होना चाहिए। मोटे आटे की रोटी जल्दी पचती है और मीठी लगती है। महीन आटे में यह बात नहीं होती। यदि घर का पिसा आटा हो तो उसे बिना छाने ही खाना चाहिए। आजकल बाजार से पिसे हुए आटे आते हैं, उन्हें देखकर लेना चाहिए। गेहूँ का आटा लेते समय यह देख लें कि पूरे गेहूँ का आटा हो अर्थात् चोकर सहित हो। उसे सफाई की दृष्टि से छान भले ही लें, परंतु चोकर को फेंके नहीं, उसी में इस्तेमाल कर लें। जब हम आटे को बारीक छलनी से छान कर उसका चोकर निकाल कर फेंक देते हैं तो गेहूँ के अधिकांश खनिज व विटामिन भी निकल जाते हैं। जब पूरे गेहूँ को पीसा जाता है तो हल्के भूरे रंग का आटा निकलता है। यही अधिक पौष्टिक होता है।

किसी भी तरह के आटे को सानने के लिए उसे खूब गूंधना चाहिए। गेहूँ का आटा दो प्रकार से गूंधा जाता है। एक तो तुरंत ही सानकर खूब गूंधतेहैं, और दूसरा तरीका यह है कि आटे को सानकर परात (बड़ी ऊंची किनारों की थाली) में रखकर मुक्का मारकर बीच-बीच में दबा दिया जाता है और उसमें अंदाज से हल्का पानी छिड़क कर ढक देते हैं। फिर आधा घण्टा भीगने के बाद उसे थोड़ी देर तक दोनों हाथों के सहारे खूब गूंधते हैं। मुक्का मारकर चपटा कर लिया जाता है, फिर लपेटकर मुक्का मारा जाता है। इस तरह दोनों हाथों की अंगुलियाँ को मुक्के की तरह मोड़कर व पानी में भिगोकर आटे को कितनी ही बार गूंधा जाता है, जबतक कि उसमें पूरा लोच न उठ जाय और आटा गूंधने में तीन अंगुल दबाएँ तो फूल जाये। आटा इस तरह जितना अधिक गूंधा जायेगा रोटी उतनी ही मुलायम व मीठी बनेगी।

जब भी आप रसोई में जाते हैं, आपका बचपन साथ चलता है। दोनों तरह से गूंधा हुआ गेहूँ का आटा मैंने देखा है। हमारा रसोईया नत्थू नहाधोकर साफ धुली धोती एवं जनेऊ पहिनकर कच्ची रसोई बनाने

आता था। उसके चौके में कोई दूसरा आ नहीं सकता था। स्वच्छता के साथ पवित्रता भी थी। वह आटे को सानकर बड़ी सी परात में पानी से हल्का भिगोकर रख देता था। पानी हल्का ही डाला जाता था जिससे आटा इतना कड़ा रहे कि ठीक से उसमें मुक्के लगाये जा सकें। फिर थोड़ी देर बाद वह आटे को परात में फैलाकर खूब मुक्के मार मारकर नरम बना देता था, बार-बार हथेलियों को पानी में भिगोकर आटा गूंधा जाता था। हाथों में पानी लगा लेने से हाथों पर आटा चिपकता नहीं है और परात को भी हल्का पानी लगा देने से परात में आटा चिपकता नहीं है। उस नरम एवं खूब फूले हुए आटे की रोटियाँ बहुत अच्छी बनती थी। आटे की लोई बनाकर परात में ही पलोथन लगाकर थोड़ा रोटी बढ़ाकर फिर हाथ से थपक कर रोटी तवे पर सेकने को डाल दी जाती थी, और अंगारों की आँच पर फुलायी जाती थी, तथा गरम-गरम रोटी पर घी चुपड़कर हाथ से हल्का सा मोड़कर रोटी दी जाती थी। खाने वाले की इच्छानुसार नरम या करारी रोटी बनाई जाती थी। वह चकला बेलन का सहारा रोटी बेलने के लिए नहीं लेता था। हाथों के ही सहारे गोल-गोल अच्छी रोटी बनती थी, खूब चौड़े-चौड़े पतले-पतले फुलके होते थे।

तुरंत सानकर आटा गूंधने की कला मैंने अपनी एक पंजाब के रिश्तेदार के यहां देखी थी। वे 'रोटी पराठा' बहुत अच्छा बनाती थीं। वह हल्का गद्दर (थोड़ा मोटा) और नरम होता था, जिसकी बहुत तारीफ थी। एक बार खाने के निमंत्रण पर उनके यहाँ गए तो उन्हें 'रोटी पराठे' का आटा गूंधते हुए देखा। 'रोटी पराठे' का मतलब एक तरफ से रोटी एक तरफ से पराठा। वे रोटी तवे पर ही मोटे कपड़े से दबाकर फुलाती थीं और उस पर घी एक तरफ ही लगाया जाता था। तो देखने में वह एक तरफ से पराठा दूसरी तरफ से रोटी नजर आती थी और खाने में बहुत स्वादिष्ट एवं खस्ता लगती थी। सारा चातुर्य आटा सानने की मेहनत में था। उन्होंने हमारे सामने पानी थोड़ा-थोड़ा डालकर आटा कड़ा साना, फिर पानी के छींटे दे देकर बार-बार मुक्के लगाकर आटे को करीब आधे घण्टे गूंघती रहीं कि उसमें वांछित लोच उठ गई। अब वह आटा इतना नरम व लचीला हो गया था कि उससे हाथ से या चकले बेलन के सहारे

रोटी बनाई जा सकती थी। आटा ठीक से हो जाने के बाद उसमें हल्का सा घी मिला दिया जाता था। हल्का सा नमक भी स्वाद की दृष्टि से डाल सकते थे पर नमक जरूरी नहीं था।

रोटी बेलना या हाथ से बढ़ाना

गुंधे आटे की गोल-गोल लोई बना लें। नरम नरम आटे की लोई की हाथ से भी थपककर रोटी अच्छी बन जाती है। पर यदि आप हाथ से नहीं बना पाते तो चकले बेलन के सहारे लोई को बेल लें। पलोथन (सूखा आटा) कम से कम लगायें। बनाने के बाद आटे को हाथ से झाड़कर तब रोटी को सिकने के लिए तवे पर डालें। इससे फालतू आटा झड़ जायेगा।

रोटी सेंकना

रोटी सेकने में भी कुशलता चाहिए जिससे रोटी ठीक से फूल जाए। रोटी पहले पचा लें अर्थात एक तरफ से हल्की सिक जाने पर पलट दें। हल्की सिक जाने की पहिचान यह है कि आटे का रंग पलट जाता है, उसका कच्चापन हट जाता है। मीडियम आँच पर पचाएँ, तवा ठीक गरम हो।

रोटी पलटने के बाद उसकी पीठ पर यानी निचली सतह पर हल्के भूरे रंग की छोटी-छोटी चित्ती पड़ने दें। ठीक से चित्ती पड़ जाय तो रोटी अब आँच पर सिकने के लिए तैयार हो जाती है।

रोटी को चिमटे से उठाकर सीधी तरफ से पलटकर अंगारों पर या गैस की आँच पर डाल दें, रोटी अपने आप फूल जायेगी। उसको मनपसंद सेक लें, चाहे करारी करें या नरम रखें, यह आपके ऊपर है। करारी करनी है तो रोटी के किनारे भी घुमा घुमाकर ठीक से सेक लें। गरम रोटी पर ही घी चुपड़ें ठण्डी पर नहीं। घी चुपड़ने का भी अंदाज है। घी को पहिले पिघला लें, तब हल्का सा चुपड़ें। रोटी करारी करने के लिए रोटी फूलने पर आँच धीमी कर किनारे सेंके, जिससे रोटी जले नहीं, एवं स्वाद में मिठास आए।

यदि रोटी दबाकर रखनी है, बाद में खानी है तो नरम रोटी बनाएँ, घी लगाकर एक रोटी दूसरी रोटी पर इस तरह रखें कि दोनों की घी लगी ऊपरी परत एक तरफ हो। बाद में इन रोटियों को कपड़े में लपेटकर टिफिन/बर्तन/कैसेरोल/फरवे में रखें,जो भी आप इस्तेमाल करते हों।

रोटी बनाने की पूरी प्रक्रिया देखने से संबंध रखती है। देखने से जल्दी समझ में आ जाता है। रोटी सिकने में तो दो मिनट ही लगते हैं, आटा गूंधने में जरूर देर लगती है। इसलिए आटा पहिले ही गूंधकर रख दिया जाता है। एक दो घण्टा फूलने पर आटा और नरम व लचीला हो जाता है। अच्छी पतली-पतली, ठीक से सिकी हुई, ठीक से फूली हुई, घी से चुपड़ी हुई थोड़ी घुमाकर मोड़कर परोसी हुई रोटी देखकर 'खाने की भूख नहीं' कहने वाले बच्चे भी एक रोटी की जगह दो-तीन-चार तक रोटी खा लेते हैं।

रोटी बनाने में यह ध्यान रखना चाहिए कि रोटी एक सी बेली जाय। कहीं मोटी कहीं पतली नहीं होनी चाहिए। यदि रोटी एक सी न होगी तो कहीं कच्ची रहेगी, कहीं पकी हुई।

पनपथी रोटी

गेहूँ की रोटी बेलकर या हाथ के द्वारा बनाई जाती है, यह हम देख ही चुके है। एक तीसरे तरह की रोटी पानी द्वारा बनाई जाती है जिसे 'पनपथी' रोटी कहते हैं। तीनों ही तरह की रोटी के आटे भिन्न-भिन्न प्रकार से साने जाते है। बेलकर रोटी बनाने के लिए आटा न तो बहुत कड़ा हो न ढीला। हाथ से रोटी बनाने के लिए आटा खूब ढीला होना चाहिए और पनपथी रोटी बनाने के लिए आटा कुछ कड़ा होना चाहिए। पनपथी रोटी में पलोथन नहीं लगाया जाता, हाथ में पानी लगाकर रोटी को बढ़ा लिया जाता है, यह रोटी हल्की मोटी रखी जाती है और बीच-बीच में किनारे पर हाथ से कुछ धारियाँ डाल देते हैं (जैसी पकवान में पड़ी रहती हैं)। इसे तवे पर उस तरफ डाला जाता है जिधर रोटी पर पानी नहीं लगा हो। सूखी तरफ से डालने से रोटी चिपकती नहीं है तवे

पर। रोटी बढ़ाने के लिए रोटी के एक ही तरफ पानी लगाया जाता है, दूसरी तरफ सूखी रहती है। इस रोटी को स्वादिष्ट बनाने के लिए इसके अंदर आटे में ही थोड़ा घी, नमक, मिर्च मिलाया जा सकता है। रोटी सेक कर किसी बर्तन में ढककर रखते जाना चाहिए जिससे वह मुलायम हो, साथ ही घी भी चुपड़ देना चाहिए।

घी के आटे की रोटी

रोटी में पानी की जगह घी लगाया जाता है तो इसे घी के हाथ की रोटी कहते हैं। एक तरफ घी के सहारे रोटी को बढ़ा लिया जाता है फिर पनपथी रोटी की तरह ही सेका जाता है। इसे अंगारों पर या तवे पर जैसी इच्छा हो वैसे सेका जा सकता है।

गेहूँ के आटे की बाटी

गेहूँ का आटा लेकर उसको कड़ा सानकर खूब गूंधें। इसमें हल्का सा घी भी अंदर डाल सकते हैं। फिर मोटे-मोटे कण्डों (गोयठा, उपला) को जलाकर उन्हें सुलगने दें। जब सब धुआँ निकल जाय और कण्डे खूब सुलग जायें तब आटे की गोल-गोल लोई, जितनी मोटी बाटी खानी हो, बना लें और उनको हथेली से दबाकर जलते हुए कण्डों पर फैला दें। कुछ देर बाद सबको पलट दें। जब बाटियाँ अधसिकी हो जायें तब सबको हाथ से चिमटे के सहारे हटा लें और कण्डों को तोड़कर राख कर दें। इसके बाद बाटियों को राख में रखकर ऊपर से राख इस प्रकार ढक दें कि कहीं से खुली न रहें। कुछ देर बाद बाटी खूब सिक जायेंगी और फट जायेंगी। फिर उन्हें राख से निकालकर राख झाड़ लें और घी में डुबो डुबोकर रख लें। फिर दाल या मीठे के साथ खायें। ये खाने में स्वादिष्ट होती हैं।

गेहूँ के आटे की लिट्टी

जैसे बाटी के लिए ऊपर बताया है, ऐसा ही लिट्टी के लिए करना है। फर्क इतना है कि लिट्टी के अंदर चने का सत्तू भरा जाता है। चने का सत्तू बना बनाया बाजार में मिलता है। सत्तू में स्वादानुसार नमक, बारीक

कटी हरीमिर्च, हल्की सी मंगरैला (कलौंजी), हल्की सी अजवायन, बारीक कटा अदरक, बारीक कटा हरा धनिया एवं थोड़ा सा सरसों का तेल मिला लें। स्वादानुसार आधा या एक कागजी नींबू का रस निचोड़ दें। खूब अच्छे से मिला लें। हल्के हाथ से पानी का छींटा देकर थोड़ा भुरभुरा कर लें। उसके बाद आटे की गोल लोई को हाथ में लेकर उसे किनारों से दबाकर भीतर से थोड़ा खोखला करें और उसमें यह सत्तू भर दें। फिर ठीक से बंद कर दें। शेष तरीका बाटी की तरह ही कण्डों की आग में सेंकने का है।

चने की सादी रोटी (मिस्सी रोटी)

यह खाने में बहुत स्वादिष्ट होती है। चने का आटा पिसवा लें। दो हिस्सा चने का आटा एवं एक हिस्सा गेहूँ का आटा मिला लें। गेहूँ के आटे की तरह सानकर इसकी रोटी बनती है। चने की रोटी खुश्क होती है इसलिए इसको घी से अच्छे से चुपड़ते हैं, चने के आटे का पराठा भी बना सकते हैं। गेहूँ के आटे में चने का आटा अपनी इच्छानुसार कम या ज्यादा कर सकते हैं।

बाजरे की रोटी

बाजरे का आटा महीन पिसा होना चाहिए। बाजरे में भूसा बहुत निकलता है। इसलिए इसे ओखली में कुटवाकर भूसी अलग कर तब पिसाना चाहिए। इसका आटा एक बार में सब नहीं साना जाता। दो-दो या तीन-तीन लोई के आटे को गरम पानी से मला जाता है और तब लोई को धीरे-धीरे पानी के सहारे हाथ से बढ़ाया जाता है। पानी एक ही तरफ लगाया जाना चाहिए। सूखी तरफ से गरम तवे पर डालें और सेक लें। तवे पर या अंगारों पर दोनों तरह फुला सकते है। इसे पलोथन लगाकर चकले बेलन के सहारे भी बेला जा सकता है। तब तवे पर डालने से पहिले झाड़ देना चाहिए। पलोथन भी बाजरे के आटे का ही लगाना चाहिए। इस रोटी पर भी काफी घी लगाकर खाया जाता है। बाजरा उष्ण होता है, अत: वर्षा ऋतु या जाड़ों में खाया जाता है।

बाजरे की रोटी मक्खन व शक्कर के साथ

बाजरे की रोटी पर घर से निकाला गया मक्खन जिसे नैनी घी या नवनीत कहते है, लगा लें, उस पर शक्कर की (गुड़ की शक्कर) पतली तह जमायें और तब इसको नाश्ते में या दोपहर के खाने में खाएँ। यह बहुत स्वादिष्ट एवं पौष्टिक होती है। आजकल के बच्चे बाजरे की रोटी खाना ही भूल गए है। घरों में बनाने का तरीका नहीं जानने की वजह से बनाई भी नहीं जाती।

मक्के की रोटी

मकई को साफ करके आटा पिसवाते हैं और फिर बाजरे की रोटी की तरह थोड़ा-थोड़ा आटा गरम पानी के साथ हाथ से मल मलकर पानी के सहारे रोटी बना लेनी चाहिए। पानी रोटी के एक ही तरफ लगाते हैं जिससे डालते समय तवे पर चिपके नहीं, जिधर पानी नहीं लगाया है, उस तरफ से तवे पर डालते है। मकई की रोटी को पलोथन लगाकर चकले बेलन के सहारे भी बेला जा सकता है, तब इसे तवे पर डालने से पहिले झाड़ लेना चाहिए। मकई की रोटी को थोड़ी तक धीमी आँच पर सेंकना चाहिए क्योंकि यह रोटी थोड़ी मोटी बनाई जाती है। जब लाल-लाल सिक जाए तब राख झाड़कर घी चुपड़ना चाहिए। यदि कोयले के अंगारों पर रोटी बनी है तभी राख झाड़ने की आवश्यकता है, अन्यथा गैस की आँच पर तो राख होने का प्रश्न ही नहीं है। मक्के की रोटी गुड़ के साथ खाने में अच्छी लगती है, या चने के साग के साथ।

रोटी लकड़ी के जलते कोयलों पर फुलाई जाती है, या तवे पर फुलाई जाती है, या गैस के चूल्हे पर अथवा स्टोव पर भी फुलाई जाती है। रोटी का असली स्वाद एवं मिठास तो कोयलों की आँच पर सेकने में ही आता है। पहिले मिट्टी के चूल्हे घर-घर होते थे जिनको गोबर से पोता जाता था। चूल्हे में सूखी लकडियाँ जलाई जाती थी। रोटी सेकने के लिए थोड़े से कोयले बाहर चूल्हे पर ही खींच लिए जाते थे और चिमटे से पकड़कर उन पर रोटी तवे से उतारकर फूलने के लिए डाल दी जाती थी।

स्टोव की आग पर फुलाई रोटी में मिट्टी के तेल की महक आ जाती है, अत: स्टोव पर तवे पर ही रोटी पचाने के बाद फुला ली जाती है, इसके लिए किसी मोटे कपड़े से या झंझरी से तवे पर ही रोटी को दबाकर फुलाया जाता है। कहीं-कहीं घरों में रोटी सेकने के लिए लकड़ी के कच्चे कोयलों को अंगीठी में डालकर जला लेते हैं।

जौ की रोटी

जौ का आटा पिसाने से पहिले जौ की भूसी अलग कर लें। इसके लिए पानी का छींटा दे देकर ओखली में जौ कुटवा लें और सुखाकर फटककर उसकी भूसी अलग कर लें। जौ की रोटी गेहूँ के आटे की रोटी की तरह बनती है, इसका आटा भी गेहूँ के आटे की तरह साना जाता है। यह भी तीन तरह से बनाई जाती है, बेलकर, हाथ से थपक कर और पनपथी। जौ का आटा पाचक होता है।

गेहूँ-ज्वार की रोटी

एक हिस्सा गेहूँ का आटा और दो हिस्सा ज्वार का आटा मिलाकर आटे को खूब गूंधकर रोटी बनाई जाती है। इसकी रोटी भी पानी का हाथ लगाकर पनपथी रोटी की तरह बनाई जाती है। यह खाने में स्वादिष्ट एवं मीठी होती है।

जब रोटी ठीक से बनानी आ जाये तब तरह-तरह से भरवाँ रोटी भी बनायी जा सकती हैं। यथा आटे की रोटी में आलू भरकर, बथुआ भरकर, चने की दाल भरकर या मटर भरकर, पनीर भरकर। इसके लिए इन चीज़ों को उबालकर, पीसकर नमक मिर्च हींग आदि मिलाकर भूनकर तब रोटी में भरा जाता है।

बाजरे के चूरमा के लड्डू

बाजरे की रोटी लाल-लाल सेक कर घी में डुबाकर निकालें। फिर रोटी को हाथों से मलकर चूरा बना दें और शक्कर या गुड़ मिलाकर लड्डू बना लें।

गेहूँ के चूरमा के लड्डू

गेहूँ के आटे की बाटियाँ बनाकर तोड़कर घी में डुबा दें। फिर निकाल कर रखें। उन्हें मसलकर बाजरे के चूरमे की तरह बना लें। चूरमें में बराबर का मीठा मिलाया जाता है। इस चूरमे के लड्डू बना लेते हैं।

तवे की रोटी की विशेषता

आजकल जो तवे की रोटी सर्वव्यापी है, चलन में है, वह इसलिए कि हम उसे घर पर बनाते हैं। गृहिणियाँ तवे की रोटी की परम्परा को जीवित रखे हुए हैं। फुलका एवं चपाती रेस्तराँ में नहीं मिलता, ढूंढने पर भी नहीं। उनके मेन्यू में ही तवे की रोटी नहीं होती। वहाँ नान या तंदूरी रोटी मिलेगी जो मैदे की बनी होती है। मैदा पेट के लिए नुकसानदायक है। अधिकतर लोग प्लेन आटे से मैदे को ऊँचा समझते हैं। जो सही नहीं है। बंगाल में पराठा व लुच्ची (पूरी) मैदे से बनाई जाती है। नान को रखकर ठण्डा नहीं खाया जा सकता, यह थोड़ी देर बाद चीड़ी हो जाती है और दाँतों से चबती नहीं। यही बात तंदूर की सिकी रोटी की है, वह गर्म-गर्म ही स्वादिष्ट लगती है, रखने पर ऐंठ जाती है, चबाने में मुश्किल होती है। फुलका, चपाती, रोटी में यह फायदा है कि इसे कितनी भी नरम कितनी भी करारी सेक लें, बच्चों, बूढ़ों को देने के लिए एकदम नरम मक्खन सी रोटी एवं युवा लोगों के लिए करारी रोटी।

हम सब्जी के साथ रोटी रोजाना ही घर पर खाते हैं तो रोटी को आसानी से मिली हुई समझ लेते हैं, और इसकी इतनी कद्र नहीं करते जितनी करनी चाहिए। सब्जी की तारीफ करते हैं रोटी की नहीं। किंतु असली बात है कि कितनी भी बढिया सब्जी बनी हो, यदि रोटी ठीक नहीं बनी होगी तो सब्जी के टेस्ट को खत्म कर देगी। एक नजाकत से बनी सब्जी को अपना अच्छा पूरा स्वाद देने के लिए एक अच्छा बना नरम या करारा फुलका भी जरूरी है।

❑❑❑

36

दाल, सांभर, कढ़ी

दाल, सांभर, कढ़ी

दाल

शाकाहारी भोजन में दालों का महत्त्वपूर्ण एवं अनिवार्य स्थान है। दालें कई तरह से इस्तेमाल में आती हैं, यथा सूप में, रसेदार सब्जी में, सलाद में, नाश्ते में और मिठाईयों में। दालों में तरह-तरह का छौंका अर्थात् बघार उनको और स्वादिष्ट बना देता है। दालों को अंकुरित करने पर उनके विटामिन 'सी' और 'बी काम्प्लैक्स' तथा प्रोटीन बढ़ जाते हैं। दालों को पकाने की विधि से उनके रूप रंग, बनावट, सुगंध एवं सुस्वाद में विशिष्टता आ जाती है।

दालों के प्रकार

दाल बनाने से पहिले कई और जरूरी बातों को जानना समझना आवश्यक है। दालें कई तरह से बनाई जाती हैं जैसे छिलकेदार दाल और बिना छिलके की दाल (धोई दाल), समूचे अनाज की दाल आदि। उड़द, मूँग, मसूर, मोठ, चना, मटर और लोभिया आदि खड़े अनाजों की दाल बनाई जाती हैं, अर्थात् साबुत उड़द, साबुत मूँग, साबुत मसूर आदि की दाल बनाई जाती हैं।

दली हुई दाल : अरहर, मूँग, उड़द, मोठ, मटर, चना आदि को दलकर दाल बनाई जाती है, अर्थात् साबुत की बजाय दो टुकड़ों-दलों में दाल हो जाती है।

धुली दाल

उड़द, मूँग और मसूर की दालों का छिलका निकालकर धोई दाल बनायी जाती है। आजकल बाजार में धुली दाल अर्थात छिलका छुड़ायी दाल मिल जाती है। अन्यथा उड़द एवं मूँग दाल का छिलका निकालने की विधि यह है कि उन्हें पानी में भिगोकर कुछ घण्टे छोड़ दें। रात में भिगोकर सुबह छिलका छुड़ाया जा सकता है। अथवा 3-4 घण्टे दाल को पानी में भिगो दें तो दाल भीगकर छिलका छुड़ाने लायक हो जाती है। उस समय दोनों हाथों से खूब मल मलकर उसका छिलका अलग कर

दिया जाता है। बर्तन में पानी भरकर दाल धोने से उसका छिलका ऊपर आ जाता है। इस प्रकार चार-पाँच बार करने से पूरा छिलका निकल जाता है। उड़द दाल के बड़े या मूँग की दाल की पकौड़ी बनाने के लिए इस तरह छिलका छुड़ाने से दाल की पौष्टिकता एवं स्वाद बना रहता है।

दाल पकाने के टिप्स

दाले पकाने से पहिले उसके कंकड़ पत्थर, कचरा, मिट्टी आदि अच्छी तरह बीनकर निकाल देना चाहिए। फिर उसे हल्के हाथ से तीन बार पानी बदलकर धोना चाहिए। साबुत अर्थात् खड़ी दाल को रातभर पानी में भिगोकर रखना चाहिए इससे दाल पकाने में कम समय लगता है और वह जल्दी व ठीक से गलती है। अथवा पकाने से आधा घण्टा पहिले उसे उबलते हुए पानी में भिगोकर रखें, इससे उसका छिलका नरम पड़ जायेगा। दली हुई दाल को पकाने से आधा घण्टा पहिले पानी में भिगो दें। धुली हुई दाल को पकाने से दो एक घण्टा पहिले पानी में भिगो दें। जिस पानी में दाल भिगोई है, उसी को पकाने के लिए इस्तेमाल करें, उसे फेंकें नहीं। पकाते समय दाल में दो तीन बूंद तेल की डाल दें तो झाग कम बनेंगे। चना, लोभिया या राजमा वगैरह पकाने के लिए मीठे सोडे का इस्तेमाल न करें इससे उनके विटामिन नष्ट हो जाते हैं। मीठे सोडे से स्वाद में भी फर्क आ जाता है, दाल सुस्वादु उतनी नहीं रहती। भिगोने के बाद दाल का वजन दुगने से ज्यादा हो जाता है।

दालों को विविधता देने के लिए उनमें सब्जी मिलाकर भी पकाई जाती है। जैसे मूँग की दाल में पालक मिलाते हैं। चने की दाल में लौकी मिलाते है। चने की दाल में करेला तलकर भी मिलाया जाता है। अरहर की दाल में कच्चे आम की फाँक डालते हैं। टमाटर, दही, नींबू या इमली का पानी अरहर दाल का सांभर बनाने में इस्तेमाल होते है। पर खट्टी चीज़ें दाल पकने के बाद मिलायी जाती हैं। दाल गाढ़ी रखनी है या पतली, उसी हिसाब से पानी डाला जाता है।

दाल का पानी पहिले गरम कर लेना चाहिए तब उसमें दाल डालकर धीमी आँच में पकानी चाहिए। दाल यदि कुकर में पका रहे हैं तो

एक सीटी आने के बाद आग को धीमी कर देना चाहिए। दाल पकाने के लिए जो पानी गरम किया जाता है उसे अदहन कहते हैं। दाल में अदहन इतना होना चाहिए कि दुबारा पानी नहीं डालना पड़े। एक बार डाले हुए पानी में जो दाल बनती है वह स्वादिष्ट होती है, दुबारा पानी मिलाने से एक तो दाल का नमक कम हो जाता है, दूसरे उसका सोंधापन एवं स्वाद कम हो जाता है। यदि पानी डालना ही पड़े तो पानी को खूब गरम करके खौलाकर तब डालना चाहिए। धीमी आँच पर दाल अच्छे पकती है। दाल यदि तेज आँच पर पकाई जायेगी तो उसका पानी जल्दी सूख जायेगा और वह देर से गलेगी। तेज आँच पर पकाने से उसमें सोंधापन नहीं रहेगा और स्वाद भी फीका-फीका सा रहेगा। दाल पकाते समय उसे चलाना नहीं है। चला देने से दाल ठीक से नहीं गलती। कहते हैं कि पकती दाल में करछी मत डालो।

छौंका

दाल बनने के बाद उसे घी/तेल से छौंका जाता है, जिसे बघार कहते हैं या तड़का कहते हैं, इससे दाल के रंग, सुगंध, शक्ल एवं दर्शनीयता में वृद्धि हो जाती है। गरम घी में मसाले यथा जीरा, सरसों, लाल मिर्च, अदरक, हरीमिर्च, हरे धनिया का छौंका बनाते है, दाल इन मसालों की सुगंध को अपने में समा लेती है। कौन दाल किस तरह बना रहे हैं, इस पर छौंका बनाना निर्भर करता है। छौंके का कुछ हिस्सा दाल के साथ मिला दिया जा सकता है, और कुछ हिस्सा दाल के ऊपर छिड़ककर सजावट के लिए काम में लाया जा सकता है। छौंके में टमाटर, प्याज, लहसुन इच्छानुसार डाल सकते हैं।

धुली उड़द दाल (बिना छिलके की)

सामग्री :

दाल	- एक कटोरी
हल्दी	- आधी छोटी चम्मच

पानी - चार कटोरी

नमक - एक छोटी चम्मच

विधि : दाल को बीनकर, धोकर, बनाने से दो से चार घण्टे पहिले भिगो दें। कुकर में पानी गरम होने रखें। जिस पानी में दाल भिगोई है वही काम में लें। पानी गरम होने पर दाल नमक व हल्दी डालें। एक सीटी आने पर आँच धीमी कर दें। हल्की आँच पर तीन से पाँच मिनट रखें। यदि दाल कम देर भिगोयी है तो उसी हिसाब से दो-तीन मिनट ज्यादा टाईम लगेगा। यदि दाल बिल्कुल नहीं भिगोई है तो कुकर में पकाने के लिए 10-12 मिनट का समय लग सकता है।

छौंका : दो बड़ी चम्मच शुद्ध घी लें। इसे किसी बड़ी करछी या छोटी कड़ाही में गरम करें। इसमें आधी छोटी चम्मच जीरा, चौथाई छोटी चम्मच हींग डालें, जीरा सुनहरा होने दें, दो हरी मिर्च चीर कर डालें, कटा अदरक आधी छोटी चम्मच, बारीक कटा हरा धनिया एक चम्मच डालें, अदरक हल्का गुलाबी होने दें। इसे आग से उतार लें। अब चौथाई छोटी चम्मच लाल मिर्च कुटी हुई डालें। चौथाई छोटी चम्मच गरम मसाला डालें, गरम मसाला वैकल्पिक है, यदि नहीं पसंद है तो न डालें। इस छौंके को गरम दाल पर डालें। आधा छौंका गर्म दाल में मिला दें। दाल को परोसने वाले बर्तन, कटोरे में रखें और बाकी बचा आधा छौंका दाल के ऊपर डाल दें। गर्म-गर्म सर्व करें।

धुली मूँगदाल

सामग्री :

दाल - एक कटोरी

हल्दी - आधी छोटी चम्मच

पानी - चार कटोरी

नमक - आधी छोटी चम्मच

विधि : दाल को बीनकर साफ करें, तीन बार हल्के से पानी से धोकर दो घण्टे के लिए चार कटोरी पानी डालकर भीगने रख दें। फिर इसी पानी को गर्म करके इसमें दाल डालें, नमक व हल्दी डालें। कुकर में दाल पका रहे हैं तो कुकर का ढक्कन बंद करें। एक सीटी आने के बाद आँच धीमी कर दें। दो मिनट बाद बंद कर दें। कुकर अपने आप ठण्डा होने दें। उसके बाद खोलें और दाल में तड़का (छौंका) दें। मूँगदाल में थोड़ा ज्यादा घी अच्छा लगता है।

छौंका : एक-डेढ़ बड़ी चम्मच शुद्ध घी, आधी छोटी चम्मच जीरा, चौथाई छोटी चम्मच हींग, चौथाई छोटी चम्मच पिसी लाल मिर्च। घी गर्म करें, उसमें जीरा डालें, जीरा पटपटाने पर हींग डालें। आग से पैन उतार लें, अब इसमें पिसी लाल मिर्च डालें। गर्म दाल पर यह छौंका आधा डाल दें। दाल को परोसने वाले बर्तन में पलटें, बाकी बचा छौंका ऊपर डालकर दाल को सजा दें और गर्म-गर्म परोसे।

नोट : हल्के गर्म घी में पिसी लाल मिर्च डालें, इससे उसका लाल लाल रंग घी में खिलकर आता है, दाल भी सुन्दर लगती है। अन्यथा यदि मिर्च जल गई तो ठीक नहीं रहती, दाल भी दर्शनीय एवं सुगन्धित नहीं रहती।

अरहर दाल

सामग्री :

दाल	- एक कटोरी
पानी	- चार कटोरी/साढ़े चार कटोरी
हल्दी	- आधी छोटी चम्मच
नमक	- एक छोटी चम्मच, या स्वादानुसार

छौंके के लिए सामग्री :

घी	- एक बड़ी चम्मच
जीरा	- आधी छोटी चम्मच

हींग	- चुटकी भर
अमचूर	- आधी छोटी चम्मच
चीनी	- आधी छोटी चम्मच
साबुत हरीमिर्च	- दो – बीच से छेद करके या आधी तोड़कर
लालमिर्च	- चौथाई छोटी, चम्मच

विधि : दाल को चुने, साफ करें, धो ले और चार कटोरी पानी में दो घण्टे के लिए भिगो दें। इसके बाद कुकर में इसी पानी के साथ दाल पकायें, नमक ह्ल्दी डालें। कुकर बंद करें। शुरू में आँच तेज रखें, एक सीटी के बाद आँच एकदम धीमी कर दें और तीन से चार मिनट तक पकायें।

छौंका : पैन/कड़ाही में घी डालें हल्का गरम होने पर जीरा व हींग डालें। हरीमिर्च डालें। अमचूर व चीनी डालें। आग से हटा लें। अब चौथाई छोटी चम्मच पिसी लालमिर्च डालें। दाल में छौंका मिलायें, आधा छौंका परोसने वाले बर्तन में पलटने के बाद ऊपर से डालें। अथवा परोसने वाले बर्तन में रखकर तभी पूरा छौंका डाल दें।

नोट : छौंके में टमाटर पतला-पतला काटकर या कद्दूकस करके जीरा डालने के बाद भून सकते हैं। या भीगी हुई इमली व थोड़ा सा गुड़ डाल सकते हैं। कभी केवल जीरे हींग से छौंका दे सकते हैं, कभी सरसों, करीपत्ता एवं लालमिर्च का छौंका दे सकते हैं। आम के मौसम में कच्चे आम का एक टुकड़ा दाल के साथ पका सकते हैं। यदि जीरा नहीं पसंद है तो केवल हींग एवं लालमिर्च का तड़का लगा सकते हैं।

टिप्स : दाल यदि कम देर भिगाई है तो पकने में ज्यादा समय लेगी और 5 से 8 मिनट तक का समय लग सकता है।

दाल थोड़ी देर रखने के बाद गाढ़ी हो जाती है। अत: यदि दाल गाढ़ी हो गई है तो छौंका लगाने से पूर्व थोड़ा उबला हुआ गर्म पानी मिलाकर तब गर्म दाल में छौंका दें।

नोट : अरहर दाल को ज्यादा देर भिगोने से इसका पीला रंग हल्का हो जाता है, और सेवन में उतना ठीक नहीं रहता, अत: अरहर दाल को लम्बे समय के लिए पानी में न छोड़ें।

चना दाल

सामग्री :

दाल	- एक कटोरी
पानी	- चार कटोरी
हल्दी	- आधी छोटी चम्मच
नमक	- एक छोटी चम्मच
दालचीनी	- छोटा आधा इंच टुकड़ा

छौंके के लिए सामग्री :

जीरा	- आधी छोटी चम्मच
तेजपत्ता	- दो टुकड़ा
लौंग	- दो
हरीमिर्च	- दो (बीच में से छेद करके या आधी तोड़ के)
पिसी लाल मिर्च	- चौथाई छोटी चम्मच या स्वादानुार
हींग	- एक चुटकी
नारियल	- पतले-पतले छोटे टुकड़े एक छोटी चम्मच (वैकल्पिक)
काजू	- दो – तीन (टुकड़े करके)
चीनी	- आधी छोटी चम्मच
पिसा गरम मसाला	- आधी छोटी चम्मच
टमाटर बारीक कटा	- एक (वैकल्पिक)

घी - दो बड़ी चम्मच

विधि : दाल को बीनें, साफ करें, धो लें। बनाने से दो से चार घण्टे पहिले पानी में भिगो दें।इसी पानी को कुकर में डालें। अथवा कुकर में पहिले एक छोटी चम्मच घी डालें, लौंग एक, तेजपत्ता एक टुकड़ा एवं थोड़ी सी दालचीनी डालें। तब दाल डाले और पानी डालकर हल्दी व नमक डालें। शुरु में आँच तेज रखें व एक सीटी आने के बाद धीमी कर दें। पाँच से आठ मिनट तक पकने दें।

छौंका : पैन/कड़ाही में दो बड़ी चम्मच घी गर्म करें, उसमें जीरा डालें। (तेजपत्ता व लौंग डालें) हींग डालें, हरीमिर्च डालें। (यदि टमाटर डालना है तो टमाटर डाल कर भूनें)। नारियल के टुकड़े व काजू व चीनी डालें। आग से हटा लें, पिसी लालमिर्च व गरम मसाला डालें। दाल में मिलायें।

नोट : पिसी लालमिर्च गर्म घी में डालने से काली हो जाती है, अत: आग से छौंका हटा लेने के बाद कम गर्म घी में लालमिर्च पिसी हुई डालने से धीरे-धीरे पककर अच्छा लाल रंग छोड़ती है, जिससे दाल की रंगत अच्छी आ जाती है। ऐसे ही गरम मसाला कम गर्म घी में डालने से जलता नहीं है और सुगंध अच्छी देता है।

चने की दाल करेले के साथ

सामग्री :

चना दाल - एक कटोरी

पानी - चार कटोरी

हल्दी - आधी छोटी चम्मच

नमक - एक छोटी चम्मच

नरम छोटे करेले - दो (करेले तलने के लिए घी/तेल)

लौंग - दो

छौंके के लिए सामग्री :

घी - एक बड़ी चम्मच या स्वादानुसार

जीरा - आधी छोटी चम्मच

पिसी लालमिर्च - चौथाई छोटी चम्मच

हींग - चुटकी भर

विधि : दाल को बीनकर धोकर साफ करके भिगा दें। करेले के गोल-गोल बारीक चन्दे काटकर घी/तेल में तल लें हल्के गुलाबी होने तक।

कुकर में एक छोटी चम्मच घी डालकर गर्म करें, उसके बाद दो लौंग डालें, उसके बाद दाल डालें और तब पानी डालें। कुकर में एक सीटी आ जाने के बाद आग धीमी करें और एक-दो मिनट बाद बंद कर दें। कुकर की भाप निकल जाने के बाद खोलें, उसमें तले हुए करेले के चन्दे डाल दें। कुकर बन्द करें। आँच पर रखकर पाँच से सात मिनट तक और पकायें। उसके बाद गैस बन्द करें। भाप निकल जाने पर कुकर खोलें। दाल बर्तन में पलटें। दाल का छौंका बनायें और दाल में डालें।

चने की दाल लौकी (घिया) के साथ

सामग्री :

चने की दाल - एक कटोरी (करीब 100 ग्राम)

लौकी छोटे-छोटे टुकड़ों में - 200 ग्राम

हल्दी - आधी छोटी चम्मच

नमक - एक छोटी चम्मच

तेजपत्ता - दो

लौंग - दो

शुद्ध घी - एक छोटी चम्मच

छौंके के लिए सामग्री :

जीरा - आधी छोटी चम्मच

हींग	- चुटकी भर
पिसी लालमिर्च	- आधी छोटी चम्मच
शुद्ध घी	- दो बड़ी चम्मच

विधि : दाल को चुनकर, धोकर भिगो दें। लौकी का हल्का छिलका छुड़ायें या चाकू से खखोर दें। छोटे-छोटे पतले टुकड़े काटें। बीज हटा दें।

कुकर में एक छोटी चम्मच घी गर्म करें। उसमें तेजपत्ता व लौंग डालें। दाल डालें। पानी डालें। कुकर बंद करें इसमें एक सीटी आने तक आँच तेज रखें। एक सीटी आने के बाद गैस बन्द करें। कुकर भाप निकलने पर खोलें। उसमें लौकी डालकर कुकर बन्द करें। तेज आँच पर एक सीटी आने तक रखें। फिर धीमी आँच पर पाँच से दस मिनट तक पकायें। गैस बन्द करें।

पैन/कड़ाही में दो बड़ी चम्मच घी गर्म कर छौंका बनायें। जीरे, हींग व लालमिर्च का बघार दें। इसमें चीनी नहीं पड़ती है, लौकी साथ होने के कारण।

नोट : लौकी दाल के साथ भी डाल सकते हैं। तब लौकी काफी घुट जाती है।

धुली मसूर दाल

सामग्री :

मसूर दाल	- एक कटोरी
पानी	- 4½ कटोरी
नमक	- एक छोटी चम्मच
हल्दी	- आधी छोटी चम्मच

विधि : दाल को साफ कर धोकर दो से चार घण्टे भिगो दें। कुकर में पानी गरम होने पर दाल डालकर नमक व हल्दी डालें। कुकर बन्द करें।

आग तेज रखें। एक सीटी आने पर आँच धीमी कर दें। इसके दो-तीन मिनट बाद गैस बन्द कर दें। ठण्डा होने पर कुकर खोलें।

छौंका : एक बड़ी चम्मच घी लें। आधी छोटी चम्मच जीरा, एक चुटकी हींग, चौथाई छोटी चम्मच चीनी, आधी छोटी चम्मच अमचूर घी गर्म होने पर डालें। घी की करछी/बर्तन आग से हटाने पर आधी छोटी चम्मच लालमिर्च डालें। दाल में बघार दें और गरम-गरम सर्व करें।

नोट : यह दाल बहुत ज्यादा फैलती है और रखे-रखे गाढ़ी हो जाती है।

इच्छानुसार टमाटर, हरीमिर्च यदि चाहें तो डाल सकते है। टमाटर यदि डाल रहें हैं तो अमचूर नहीं डालें। यदि लहसुन डाल रहे हैं तो हींग मत डालें।

मलका (मसूर छिलके सहित साबुत)

सामग्री :

मलका	- एक कटोरी
पानी	- पाँच कटोरी
हल्दी	- चौथाई छोटी चम्मच (वैकल्पिक)
नमक	- एक छोटी चम्मच

छौंके के लिए सामग्री :

घी	- दो बड़ी चम्मच
जीरा	- आधी छोटी चम्मच
कुटी लालमिर्च	- आधी छोटी चम्मच
छोटे मीडियम साईज़ टमाटर	- चार से पाँच, छोटे-छोटे काटकर या घिसकर
हरीमिर्च	- दो
चीनी	- आधी छोटी चम्मच

हींग - चुटकी भर

अमचूर - आधी छोटी चम्मच

विधि : दाल को साफ कर धोकर, दो घण्टे पहिले भिगो दें। कुकर में पानी गर्म होने पर दाल डालें, नमक डालें, हल्दी यदि चाहें तो चौथाई छोटी चम्मच डालें। इस दाल में हल्दी नहीं भी डाल सकते हैं। इसका लाली लिए हुए रंग ऐसे भी अच्छा लगता है। एक सीटी आने पर आँच धीमी करें और 10 से 15 मिनट तक धीमी आँच पर पकाएँ, उसके बाद कुकर बन्द करें। ठण्डा होने पर खोलें।

छौंका : पैन/कड़ाही में घी गर्म करें। जीरा हरीमिर्च (छेद करके) डालें। कुटी लालमिर्च डालें। टमाटर को बारीक काटकर या कद्दूकस करके डालें। टमाटर अच्छे से भून लें। इसमें आधी छोटी चम्मच चीनी डालें। थोड़ा छौंका दाल के अंदर मिलाये। थोड़ा परोसने वाले बर्तन में निकालने के बाद ऊपर से डालें।

नोट : हरीमिर्च साबुत डालने पर तड़क कर बाहर आ सकती है। अत: हमेशा साबुत हरीमिर्च डालते समय हल्का सा चीर दें, या छेद कर दें।

- दाल यदि दो कटोरी ली है तो उसमें नौ (9) कटोरी पानी पड़ेगा। ज्यादा मात्रा होने पर पानी थोड़ा कम डाला जाता है। एक कटोरी दाल चार से पाँच व्यक्तियों के लिए काफी होती है।
- साबुत मसूर का ही दूसरा नाम मलका है।
- टमाटर की जगह इसमें आधी छोटी चम्मच अमचूर डाल सकते हैं छौंके में। यह दाल थोड़ी खट्टी मीठी होने पर अच्छी लगती है।

छिलके वाली साबुत मूँगदाल

सामग्री :

दाल - एक कटोरी

पानी - पाँच कटोरी

नमक	- एक छोटी चम्मच

छौंके के लिए सामग्री :

घी	- दो बड़ी चम्मच
जीरा	- आधी छोटी चम्मच
हींग	- चुटकी भर
हरीमिर्च	- दो
कुटी लालमिर्च	- आधी छोटी चम्मच
अदरक	- बारीक कटा आधी छोटी चम्मच
चीनी	- आधी छोटी चम्मच
अमचूर	- आधी छोटी चम्मच

विधि : दाल को साफ करके पानी में भिगो दें। दो घण्टे पहिले भिगो दें। कुकर में यह पानी गर्म करें, यदि पानी कम है तो और मिला लें, इसमें दाल एवं नमक डालकर उबाल लें। शुरू में आग तेज रखें, एक सीटी आने पर धीमी करें एवं 10 से 15 मिनट तक पकने दें। गैस बन्द कर दें। कुकर ठण्डा होने पर खोलें।

छौंका बनाएँ। कड़ाही में घी गर्म करें। उसमें जीरा, हींग, हरीमिर्च चीर कर, अदरक, चीनी, अमचूर एवं कुटी लालमिर्च डालें। छौंका बनाकर दाल पर डालें।

नोट : अमचूर की जगह इच्छानुसार टमाटर डाल सकते हैं। चार-पाँच छोटे टमाटर बारीक काट लें या कद्दूकस कर लें। छौंके में इन्हें जीरा डालने के बाद भून लें।

छिलके वाली दली हुई मूँगदाल

(बड़ी के साथ सींगरे मिलाकर)

[इसमें उड़द दाल की बड़ी या मूँगदाल की बड़ी डाल सकते हैं। साथ में लम्बे कटे सींगरे भी मिला सकते हैं]

सामग्री :

दाल	- एक कटोरी
पानी	- 4½ कटोरी
हल्दी	- चौथाई छोटी चम्मच
नमक	- एक छोटी चम्मच
बड़ी	- एक-दो बड़ी चम्मच भरकर
नरम सींगरे	- लम्बे कटे दो-तीन बड़ी चम्मच
घी	- दो बड़ी चम्मच

विधि : दाल को साफ कर दो घण्टे पहिले भिगो दें। कुकर में घी डालकर बड़ी तल लें। बड़ी निकालकर ठण्डी करें एवं थोड़ा छोटे टुकड़ों में तोड़ दें। बचे घी में सींगरे डालें, एक दो मिनट उन्हें चलाकर तब पानी डालें। पानी उबलने पर दाल एवं बडियाँ डाल दें, नमक हल्दी भी डाल दें। ढक्कन बंद करें। तेज आँच पर एक सीटी आने दें। फिर आँच धीमी करें। करीब सात-आठ मिनट पकने दें। इसके बाद गैस बन्द करें। कुकर भाप निकलने पर खोलें।

छौंके में दो बड़ी चम्मच घी किसी करछी/पैन में गर्म करें, आधी छोटी चम्मच जीरा, चौथाई छोटी चम्मच हींग एवं चौथाई छोटी चम्मच लालमिर्च का फोरन दें एवं इसे गर्म दाल पर डाल दें।

मूँगदाल पालक के साथ

[इसके लिए दली हुई छिलके वाली मूँगदाल या धुली हुई मूँगदाल ले सकते हैं]

सामग्री :

दाल	- एक कटोरी
पालक	- दो सौ ग्राम बारीक पतला कटा हुआ
अदरक	- एक इंच टुकड़ा बारीक कटा हुआ

हरीमिर्च	- दो
हींग	- चौथाई छोटी चम्मच
नमक	- एक छोटी चम्मच
हल्दी	- आधी छोटी चम्मच
पानी	- चार कटोरी

विधि : दाल को धोकर साफ करके भिगो दें। दो घण्टा भीगने दें। पालक को चुनकर धोकर साफ करें एवं बारीक काट लें। कुकर में पानी गर्म करें। उसमें दाल, अदरक, हरीमिर्च, हींग, हल्दी, नमक एवं कटा हुआ पालक डाल दें। कुकर बन्द करें। दाल को शुरू में तेज आँच पर व एक सीटी आने पर धीमी आँच पर पकायें। यदि धुली दाल है तो धीमी आँच पर तीन-चार मिनट पकायें, यदि छिलके वाली दली हुई दाल है तो छह-सात मिनट पकायें। गैस बन्द करें। ठण्डा होने पर कुकर खोलें। दाल व पालक को आपस में अच्छी तरह घोटकर मिला दें।

छौंका : दो बड़ी चम्मच घी गरम करें, उसमें आधी छोटी चम्मच जीरा, चुटकीभर हींग डालें। आग से हटाकर उसमें आधी छोटी चम्मच लालमिर्च डालें। यदि गरम मसाला पसन्द है तो चौथाई छोटी चम्मच गरम मसाला डालें और दाल में बघार दे दें।

धुली सूखी मूँगदाल (नाश्ते के लिए)

सामग्री :

धुली मूँगदाल	- एक कटोरी
पानी	- एक कटोरी
हींग	- एक दो चुटकी
नमक	- पौना (3/4) छोटी चम्मच
कालीमिर्च	- चौथाई छोटी चम्मच
घी	- एक चम्मच

जीरा	- आधी छोटी चम्मच

दाल में अलग से डालने के लिए :

टमाटर	- एक बारीक कटा हुआ
उबला आलू	- एक बारीक कटा हुआ
खीरा	- आधा, बारीक कटा हुआ
मूली	- आधी, बारीक कटी हुई
हराधनिया	- एक बड़ी चम्मच, बारीक कटा
हरीमिर्च	- दो बारीक कटी हुई
कागज़ी नींबू	- आधा
थोड़ा भुना पिसा जीरा, कुटी कालीमिर्च व नमक	- टमाटार आलू व खीरे के कटे टुकड़ों पर छिड़कने के लिए

विधि : दाल को बनाने से एक दो घण्टे पहिले एक कटोरी पानी डालकर भीगने रख दें। गैस पर कुकर चढ़ायें, उसमें घी डालें, घी गरम होने पर जीरे व हींग का तड़का दें उसमें पानी हटाकर भीगी हुई दाल डालें। इस पानी को कटोरी से नाप लें, कम हो तो और थोड़ा पानी मिलाकर एक कटोरी पानी दाल में डालें। साथ में नमक व कालीमिर्च डालें। कुकर का ढकना बन्द करें। तेज आँच पर सीटी आने दें। आग धीमी करें। दो मिनट बाद बन्द कर दें। भाप निकलने पर कुकर खोलें। अच्छी सूखी खिली हुई मूँगदाल बन जायेगी। इसे परोसने वाले बर्तन में निकालें और हरा धनिया डालकर गर्म-गर्म सर्व करें। इसके साथ अलग से कटा टमाटर, उबला हुआ आलू, खीरा, मूली, कटी हुई हरीमिर्च एवं नींबू रखें। जिसे अपनी इच्छानुसार इसमें मिलाया जा सकता है। आलू, खीरा, मूली, टमाटर पर हल्का नमक व काली मिर्च पिसी हुई एवं भुना पिसा जीरा छिड़क दें, इससे सजावट के साथ अच्छी खुशबू भी आयेगी।

यदि चाहें तो दाल के ऊपर भी यह कटा हुआ सलाद आलू, टमाटर, खीरा, मूली सजाया जा सकता है और ऊपर से थोड़ा नींबू निचोड़ा जा सकता है।

धुली सूखी उड़द दाल

सामग्री :

दाल	- एक कटोरी
पानी	- डेढ़ कटोरी (1½ कटोरी)
नमक	- पौना (3/4) छोटी चम्मच
हल्दी	- चौथाई चम्मच
हींग	- एक दो चुटकी
जीरा	- आधी छोटी चम्मच
घी	- एक छोटी चम्मच

बघार के लिए सामग्री :

घी	- दो-तीन बड़ीचम्मच
कुटी लालमिर्च	- आधी छोटी चम्मच
अदरक बारीक लम्बा कटा	- एक बड़ी चम्मच
हरा धनिया	- बारीक कटा हुआ एक चम्मच
गरम मसाला	- चौथाई छोटी चम्मच
मूली का लच्छा, थोड़ी नरम पत्तियाँ	- एक चम्मच, नरम पत्तियाँ बारीक काट लें

विधि : दाल को धोकर साफ करें और दो-तीन घण्टा पानी में भीगने दें। कुकर गर्म करके उसमें एक छोटी चम्मच घी डालें, जीरे हींग का तड़का दें, भीगी दाल डालें, नमक, हल्दी डालें। दालवाला पानी नापकर डेढ़ कटोरी डालें, कम हो तो और पानी इसी में मिला लें। तेज आँच पर कुकर में एक सीटी लगायें। आँच धीमी करें। तीन मिनट पकने दें। फिर गैस बन्द करें। ठण्डा होने पर कुकर खोलें। देखें कि दाल नरम हो गई है और सूख गई है।

दाल का बघार तैयार करें। एक पैन/कड़ाही में घी गरम करें, उसमें अदरक हल्का गुलाबी होने तक धीमी आँच में भूनें, फिर उसमें लालमिर्च एवं कटा हरा धनिया डाल दें। गरम मसाला डाल दें। यदि मूली की नरम पत्तियाँ पसंद हैं वे भी हरे धनिये के साथ ही डाल दें। दाल को परोसने वाले बर्तन में डालें और गरम दाल को यह बघार डालकर सजा दें। ऊपर से मूली का लच्छा बुरक दें। इसे रोटी के साथ गरम-गरम परसें।

नोट : जिन्हें प्याज व टमाटर पसंद है- वे बारीक कटी प्याज व टमाटर घी में भूनकर डाल सकते हैं।

छिलके वाली साबुत उड़द दाल (माह की दाल)

सामग्री :

दाल	- एक कटोरी
पानी	- पाँच कटोरी
हल्दी	- चौथाई छोटी चम्मच
कुटी लालमिर्च	- चौथाई छोटी चम्मच
हींग	- चौथाई छोटी चम्मच
नमक	- एक छोटी चम्मच या स्वादानुसार
अदरक	- बारीक कटा एक छोटी चम्मच
हरीमिर्च	- एक साबुत

बघार के लिए :

घी	- दो-तीन बड़े चम्मच
जीरा	- आधी छोटी चम्मच
कुटी लालमिर्च	- आधी छोटी चम्मच
अदरक	- बारीक कटा एक छोटी चम्मच
हरीमिर्च	- एक

टमाटर	- तीन-चार बारीक कटे हुए
हरा धनिया	- बारीक कटा एक चम्मच
गरम मसाला	- आधी छोटी चम्मच
चीनी	- आधी छोटी चम्मच (टमाटर में मिलाने के लिए)
क्रीम	- तीन बड़ी चम्मच
दही	- तीन बड़ी चम्मच
हींग	- एक चुटकी

विधि : दाल को साफ करके रात में पानी में भिगो दें। अथवा बनाने से चार घण्टे पहिले पानी में भिगो दें। कुकर में पानी उबलने पर दाल डालें, साथ में, हल्दी, नमक, हींग, हरीमिर्च, कुटी लालमिर्च एवं बारीक कटा अदरक डालें। तेज आँच पर एक सीटी आने तक रखें। आँच धीमी कर दें। दस से पन्द्रह मिनट तक धीमी आँच में पकने दें। यह देख लें कि दाल अच्छे से गल जाय। कुकर ठण्डा होने दें, इसके बाद खोलें। दाल को अच्छे से मिला दें।

छौंका : कड़ाही में घी गर्म करें। उसमें जीरा, हींग, अदरक, हरीमिर्च डालें। बारीक कटा टमाटर भूनें। टमाटर के साथ ही चीनी भी डाल दें। हरा धनिया एवं कुटी लालमिर्च डालें। गरम मसाला डाल दें।

दही को मथ लें। दही व क्रीम दाल में डालकर दो-तीन मिनट तक चलायें और पकने दें। फिर उसमें आधा छौंका डाल दें। दाल को परासने वाले बर्तन में पलटे और बाकी बचा छौंका ऊपर से डालकर सजा दें। गर्म-गर्म परोसें।

नोट : यदि चाहे तो दाल भिगोते समय फ्लेवर के लिए एक छोटी चम्मच चने की दाल और एक छोटी चम्मच राजमा भी मिलाकर भिगो सकते हैं। अथवा दो छोटी चम्मच धुली मूँग की दाल साथ में भिगा सकते हैं। मूँगदाल मिलाने से दाल जल्दी पकती भी है।

काबुली चना अनारदाने के साथ

सामग्री :

काबुली चना	- एक कटोरी
पानी	- 4½ कटोरी
साबुत कालीमिर्च	- चार
नमक	- एक छोटी चम्मच
अनारदाना	- तीन छोटी चम्मच
अदरक	- बारीक कटा एक छोटी चम्मच
हरीमिर्च	- एक
घी	- दो बड़े चम्मच
उबला आलू	- एक, छोटे टुकड़े करके
कुटी लालमिर्च	- आधी छोटी चम्मच
जीरा	- आधी छोटी चम्मच
गरम मसाला	- आधी छोटी चम्मच
कुटा धनिया	- एक छोटी चम्मच
कुटी सौंफ	- आधी छोटी चम्मच
लौंग	- दो
सजावट के लिए	- खीरा, मूली, टमाटर, हरा धनिया, उबला आलू

विधि : काबुली चने को साफ करके धोकर रात को 4½ कटोरी पानी में भिगो दें। इसी पानी में नमक डालकर सुबह उबालें।

रात को ही अनारदाना पानी में भिगोकर रख दें। सुबह इसको बारीक पीस लें।

कुकर में पानी गर्म करें। उबाल आने पर भीगे चने डाल दें। लौंग एवं कालीमिर्च, हरीमिर्च तथा नमक डाल दें। एक सीटी आने तक तेज आँच

पर पकायें। उसके बाद आँच धीमी कर दें। दस मिनट तक धीमी आँच पर पकाएँ। कुकर ठण्डा होने पर खोलें। देख लें कि चने ठीक से गल गये हैं।

उबले हुए थोड़े से चनों को मसल लें या बारीक पीस लें। (करीब दो-तीन चम्मच चने मसल लें)

कड़ाही में घी गरम करें। इसमें उबले आलू के छोटे टुकड़े हल्के तलकर निकाल लें। इसी में जीरा डालें, कटा अदरक डालें। पिसाहुआ अनारदाना डालकर भूनें, कुटा धनिया, कुटी सौंफ, कुटी लालमिर्च डालें। अनारदाना भुन जाने पर पिसे हुए चने डालें एवं गरम मसाला डालें। इसके बाद उबले चने डालें, इनका पानी अलग रख लें। मसालों के साथ चने भुन जाने पर तब यह अलग रखा पानी डाल दें एवं धीमी आँच पर पाँच मिनट कड़ाही में ढककर पकने दें।

चनों को गर्म-गर्म परोसें। परोसने वाले बर्तन में चने रखें। इन्हें तले हुए आलु के टुकड़ों से सजायें। साथ ही बारीक कटे टमाटर, मूली एवं खीरों के टुकड़ों से इच्छानुसार सजा दें। ऊपर से बारीक कटे हरे धनिये के पत्तों से सजावट कर दें।

नोट : ये चने इच्छानुसार सूखे या रसेदार दोनों तरह से बनाए जा सकते हैं। सूखे चने नाश्ते में दिए जा सकते हैं। सूखे बनाने के लिए चनों में कम पानी डालकर उबालना होगा, करीब दो से तीन कटोरी पानी डालें।

छोले (काबुली चने के)

सामग्री :

काबुली चना	- एक कटोरी
पानी	- 4½ कटोरी
तेजपत्ता	- दो
जीरा	- आधी छोटी चम्मच
अदरक	- बारीक कटा हुआ दो छोटी चम्मच
सेन्धा नमक	- आधी छोटी चम्मच

काला नमक	- आधी छोटी चम्मच
अजवायन	- एक छोटी चम्मच
हरीमिर्च	- दो, बीच से चीर कर
गरम मसाला	- एक छोटी चम्मच
कुटी लालमिर्च	- आधी छोटी चम्मच या स्वादानुसार
टमाटर	- तीन-चार बारीक कटे हुए
सरसों तेल/घी	- दो बड़ी चम्मच

विधि : काबुली चने को बीनकर धोकर साढ़े चार कटोरी पानी में रात को भिगो दें। सुबह इसमें सेन्धा नमक व काला नमक डालकर इसी पानी में उबाल लें। कुकर में शुरू में आँच तेज रखें। एक सीटी आने के बाद आँच धीमी कर दें। करीब दस मिनट तक पकाएँ। कुकर ठण्डा होने पर खोलें।

चनों में काला रंग लाने के लिए कुकर में उबालते समय एक पोटली में एक छोटी चम्मच अजवायन बाँधकर डालें। चनों के उबलने के बाद इस पोटली को निचोड़ें चनों पर और उसके बाद पोटली को हटा दें।

छौंका : कड़ाही में सरसों का तेल या घी डालें। यदि सरसों का तेल डाल रहे हैं तो सरसों का तेल इतना गर्म करें कि उसमें से धुआँ उठने लगे, उसके बाद उसमें चुटकी दो चुटकी नमक डाल दें। इससे सरसों के तेल की खुशबू नहीं आयेगी।

सरसों तेल में जीरा, तेजपत्ता, बारीक कटा अदरक व बारीक कटे टमाटर डालकर भूनें। अब उसमें हरीमिर्च चीरकर डाल दें, गरम मसाला व लालमिर्च डालें और उबले हुए चने डालकर पकायें, जब तक कि रसा गाढ़ा न हो जाए। रसे को गाढ़ा करने के लिए दो-तीन चम्मच उबले चनों को मसल सकते हैं।

नोट : इसमें स्वादानुसार, अमचूर या नींबू का रस डाल सकते हैं। नाश्ते के लिए उबले आलू, ककड़ी, खीरा, मूली, हरा धनिया बारीक कटा

इच्छानुसार मिला सकते है। रसेदार रखने पर यह चावल, रोटी, पूरी के साथ परोसा जा सकता है, थोड़ा गाढ़ा रखने पर नाश्ते के रूप में काम में लाया जा सकता है।

राजमा

सामग्री :

राजमा	- एक कटोरी
पानी	- 4½ कटोरी
नमक	- एक छोटी चम्मच
जीरा	- आधी छोटी चम्मच
अदरक	- बारीक कटा दो छोटी चम्मच
टमाटर	- बारीक कटे तीन-चार
साबुत हरीमिर्च	- दो, चीरकर
कुटी लालमिर्च	- आधी छोटी चम्मच
घी	- दो, बड़ी चम्मच
गरम मसाला	- आधी छोटी चम्मच
लौंग	- 2
साबुत बड़ी इलायची	- 2
दही/मलाई	- एक बड़ी चम्मच

विधि : राजमा को चुनें, धोयें और रातभर साढ़े चार कटोरी पानी में भिगो दें।

राजमा को हटाकर पानी नाप लें, यदि कम है तो और पानी मिलाकर इसे कुकर में गर्म करें, अब इसमें राजमा उबलने के लिए डाल दें। साथ में नमक, अदरक, हरीमिर्च, लौंग, बड़ी इलायची भी डाल दें। एक प्रेशर आने तक आँच तेज रखें, इसके बाद धीमी कर दें। दस से पन्द्रह मिनट तक पकने दें। ठण्डा होने पर कुकर खोलें। देख लें कि राजमा ठीक से उबल गया है।

छौंका : कड़ाही में घी गर्म करें। उसमें जीरा डालें, कटे टमाटर डालें। टमाटर भुन जानेपर दही मथकर डालें, यदि मलाई डालना चाहते हैं तो मलाई डालें। थोड़ा भूनें। लालमिर्च एवं गरममसाला डालें। राजमे का पानी अभी अलग रखें। पानी हटाकर राजमा डालें। इसे पाँच मिनट तक भूनें, इसके बाद राजमे से निकाला हुआ पानी डालकर चलायें। गाढ़ा होने तक करीब दस मिनट हल्की आँच पर पकनेदें। गर्म-गर्म परोसे, ऊपर से हरे धनिये की पत्तियों से सजा दें। राजमें का रसा गाढ़ा करने के लिए थोड़े से (दो-तीन चम्मच) उबले राजमा को मसल लें।

नोट : यदि अधिक खट्टा पसन्द है तो अमचूर या नींबू का रस डाल सकते हैं। अथवा टमाटर नहीं डालकर केवल अमचूर डाल सकते हैं।

सूखी मटर, काला चना (देसी चना) लोभिया

विधि : राजमे की तरह ही सूखी मटर, काला चना (देसी चना) एवं लोभिया बनाए जा सकते हैं।

सूखी मटर एवं काले चने को भी रात भर पानी में भिगो दें। लोभिये को बनाने से तीन-चार घंटे पहले भिगो दें। काले चने में दही या मलाई डालने की आवश्यकता नहीं है। यह ऐसे ही टमाटर के साथ या अमचूर डालकर अच्छे लगते हैं। काले (देसी) चने सूखे बनाने के लिए पानी तीन कटोरी के करीब डालें।

उबलने के बाद टमाटर भूनकर डालें एवं आमचूर भी करीब आधी छोटी चम्मच डाल दें। यदि पानी बच गया है तो चनों को थोड़ा और गैस पर रखकर पानी सुखा लें। सूखे देसी चने नाश्ते में अच्छे लगते हैं।

सांभर

सामग्री :

अरहर दाल	- एक कटोरी
पानी	- चार कटोरी

मूली, परवल, लौकी, भिण्डी, मीठा कद्दू, टमाटर, बैंगन, गाजर	-	इसमें जो भी सब्जी डालना चाहें बारीक-बारीक काटकर करीब एक कटोरी तैयार रखें। दो-तीन-चार सब्जी पसन्द के अनुसार ले लें।
इमली बिना बीज की	-	करीब 25 ग्राम (एक बड़ी चम्मच भर)
पानी इमली के लिए	-	एक डेढ़ कटोरी, इसमें इमली भिगोयें।
गुड़	-	दो छोटी चम्मच भर (एक छोटी डली)
हींग	-	चुटकी भर
सरसों	-	आधी छोटी चम्मच
खड़ी लाल मिर्च	-	दो
सांभर मसाला	-	दो छोटी चम्मच
करी पत्ता	-	एक बड़ी चम्मच
घी	-	दो बड़ी चम्मच

विधि : अरहर दाल को चुनकर साफ कर धोकर दो घंटे चार कटोरी पानी में भिगो दें। यही पानी कुकर में गर्म करें, पानी नाप लें, यदि कम है तो और मिला लें। गर्म पानी में अरहर दाल डालें, इसे बिना नमक व बिना हल्दी के उबाल लें। एक प्रेशर आने पर आग धीमी कर दें और करीब 5-6 मिनट पकाएँ। कुकर ठण्डा होने पर खोलें। भीगी इमली को मसलकर छान लें अलग से।

छौंका : कड़ाही में घी गर्म करें। उसमें सरसों, करीपत्ता, खड़ी लालमिर्च, हींग का छौंक देकर भिण्डी, लौकी, गाजर, मीठा कद्दू वगैरह कटी हुई सब्जियाँ डालकर फ्राई करें। करीब पाँच मिनट भूनने के बाद इसमें इमली मिला पानी डालकर पकायें। करीब पाँच मिनट और पकाएं। इसमें दो छोटी चम्मच सांभर मसाला भी डालें तथा गुड़ भी चूरा करके डालें। इस मसाले में पकी दाल मिलाकर धीमी आँच में 5 मिनट पकायें।

दाल में नमक मिलायें। इसमें हल्दी नहीं पड़ती। यदि हल्दी डालना चाहें तो एक दो चुटकी भर डालें।

दाल परोसने के लिए अलग बर्तन में निकालें। यदि चाहें तो सजाने के लिए थोड़े एक दो छोटी चम्मच घी में जरा सी सरसों/राई, पाँच-दस करी पत्ता व चौथाई छोटी चम्मच लालमिर्च का तड़का देकर दाल पर डालें।

यह सांभर इडली के साथ या चावल के साथ लिया जाता है।

नोट : सांभर मसाला बना बनाया बाजार में मिलता है। यदि बाजार से नहीं लेना चाहें तो घर पर तैयार किया जा सकता है। जो इस प्रकार है—

सामग्री :

साबुत धनिया	- डेढ़ बड़ी चम्मच
मेथी दाना	- चौथाई छोटी चम्मच
जीरा	- एक छोटी चम्मच
लालमिर्च	- एक
चना दाल	- एक छोटी चम्मच
उड़द दाल	- एक छोटी चम्मच

इस सबको गरम तवे पर धीमी आँच में सूखा भून लें और पीसकर रख लें। आवश्यकतानुसार काम में लायें।

टिप्स : सांभर में नवीनता या विविधता लाने के लिए यदि चाहे तो ताज़े नारियल का एक टुकड़ा पीसकर मसाले के साथ डाल सकते हैं। यह करीब डेढ़ बड़ी चम्मच पिसने के बाद हो जाये।

बेसन कढ़ी, पकौड़ी के साथ

सामग्री कढ़ी के लिए :

बेसन	- 50 ग्राम (करीब पौना (3/4) कटोरी)

दही	-	200 ग्राम (करीब दो कटोरी)
पानी	-	एक लिटर (करीब चार गिलास)
तेल	-	एक बड़ी चम्मच
हींग	-	एक दो चुटकी (चौथाई छोटी चम्मच)
मेथी दाना	-	आधी छोटी चम्मच
पिसी हल्दी	-	आधी छोटीचम्मच
नमक	-	1½ छोटी चम्मच या स्वादानुसार
खड़ी लालमिर्च	-	दो

पकौड़ी के लिए :

बेसन	-	40 ग्राम (करीब दो बड़ी करछी)
पानी	-	करीब आधी कटोरी, आवश्यकतानुसार
तेल	-	दो-तीन बड़ी करछी तलने के लिए

बघार के लिए :

घी	-	एक बड़ी चम्मच
कुटी लालमिर्च	-	आधी छोटी चम्मच
जीरा	-	चौथाई छोटी चम्मच
अजवायन	-	चौथाई छोटी चम्मच

विधि : पकौड़ी के लिए बेसन में थोड़ा-थोड़ा पानी डालकर चम्मच से फेंटते जायें। एक साथ ज्यादा पानी न डालें, इससे बेसन ठीक से नहीं फिट पायेगा और गोली पड़ सकती है। बेसन काफी फेंटे और थोड़ा गाढ़ा रखें, ऐसा कि आसानी से टपक सके। अच्छा होगा कि बेसन फेंटकर 10-15 मिनट ढककर छोड़ दें। इससे पकौड़ी नरम बनेगीं। बेसन ठीक से फिटा या नहीं, यह देखने के लिए बेसन की एक बूंद गिलास के पानी में डालें, यदि बेसन ऊपर तिरकर आ गया तो ठीक फिटा है और यदि नीचे ही रह जाता है तो थोड़ा और फेंटे।

कढ़ी के लिए दही को अच्छे से मथें कि उसमें फुटके न रहें। अच्छा हो कि दही को छलनी से छान लें तब फेंटें। दही फिट जाय तो उसमें पानी मिलाकर उसका मट्ठा बना लें। जैसे पतला मट्ठा होता है इस तरह दही हो जाय। दही का मट्ठा एक तरफ रखें। अब कढ़ी का बेसन थोड़ा-थोड़ा पानी डालकर फेंटते जाये और यह भी इतना पतला रखें जितना मट्ठा होता है। इस बेसन में आधी छोटी चम्मच पिसी हल्दी मिलायें।

गैस पर कड़ाही चढ़ायें। इसमें तीन बड़ी करछी तेल डालें। यदि सरसों का तेल है तो तेल पूरा गरम होने दें कि हल्का धुंआ उठ जाय, फिर आँच धीमी करें और तेल में एक दो चुटकी नमक डाल दें, इससे तेल की महक निकल जायेगी। अब उसमें पकौड़ी के लिए साना बेसन थोड़ा-थोड़ा डालकर छोटी-छोटी पकौड़ी बनाते जाये। थोड़ी पकौड़ी एक बार में डालें, थोड़ी पकौड़ी दूसरी बार में डालें। दो बार में सब पकौड़ी निकाल लें। करीब 20-25 पकौड़ी बन जायेंगी। ये पकौड़ी कढ़ी में डालने पर दुगुनी फूलकर बड़ी हो जाती हैं। तलते समय भी पकौड़ी फूलकर गोल हो जायेंगी। पकौड़ी बनाकर अलग रख लें।

कड़ाही में जो तेल बचा है उसी को कढ़ी छौंकने के काम में ले लें। इसमें मेथी, हींग एवं खड़ी (साबुत) लालमिर्च (डण्डी हटाकर या दो टुकड़ा करके) डालें। मेथी का रंग हल्का बदले, गुलाबी जैसा हो जाये तो घुला हुआ बेसन डालें। बराबर करछी से चलाते जायें। आँच इस समय धीमी ही रखें। बेसन डालने के बाद घुली हुई दही (मट्ठा) डालें। बराबर चलाते जायें। बेसन व दही डालने के बाद अच्छे से चलाकर मिला लें और आँच तेज कर दें पर बराबर चलाते जायें। कढ़ी में एक उबाल आता है, अत: चलाते रहना जरूरी है। जब कढ़ी का पानी खौलने लगे और उबाल आने को हो तो आँच धीमी कर दें। आँच धीमी करने के बाद उसमें बनी हुई पकौड़ी डाल दें। साथ ही अब कढ़ी में नमक भी स्वादानुसार डाल दें। कढ़ी को धीमी आँच पर बीस मिनट से आधा घण्टे तक पकने दें। कढ़-कढ़ कर कढ़ी गाढ़ी होती जायेगी। हल्की गाढ़ी होने पर ही गैस बंद कर दें, क्योंकि रखे-रखे भी कढ़ी गाढ़ी होती है।

कढ़ी का छौंका बनायें। एक पैन/बड़ी करछी में घी गरम करें, इसमें जीरा एवं अजवायन डाले, आग से हटाने के बाद कुटी लालमिर्च डालें, मिर्च का लाल रंग आ जायेगा। इस छौंक का आधा कढ़ी में मिला दें। कढ़ी को परोसने वाले बर्तन में रखकर बाकी का छौंका ऊपर से डालें। गरम-गरम सर्व करें।

यह कढ़ी चार-पाँच व्यक्तियोंके लिए बहुत है। कढ़ी पकते समय उसका रंग देख लें। कढ़ी में अपनी इच्छानुसार हल्दी कम या ज्यादा कर सकते हैं। गर्म-गर्म कढ़ी चावल के साथ परोसें।

गुजराती कढ़ी

[गुजरात में दही बेसन की मीठी कढ़ी बनाई जाती है जिसमें सरसों व करी पत्ता मुख्य हैं]

सामग्री :

ताजी दही	- दो कटोरी
बेसन	- एक या दो करछी
घी	- एक बड़ी चम्मच
हींग	- चौथाई छोटी चम्मच
राई, सरसों दाना	- आधी छोटी चम्मच
जीरा	- आधी छोटी चम्मच
नमक	- एक छोटी चम्मच य। स्वादानुसार
लौंग	- एक
पिसा गुड़ या चीनी	- दो बड़ी चम्मच
तेजपत्ता	- एक
खड़ी लालमिर्च	- एक
करीपत्ता	- एक टहनी (करीब 20-25 पत्ते)
पिसा अदरक	- एक चम्मच छोटी

पिसी हरीमिर्च	- छोटी आधी चम्मच
पानी	- तीन कटोरी
सजाने के लिए	- हरा धनिया बारीक कटा एक बड़ी चम्मच

विधि : दही को अच्छे से मथें, उसमें जरा भी फुटका न रहे। दही में बेसन धीरे-धीरे चलाकर अच्छे से मिलायें। इसमें पानी डालें, नमक डालें। घोल अलग रख दें।

एक बड़ा भगौना या कड़ाही आग पर चढ़ायें। उसमें घी डालें। हींग डालें। सरसों दाना व जीरा डालें। इसके पटपटाने पर खड़ी लालमिर्च डालें, लौंग, तेजपत्ता डालें, पिसा अदरक व पिसी हरीमिर्च डालें, करीपत्ते डालें। अब दही बेसन का पानी मिला घोल डालें। आँच मीडियम रखें। बराबर चलाते रहें। नहीं चलाने पर बेसन की गोली सी बन सकता है या दही फट सकती है। एक उबाल आने पर गुड़ या चीनी डाल दें। दो से पाँच मिनट तक पकायें। गैस बंद कर दें। खाने के समय दुबारा गरम करके दें। परोसने के समय कटे हरे धनिये से सजाकर सर्व करें।

नोट : यदि हल्दी डालना चाहते है तो घोल में एक चुटकी हल्दी डालें। प्राय: यह गुजराती कढ़ी बिना हल्दी के बनायी जाती है। यदि चाहें तो ऊपर से लालमिर्च का छौंका दें सकते हैं।

यदि कढ़ी पतली रखनी हैं तो पकते समय थोड़ा गर्म पानी इच्छानुसार डाल दें। अपनी पसंद के अनुसार गाढ़ी या पतली रखें। इसमें पकौड़ी नहीं पड़ती है। पर यदि आप विविधता चाहते हैं तो पकौड़ी या कोफ्ता इसमें डाल सकते है। यह कढ़ी पूरनपोली अथवा चावल के साथ सर्व की जा सकती है। इस कढ़ी में करीपत्ते व सरसों दाने की खुशबू मुख्य है। दही व पानी का मोटा-मोटा अंदाज दो-तीन कटोरी दही तथा तीन कटोरी पानी है। दही में पानी मिलाकर मट्ठा बना लिया जाता है। दो करछी बेसन डाल दिया जाता है। अथवा तीन कटोरी मट्ठे में जरा सी दही मिलाकर एक करछी या दो करछी बेसन डालकर घोल लें।

गुजराती कढ़ी (दूसरी विधि)

सामग्री :

बेसन	-	एक कटोरी
मट्ठा	-	छह कटोरी
नमक	-	एक चम्मच
हल्दी	-	पौना (3/4) चम्मच
चीनी	-	चार छोटी चम्मच
करीपत्ता	-	एक मुट्ठी साबुत डाल दिया डण्डी समेत
हरीमिर्च	-	चार पिसी हुई
अदरक	-	पिसा हुआ थोड़ा सा
शुद्ध घी	-	दो चम्मच
काली सरसों	-	एक छोटी चम्मच
मेथी दाना	-	दो चार दाने, चौथाई छोटी चम्मच
जीरा	-	दो चार दाने, चौथाई छोटी चम्मच
हींग	-	थोड़ा सा (एक काबुली चने के बराबर)
हरा धनिया	-	थोड़ा सा (ऐच्छिक)

विधि : बेसन व मट्ठे को घोल लें। घोल में नमक, हल्दी, चीनी,करीपत्ता एक मुट्ठी साबुत डाल दिया। कड़ाही या भगोने में घी गरम करें। उसमें सरसों, मेथी, जीरा एवं हींग का छौंक दें। इस छौंक में कढ़ी का घोल डाल दीजिए। एक उबाल आ जाए तो पिसा अदरक व हरीमिर्च डाल दीजिए। फिर दो तीन और उबाल आने दीजिए। फिर आँच धीमी कर दीजिए। धीमी आँच पर पंद्रह मिनट रखिये। फिर उतार लीजिए। यदि पसंद है तो थोड़ा हरा धनिया डाल दीजिए। करीपत्ता जो डण्डियों समेत पूरा डाला था, उसे कढ़ी पकने के बाद डण्डी पकड़कर बाहर निकाल दें। इस कढ़ी में दुबारा छौंक नहीं डालना है।

अरहर दाल (गुजराती विधि से)

एक कटोरी अरहर दाल दो घण्टे भिगो दें। फिर एक कटोरी अरहर दाल में 3½ कटोरी पानी डालकर कुकर में उबालें। इसमें अभी नमक हल्दी नहीं डालना है।

अरहर दाल पकने के बाद उसे मथानी से मथ लें। फिर अंदाज से एक-डेढ़ कटोरी कच्चा पानी डाल दिया।

एक छोटी चम्मच मेथी को तवे पर सूखी भूनकर दरदरा पीस लें। फिर पिसी मेथी, स्वादानुसार नमक, मिर्च, हल्दी, एक दो चुटकी हींग, गुड़ की एक बड़ी डली और एक कागजी नींबू का रस दाल में डाल दें। यदि नींबू ज्यादा रसवाला है तो आधे नींबू का रस डालें। फिर दाल को खोलकर पकने रख दें। यदि ढकना लगाना चाहें तो लगा दें, पर सीटी नहीं लगानी है। दाल को धीमी आँच पर दस पंद्रह मिनट पकने दीजिए।

जब दाल में उबाल आ जाय तो छौंक लगा दें। छौंक में, हींग, राई, घी या तेल डालें।

दाल पकने पर उतार लें। उतारने के बाद फिर दुबारा छौंक नहीं डालना है।

37

चावल, डोसा, इडली

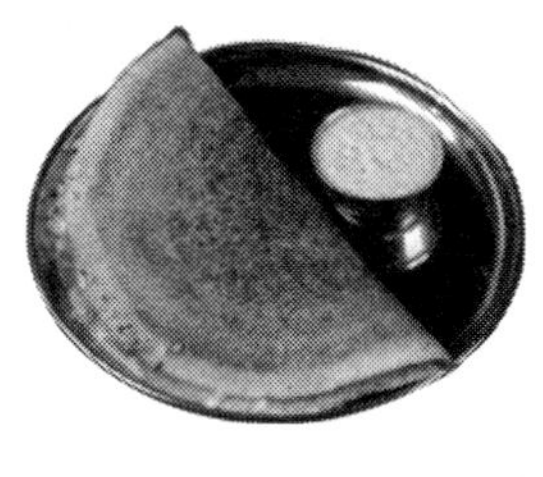

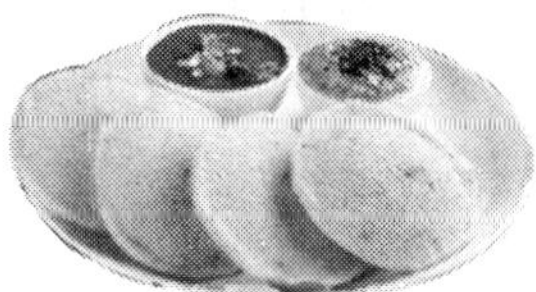

चावल, डोसा, इडली

चावलों के प्रकार एवं किस्म

धान से चावल बनाना : भारत में आधी से अधिक जनसंख्या का मुख्य भोजन चावल है। कई किस्मों के धान यहाँ उगाए जाते हैं। धान की भूसी हटाकर तब चावल बनता है। धान से चावल दो तरह से बनता है, ढेकी या ओखली में कूटकर या मिलों में कूटकर। धान कूटने के भी दो तरीके हैं, धान को ऐसे ही ढेकी या मिल में डालकर उसकी भूसी हटा दी जाती है उसे बिहार में अरवा चावल कहते हैं। जिस धान को एक या दो दिन तक ठण्डे या गरम पानी में उबालकर या भिगोकर तब भूसी हटाने के लिए मिल या ओखली में डालते हैं उसको बिहार में उसना चावल कहते हैं और उत्तर प्रदेश में सेला चावल कहते हैं। उसना चावल के दाने अरवा चावल से अधिक मोटे कड़े किंतु कम सफेद होते हैं। उसना चावल के दाने पकाए जाने पर अधिक स्पष्ट और अलग-अलग होते हैं। अरवा चावल में बासमती चावल सबसे अच्छा समझा जाता है। इसके दाने लम्बे होते हैं।

भात बनाने के तरीके : अलग-अलग किस्म के चावलों में भी दो प्रकार के होते हैं। एक नए चावल और दूसरे पुराने चावल। नए एवं पुराने चावल बनाने की विधि में कुछ अंतर है। पुराना चावल देर से गलता है, किंतु यह बहुत फूलता है और फरहरा बनता है। यह खाने और देखने में भी बहुत अच्छा लगता है और अधिक स्वादिष्ट एवं सुपाच्य होता है। चावल जितना अधिक पुराना होगा, उतना ही उसमें पानी का अंश अर्थात् आर्द्रता कम होगी और उबालने पर पुराना चावल नए चावल की अपेक्षा अधिक पानी लेता है। अधिक पानी सोखने के कारण यह अधिक फूलता और आकार में बड़ा होता है। नया चावल गलता जल्दी है, खाने में मीठा लगता है, फूलता बिलकुल नहीं है। ढाई सौ ग्राम नए चावल को पकाने पर भात चार सौ ग्राम के आसपास बनेगा, पर ढाई सौ ग्राम पुराने चावल को पकाने पर भात करीब एक किलो बनेगा। पुराना चावल भीगने पर दुगुना एवं पकाने पर चौगुना हो जाता है।

भात बनाने के तरीके : चावल को पकाकर भात बनाने के भी दो तरीके हैं। पहले तरीके में काफी पानी उबलने के लिए चूल्हे/गैस पर चढ़ा देते हैं और जब पानी अच्छी तरह खौलने लगता है तो उसमें चावल डाल देते हैं। चावल सीझ जाने पर बचे हुए पानी को, जिसे माँड कहते हैं, फेंक देते हैं। इस माँड में बहुत पौष्टिकता रहती है इसे बहाकर फेंक देना ठीक नहीं हैं। इसे अन्य तरह से भोजन में इस्तेमाल कर लेना चाहिए। भात बनाने का यह तरीका ठीक नहीं है। बहुत से लोग इस माँड को कपड़े में कलफ़ देने के काम में ले आते है। भात बनाने का दूसरा तरीका यह है कि चावल की मात्रा के अनुसार पकाने वाले बर्तन या कुकर में उतना ही पानी डालिये कि सब चावल में सूख जाय, बाहर फेंके जाने को कुछ न बचे। दो चार दिनों के अनुभव से ही पानी की सही मात्रा का अंदाज पड़ जाता है।

चावल किसी भी तरीके से बनायें, लेकिन बनने के बाद चावल नरम, फूले हुए और नमीदार होने चाहियें, पर आपस में चिपके नहीं, इसके दाने अलग-अलग रहने चाहियें। जितना पुराना चावल होता है उतना ही अच्छा होता है।

चावल पकाने के सुझाव (टिप्स)

बनाने से दो घण्टे पहिले या कम से कम आधा घण्टा पहिले चावलों को चुनकर धोकर भिगो दें। चावलों को हलके हाथ से धोये, मलें नहीं। यदि चावल साफ हैं, मिट्टी आदि नहीं है तो एक बार धोना ही यथेष्ट है। वैसे चावलों को कम से कम तीन बार धोने की प्रथा है, किंतु इससे कुछ पौष्टिक अंश की बर्बादी होती है।

जिस पानी में चावल भिगोये हैं, उसी में चावल बनाएँ। यदि चावल बनने में देर है, तो भीगे चावलों को पानी से निकाल लें और ढककर रखें और पानी भी अलग रखें।

चावलों में उतना ही पानी डालें, जो सबका सब चावल में पच जाय। सादा चावल पकाने के लिए चावल को भारी तली के बर्तन में

तिगुने पानी में पकाना चाहिए। यदि पानी तीन हिस्से से कम छोड़ा जायेगा तो चावल नरम नहीं बनेगा। एक कटोरी चावल के लिए तीन कटोरी पानी इस्तेमाल करें। यदि प्रेशर कुकर या राईस कुकर में चावल पका रहे हैं तो एक कटोरी चावल में डेढ़ कटोरी या दो कटोरी पानी डालें।

चावलों का पानी उबलने दें। उबलते पानी में चावल डालें और चावल डालने के बाद आग धीमी कर दें, चावलों को ढक दें और पकने दें। बीच में चलायें नहीं। यदि चावल ठण्डे पानी के साथ आँच पर चढ़ाया है तो जल्दी से पानी को उबालकर आँच एकदम धीमी कर दें। जब तक चावल पकें नहीं उन्हें ढककर रखें एवं बहुत मंदी आँच पर पकने दें।

पकते हुए चावलों में थोड़ा घी/तेल डालनेसे उसमें झाग नहीं उठते। चावलों में पकते समय नींबू की कुछ बूंद डालने से उनका रंग सफेद बना रहता है और सुगंध अच्छी आती है।

नए चावलों को पकाने से पहिले थोड़ा सूखा भून लें, तब पानी में भिगोयें। इससे उनका पानी का अंश थोड़ा कम हो जायेगा।

पुलाव या तहरी बनाने के लिए भीगे हुए चावलों को पहिले थोड़े से घी में भूना जाता है, तब पानी डाला जाता है।

सादा उबला चावल

सामग्री :

चावल	- एक कटोरी
पानी	- तीन कटोरी
घी	- एक छोटी चम्मच (वैकल्पिक)

विधि : चावल को साफ कर धोकर तीन कटोरी पानी में आधा घण्टे के लिए भिगो दें। जिस पानी में चावल भिगोया है, उसे भारी तली के बर्तन में उबलने चढ़ा दें, पानी में उबाल आने पर उसमें भीगे हुए चावल एवं घी डालें, हल्के से चलायें। चावलों के साथ पानी में एक उबाल आने

पर आग एकदम धीमी कर दें। चावलों को ढक दें। बीच में चलायें नहीं। बहुत धीमी आँच पर पकने दें। चावल पकने में दस से पंद्रह मिनट लगेगा। देख लें कि चावल के दाने नरम हो गए हैं और खिले हुए हैं। चलाएँ नहीं। गैस बंद कर दें। पाँच सात मिनट तक ऐसे ही रखे रहने दें उसके बाद हल्का सा चलाकर ढक दें। परोसने वाले बर्तन में निकालकर गर्म-गर्म परसें।

नोट : यदि चावल प्रेशर कुकर में पका रहे हैं तो प्रेशर कुकर में पानी गर्म होने पर उसमें चावल डालें। प्रेशर कुकर में पानी डेढ़ कटोरी डालें एक सीटी आने के बाद आँच धीमी कर दें। इसके एक दो मिनट बाद गैस बंद कर दें। कुकर की भाप निकल जाने पर कुकर खोलें। चावल हल्के हाथ से चलायें, ढक दें। फिर चार-पाँच मिनट प्रेशर कुकर में से निकालकर परोसने वाले बर्तन में रखकर गर्म-गर्म परोसें। प्रेशर कुकर में एक कटोरी चावल में दो कटोरी तक पानी पड़ जाता है, यदि चावल ज्यादा नरम बनाने हैं।

चावलों को दाल या रसेदार सब्जी के साथ या कढ़ी, राजमा के साथ परोसें।

सब्जियों के साथ पुलाव

सामग्री :

चावल	- एक कटोरी
पानी	- दो कटोरी
शुद्ध घी	- एक छोटी करछी
लौंग	- दो
छोटी इलायची	- दो
बड़ी इलायची	- एक
नमक	- एक छोटी चम्मच

तेजपत्ता - एक या दो

दालचीनी - आधा इंच का छोटा टुकड़ा

जीरा - आधी छोटी चम्मच

थोड़े से किशमिश, काजू - ऐच्छिक

पुलाव में डालने के लिए सब्जियाँ : एक छोटा आलू, एक गाजर, चार-पाँच फ्रेंच बीन, आधी कटोरी कटी हुई फूलगोभी, आधी कटोरी छिली हुई मटर।

विधि : चावलों को साफ कर धोकर बनाने से दो घण्टा पहिले या कम से कम आधा घण्टा पहिले दो कटोरी पानी में भिगो दें। फ्रेंच बीन को धोकर बारीक-बारीक काट लें। आलू को खखोर कर छोटे टुकड़े कर लें, गाजर को खुरचकर छोटे टुकड़े कर लें, गाजर के बीच का कड़ा पीला हिस्सा निकाल दें। फूलगोभी के भी छोटे टुकड़े रखें। चावलों को पानी से निकाल लें। पानी अलग रखें।

प्रेशर कुकर में घी गर्म करें, उसमें जीरा, इलायची, लौंग, तेजपत्ता, दालचीनी डालें। कटी सब्जियाँ डालें और दो एक मिनट फ्राई करें, चावल डालें और इसे भी हल्का भूनें, दो एक मिनट तक। चावलों से निकला अलग रखा पानी डालें। नमक डालें। यदि पुलाव सफेद रखना है तो हल्दी डालने की जरूरत नहीं है, यदि हल्का पीला रंग चाहते हैं तो चौथाई चम्मच हल्दी डाल सकते हैं। अथवा चौथाई छोटी चम्मच डेगी लालमिर्च डाल सकते हैं। अथवा दो एक चुटकी केसर पानी में भिगोकर मसलकर डालें। कुकर में एक सीटी तेज आँच पर आने दें। उसके बाद आँच धीमी कर दें। धीमी आँच पर एक दो मिनट पकाने के बाद गैस बंद कर दें। कुकर की भाप निकलने पर खोलें। पाँच-सात मिनट कुकर में ही रखा रहने दें, ढककर। बाद में हल्के हाथ से चलाएँ। परोसने वाले बर्तन में निकालें।

गर्म-गर्म परोसें। सजाने के लिए एक चम्मच किशमिश एवं काजू हल्का फ्राई करके डाल सकते हैं। पुलाव के साथ दही अथवा रायता परोस सकते हैं।

नोट : यदि चावल भगोने या कड़ाही में पका रहे हैं तो मोटे तली का लें। घी गर्म करके मसाले, सब्जी एवं चावल दो चार मिनट हल्का फ्राई करके पानी व नमक डालें। धीमी आँच पर चावल ढककर पकने तक रखें। बीच में चलायें नहीं। दस से पंद्रह मिनट चावल पकने में लगेंगे। इसके बाद गैस बंद कर दें। पांच सात मिनट भगौने या कड़ाही में ही चावल ढककर रखे रहने दें। भाप में रखे रहने से चावल धीरे-धीरे अच्छे से सीझ जाते हैं। नरम रहते हैं।

पनीर पुलाव

आलू, गाजर, बीन्स, मटर आदि सब्जियों की जगह 60 ग्राम (साठ ग्राम) पनीर लें। पनीर के आधा इंच के छोटे-छोटे टुकड़े कर लें एवं इन्हें भूरा होने तक तलकर निकाल लें। फिर ऊपर लिखे सब्जियों के पुलाव की तरह बनाएँ। चावल फ्राई करने के बाद तले पनीर के टुकड़े डालें एवं तब पानी डालें। बाकी सब तरीका ऊपर लिखे पुलाव की तरह है।

गर्मागर्म सर्व करें, सजाने के लिए साथ में आलू के फिंगर चिप्स रखें।

तहरी ताजी हरी मटर के साथ

[पुलाव एवं बिरयानी से पहिले घरों में तहरी का ही चलन था। जो चावलों में चने की दाल, या ताजी मटर डालकर पकाई जाती थी, या लौकी कद्दूकस कर डाली जाती थी एवं साथ में थोड़ी सी मूँग की धुलीदाल। अथवा मूँगदाल की मँगौरी एवं किशमिश डाली जाती थी।]

सामग्री :

चावल	- एक कटोरी
पानी	- दो कटोरी/अढ़ाई कटोरी
नमक	- एक छोटी चम्मच
घी	- एक छोटी करछी या दो बड़ी चम्मच
हल्दी	- चौथाई छोटी चम्मच

ताजी नरम छिली मटर - एक कटोरी

तेजपत्ता - दो

लौंग - दो

जीरा - आधी छोटी चम्मच

कालीमिर्च साबुत - दो

विधि : चावलों को साफ करके धोकर कम से कम बनाने के आधा घण्टा पहिले पानी में भिगो दें। उस पानी को हटाना नहीं है, उसी में चावल पकाने हैं। भगोने में घी डालें, गरम होने पर उसमें जीरा, कालीमिर्च, लौंग, तेजपत्ता डालें, एक मिनट बाद मटर डालें, दो तीन मिनट मटर भूनें, फिर चावल डालें, दो मिनट तीन मिनट चावल चलायें, फिर पानी डालें, नमक डालें, हल्दी डालें। पानी में उबाल आने पर आँच एकदम धीमी कर दें। भगौना ढक दें। चांवल धीमी–धीमी आँच पर पकने दें। आँच को धीमा रखने के लिए चावल के भगौने के नीचे तवा रख सकते है, इससे हल्की आँच में चावल पकते रहेंगे। बीच में चलायें नहीं। करीब पंद्रह मिनट बाद देखें, चावल पककर नरम हो गए है तो चावल चलाकर आँच बंद कर दें। चावलों को पांच-सात मिनट ढककर भगौने में ही पड़ा रहने दें। उसके बाद निकाल कर गरम-गरम परोसें। साथ में दही या रायता दें।

नोट: चावलों में पानी का अन्दाज करने का पुराना तरीका यह था कि भगौने में इतना पानी डालें जो चावलों से डेढ़ अंगुल से अधिक ऊँचा न रहे। अंगुली के पोरों से नाप लेते थे कि डेढ़ पोर तक पानी ऊँचा रहे।

यदि कुकर में पका रहे हैं तो एक प्रेशर आने के एक दो मिनट बाद गैस बन्द कर दें और भाप निकलने के बाद प्रेशर कुकर खोलें। प्रेशर कुकर में पानी कम पड़ेगा, एक कटोरी चावल में करीब दो कटोरी पानी।

तहरी लौकी एवं मूँगदाल के साथ

तहरी की जो सामग्री ऊपर लिखी है, वही इसके लिए भी है, फर्क इतना है कि इसमें मटर की जगह लौकी पड़ेगी और एक बड़ी चम्मच

मूँगदाल पड़ेगी। मूँगदाल को भिगो दें। करीब दो सौ ग्राम लौकी छिलका छुड़ाकर कद्दूकस कर लें। घी में जीरा, तेजपत्ता, लौंग का तड़का देने के बाद मूँगदाल व कसी हुई लौकी डालें। दो-तीन मिनट इन्हें चलाने के बाद चावल पानी, नमक हल्दी डालें और पकने तक धीमी आँच पर रखें। बाद में आँच बंद करने के 5-6 मिनट बाद तक ढकी रहने दें। उसके बाद गर्म-गर्म सर्व करें।

तहरी मूँग की मँगौरी एवं किशमिश के साथ

सामग्री :

चावल	- एक कटोरी
पानी	- तीन कटोरी/साढ़े तीन कटोरी
नमक	- एक चम्मच छोटी
घी	- एक करछी
ताजी मँगौरी	- एक कटोरी
किशमिश	- एक बड़ी चम्मच
हल्दी	- आधी छोटी चम्मच
तेजपत्ता	- दो
बड़ी इलायची	- एक
लौंग	- दो
जीरा	- आधी छोटी चम्मच
मँगौरी के लिए	- मूँगदाल करीब 40 ग्राम, आधी कटोरी से कम
घी	- तलने के लिए

विधि : मूँगदाल को दो घण्टे पानी में भिगो दें। उसके बाद पानी से निकालकर सिल पर या मिक्सी में महीन पीस लें। अच्छे से फेंट लें। फेंटी

हुई दाल की एक बूंद पानी में टपकाएँ, यदि बूंद ऊपर उठ आती है तो दाल ठीक से फिट गई है।

कड़ाही में तेल गरम करके मूँगदाल की छोटी-छोटी गोल पकौड़ी बना लें। इन्हीं को मँगौरी कहते हैं। तलकर अलग रख लें।

चावलों को कम से कम आधा घण्टा पानी में भिगोयें। भगौने में घी गरम करके उसमें जीरा, लौंग, इलायची, तेजपत्ता एवं हल्दी डालें। किशमिश एवं चावल डालें। दो एक मिनट चलायें। मंगौरी डालें, चावलों से निकला पानी डालें, नमक डालें और उबाल आने पर आँच धीमी कर दें एवं ढक दें। चावल पकने तक धीमी आँच पर पकायें। आँच बंद कर दें। थोड़ी देर भगौने में ही तहरी रखी रहने दें ढककर। उसके बाद गर्म-गर्म परोसें।

इसके साथ दाल, रसेदार सब्जी, दही या रायता जो पसंद हो ले सकते हैं।

दही चावल

सामग्री :

उबले चावल	- 200 ग्राम
दही	- 150 ग्राम
पानी	- दो छोटी चम्मच
नमक	- चौथाई (1/4) छोटी चम्मच
तेल/घी	- एक छोटी चम्मच
हींग	- एक चुटकी
चनादाल	- एक छोटी चम्मच
उड़द दाल	- आधी छोटी चम्मच

अदरक	- आधे इंच का टुकड़ा, बारीक कटा
साबुत लालमिर्च	- एक डण्डी हटा करके
साबुत हरीमिर्च	- एक (छेद करके)
करीपत्ता	- 15-20 नरम पत्तियाँ

विधि : दही को पानी व नमक से मथ लें। चावलों को उबाल लें। अथवा उबले हुए चावल ले लें।

छौका : कड़ाही में तेल गरम करें। उसमें सरसों दाने, हींग, चनादाल, उड़ददाल डालें, हल्का भूरा होने तक भूनें। साबुत लालमिर्च, अदरक, हरीमिर्च डालें, करीपत्ता डालें। दो मिनट भूनें, फिर गैस बंद कर दें। कड़ाही में दही व चावल डालें और सबको इन मसालों से अच्छी तरह मिला दें। परोसने वाले बर्तन में निकालें। काजू, किशमिश फ्राई करके सजा सकते है। केसर डाल सकते हैं।

ठण्डा या गरम जैसा भी पसंद हो, परोसें। साथ में आम का अचार या कोई भी मनपसंद अचार रखें। वैसे यह ठण्डा खाया जाता है।

नोट : यदि केले का पत्ता हो तो केले के पत्ते पर परोसें। यह दक्षिण भारत की डिश है और केले के पत्ते पर परोस कर दी जाती है। हरे केले के पत्ते पर सफेद दही चावल, हरा करीपत्ता व लालमिर्च एवं भूरे सरसों दाने पड़े हुए सुंदर तो लगते ही हैं, स्वादिष्ट भी होते हैं।

दूसरे तरीके से भी ये चावल बनाए जाते हैं। एक कप उबले हुए चावल में दूध भरकर दही जमा दें। जमने पर छौंक ऊपर से डाल दीजिये।

नींबू चावल (लैमन राईस)

सामग्री :

उबले चावल	- 200 ग्राम
नींबू	- एक

नमक	- चौथाई छोटी चम्मच
तेल	- एक छोटी चम्मच/या दो छोटी चम्मच, रुचि के अनुसार
सरसों दाना	- आधी छोटी चम्मच
चनादाल	- दो छोटी चम्मच
उड़द दाल	- एक छोटी चम्मच
मूँगफली	- दो छोटी चम्मच
पिसा मेथीदाना	- चौथाई छोटी चम्मच (एच्छिक)
करीपत्ता	- 15-20 नरम पत्तियाँ
पिसी हल्दी	- चौथाई छोटी चम्मच
खड़ी लालमिर्च	- एक

विधि : कड़ाही में तेल/घी गरम करें। हींग डालें। सरसों दाना डालें, सरसों पटपटाने दें। दाल, मूँगफली, खड़ी लालमिर्च, पिसा मेथी दाना डालें, करी पत्ता डालें। हल्का भूरा होने तक भूनें। इसमें उबले चावल डालकर अच्छे से मिला दें। गैस बंद करें। नींबू का रस इसमें निचोड़ कर अच्छे से चलायें। गर्म-गर्म चावल लें। यह ठण्डा भी अच्छा लगता है।

नोट : इसे एकदम सादा भी बना सकते है। छौंक में केवल सरसों दाना या राई दाना डालें। हल्की सी हल्दी डालें। एक खड़ी लालमिर्च डालें। करीपत्ते डालें, नमक डालें। चावल डालकर हल्के से चलाएँ, अच्छे से मिला दें। ऊपर से आधा नींबू निचोड़ दें।

अथवा यदि कच्चे नारियल का उपयोग करना चाहें तो एक दो छोटी चम्मच कसा हुआ नारियल भी डाल सकते हैं।

यदि चावल बच गए हैं, तो उन बचे चावलों का लेमन राईस बना कर उपयोग कर सकते है। बच्चे तो खुशी से खा ही लेते हैं, बड़े भी शौक से खाते है। बिना प्रयास के स्वादिष्ट डिश बन जाती है।

इमली चावल

[यह भी लेमन राईस की तरह बनता है, अंतर इतना है कि इसमें नींबू की जगह इमली का रस डाला जाता है, साथ में पिसी लालमिर्च एवं कालीमिर्च का इस्तेमाल कर सकते है]

सारी सामग्री लेमन राईसकी तरह लें। नींबू की जगह इमली इस्तेमाल करें। दो छोटी चम्मच इमली आधी कटोरी पानी में फुला दें। करीब आधा घण्टे बाद इमली को मसलकर उसका रस (जूस) निकाल लें।

कड़ाही में तेल गरम करें। उसमें हींग, सरसों दाने, खड़ी लालमिर्च, हल्दी, चौथाई चम्मच कुटी लालमिर्च, चौथाई चम्मच कुटी कालीमिर्च एवं करीपत्ते डालें। नमक डालें। एक दो मिनट तक भूनें। फिर इसमें इमली का रस डालकर पकने दें। जब रस पककर गाढ़ा हो जाये तो इसमें चावल डालकर मिला दें। गैस बंद कर दें। चावलों को कुछ मिनट के लिए ढक दें। फिर इस्तेमाल में लायें।

नोट : ज्यादा खट्टा पसंद नहीं है तो इसमें इमली के साथ थोड़ा गुड़ या आधी छोटी चम्मच चीनी डाल सकते है, ऊपर से 5-6 तले काजुओं से सजा सकते हैं, या किशमिश डाल सकते हैं।

बचे हुए चावलों का इसमें उपयोग कर सकते है।

मीठे चावल

सामग्री :

बासमती चावल	- एक कटोरी
पानी	- 2½ कटोरी / 2 कटोरी
चीनी	- पौना कटोरी (3/4 कटोरी)
किशमिश	- दो बड़ी चम्मच

विधि : साफ चावलों को धोकर 2½ कटोरी पानी में बनाने से कम से कम एक घण्टा पहिले भिगो दें। फिर चावलों को निकाल लें और पानी

को भगोने या कड़ाही में गरम होने रखें। जिस बर्तन में चावल पकायें, वह भारी तली का हो। पानी उबलने पर उसमें चावल डाल दें, आँच एकदम धीमी कर दें। धीमी आँच पर चावलों को कम से कम दस मिनट पकने दें। जब चावल गल जाये और हल्का पानी रह जाय तो चीनी डालकर चलाकर चावलों को ढक दें। आँच धीमी ही रहे। आँच एकदम धीमी करने के लिए चावल के बर्तन के नीचे तवा रख दें। इस तरह करीब आधा घण्टे तक बहुत मंदी आँच में चावलों को पकने दें। उतारने से थोड़ी देर पहिले किशमिशों को साफ करके पानी से धोकर चावलों पर डाल दें। जब सब पानी सूख जाय, गैस बंद कर दें। चावलों को 5-6 मिनट ढककर भगौने में ही रहने दें। उसके बाद गर्म-गर्म परोसें।

नोट : चावलों में इच्छानुसार किशमिश के साथ थोड़े से कटे बादाम, पिस्ते व पिसी इलायची डाल सकते हैं।

दूध के साथ चावल

इसी तरह दूध के चावल भी बनाये जा सकते हैं। अंतर इतना है कि इसमें पानी की जगह 2½ कटोरी दूध डाल दें और साथ में आधा कटोरी पानी भी डाल दें।

दूध में चावल डालने से पहिले एक बड़ी चम्मच शुद्ध घी में चावलों को हल्का भूनकर तब उसमें दूध और पानी डालें।

बिरयानी

[बिरयानी में चावलों को पहिले उबाल लिया जाता है। उतना ही उबाला जाता है कि दो कनी चावल गल जाय। चावल में तीन कनी होती हैं। बाद में चावलों को दस-पंद्रह मिनट दम करने पर या अवन में बेक करने पर यह तीसरी कनी भी गल जाती है और अच्छे खिलवाँ चावल पक जाते हैं। सब्जियाँ अलग से पकाई जाती हैं। फिर चावल में सब्जी मिलाकर थोड़ा घी डालकर तब चावल को दम किया जाता है या बेक किया जाता है। सब्जियाँ मसालें सब वही हैं, पकाने का ढंग फर्क कर देने से स्वाद में फर्क

आ जाता है। इसमें घी, काजू, किशमिश आदि अधिक पड़ता है। शाकाहारी बिरयानी एक तरह से पुलाव का ही परिवर्तित रूप है।]

सामग्री :

बासमती चावल	- एक कटोरी
पानी	- डेढ़ (1½) कटोरी
लौंग	- दो
छोटी इलायची	- दो
छिली हुई मटर	- आधी कटोरी
नींबू	- एक
आलू	- एक, छिलका खुरचकर टुकड़े किया हुआ
फूलगोभी	- कटे हुए टुकड़े करीब आधी कटोरी
गाजर	- आधी कटोरी, साफ करके टुकड़ों में काटी हुई
अदरक	- एक छोटी चम्मच पिसा हुआ
हरीमिर्च	- एक छोटी चम्मच पिसी हुई
कुटी लालमिर्च	- चौथाई चम्मच
पिसी हल्दी	- चौथाई छोटी चम्मच
नमक	- एक छोटी चम्मच या स्वादानुसार
शाहजीरा	- आधी छोटी चम्मच
शुद्ध घी	- दो बड़ी चम्मच, ऊपर से डालने के लिए
तेजपत्ता	- एक
तेल/घी	- सब्जी तलने के लिए
दालचीनी	- आधे इंच का छोटा टुकड़ा
गरम मसाला	- आधी छोटी चम्मच

ताजी दही	- आधी कटोरी अच्छे से मथी हुई
पोस्तादाना	- एक बड़ी चम्मच पिसा हुआ

विधि : चावलों को बीनकर, साफ कर, धोकर आधे घण्टे डेढ़ कटोरी पानी में भिगो दें। उसके बाद पानी अलग रख लें। चावल अलग निकाल लें। पानी नाप लें, कम है तो और मिलाकर डेढ़ कटोरी कर लें। भारी तली के बर्तन में पानी खौलायें। उबलते पानी में चावल डालें। आधी छोटी चम्मच नमक डालें, लौंग डालें, इलायची डालें। आँच एकदम धीमी कर दें, चावलों को ढक दें। सात-आठ मिनट धीमी आँच में पकने दें। पानी सूखने पर बंद कर दें। उसी बर्तन में ढककर रखा रहने दें, करीब 5-6 मिनट। बाद में खोलकर चावल चलाकर निकालें। चावल की दो कनी सीझ गई हों। अर्थात करीब दो हिस्सा चावल गल गया हो, अंदर की एक कनी बाकी रह गयी हो।

कड़ाही में सब्जी तलने के लिए घी गरम करें। उसमें बारी-बारी से सब्जियाँ तलकर निकाल लें। पहिले मटर डालें और तुरंत निकाल लें। आलू धीमी आँच मे तलें, वे गल जायें और हलके सुनहरी हो जायें, अब फूलगोभी डालकर दो-तीन मिनट तलें। फूलगोभी का फूल वाला हिस्सा ऊपर की तरफ रखें तलते समय। इसी तरह गाजर हल्की आँच में तलकर निकाल में। तली हुई सब्जियाँ अलग रखें।

नोट : यदि काजू किशमिश डालने है तो दो बड़ी चम्मच काजू एवं दो बड़ी चम्मच किशमिश लें। उन्हें भी पहिले किशमिश डालकर बाद में काजू डालकर फ्राई करें। किशमिश डालते ही तुरंत निकाल लें। काजू को धीमी आँच में आधी मिनट/एक मिनट तलें कि हल्के गुलाबी हो जाये या जरा सा रंग पलट जाय।

कड़ाही में चार बड़ी चम्मच घी गरम करें। इसमें शाहजीरा, तेजपत्ता और दालचीनी डालें, पिसा अदरक, पिसी हरीमिर्च डालें, कुटी लालमिर्च डालें, आधी छोटी चम्मच नमक डालें। हल्दी डालें, पिसा हुआ पोस्ता दाना डालें। हल्का सा भूनें। अब इसमें तली हुई सब सब्जियाँ

डालकर अच्छे से मिला दें। गैस बंद कर दें। इस मसाले व सब्जियों में मथी हुई दही मिला दें।

एक बेकिंग डिश में नीचे से घी से चिकना करके आधे चावल फैलायें,उसके ऊपर सब्जियाँ फैलायें, फिर बाकी चावल सब्जियों पर ढककर फैला दें। दो बड़ी चम्मच घी पिघलाकर ऊपर फैलाकर डाल दें। यदि हरा धनिया एवं पौदीना पसंद है, तो थोड़ा सा बारीक कटा हरा धनिया एवं पौदीना ऊपर छिड़क दें, इसके ऊपर नींबू का रस निचोड़ दें। ऊपर से गरम मसाला भी डाल दें। बेकिंग डिश को फॉयल से ढक दें और अॅवन में 15 मिनट तक 180° सेल्सियस पर बेक करें। तले हुए काजू एवं किशमिश से सजाकर सर्व करें।

नोट : अॅवन की बजाय तवे पर बेक करना— किसी भारी तली के भगोने को चिकना करके उसमें चावल फैलाएँ, सब्जी लगायें, फिर चावल डालें, घी डालें एवं ऊपर बताए तरीके से सजाकर ढककर गर्म तवे पर रख दें। आग धीमी कर दें और 15 मिनट तक धीमी आँच पर दम होने दें। उसके बाद आँच बन्द कर दें। अॅवन में रखने के बजाय इस तरह भी चावल बेक कर सकते हैं। इस तरह पकाने से चावल की तीसरी कनी भी गल जाती है, चावल अच्छे से खिलवाँ और नरम बन जाते हैं।

नोट : सब्जी मनपसन्द कुछ भी बढ़ा सकते हैं या घटा सकते हैं। यह अपनी पसन्द के ऊपर है। यदि बैंगन पसन्द है तो लम्बी पतली बैंगन के गोल चन्दे करके फ्राई कर सकते हैं (तल सकते हैं)। यदि टमाटर पसन्द हैं तो टमाटर के छोटे-छोटे टुकड़े करके फ्राई कर सकते हैं, या शिमला मिर्च के बीज हटाकर और गूदा साफ करके, गोल काटकर फ्राई करके डाला जा सकता है। विभिन्नता लाने के लिए अपनी इच्छानुसार परिवर्तन कर सकते हैं। मसाले कम ज्यादा कर सकते हैं। पोस्ता दाना नहीं डालना चाहें तो न डालें। अथवा लहसुन प्याज डालना चाहें तो उनको काटकर या उनका पेस्ट बनाकर डाला जा सकता है। यदि मेवा नहीं पसन्द है तो काजू किशमिश न डालें। बारीक कटी प्याज फ्राई करके डाल सकते हैं।

कटहल की बिरयानी

सामग्री :

चावल	- दो कप
कटहल	- एक किलो
दही	- एक कप
टमाटर	- चार बारीक काटकर
गर्म मसाला	- थोड़ा सा साबुत
पिसा गर्म मसाला	- एक छोटी चम्मच
हल्दी	- एक छोटी चम्मच
लालमिर्च	- दो छोटी चम्मच
पिसा अदरक	- एक बड़ी चम्मच
नमक	- स्वाद के अनुसार
तेल	- एक करछी
पुदीने के पत्ते	- 15 से 20
मक्खन	- दो बड़ी चम्मच
तलने के लिए तेल	-

विधि : चावल बीस मिनट तक भिगोयें। भीगे चावल साबुत गरम मसाले के साथ उबालें, जब एक कनी गलने से रह जाय, तब छान लें। कटहल के टुकड़ों को उबालकर तल लें।

थोड़े तेल में कटे टमाटर, पिसा अदरक डालकर भूनें, हल्दी, लालमिर्च, नमक डालें। टमाटर भुन जाये तो कटहल डालकर मिलायें। फिर उसमें दही डालकर थोड़ी देर पकायें।

अब बेकिंग डिश में पहिले कटहल की तह लगायें, फिर इस पर चावल डालें, फिर कटहल डालें, फिर इस पर चावल की तह लगायें।

ऊपर से मक्खन के टुकड़े रखें। पोदीने के पत्ते डालकर थोड़ा गरम मसाला छिड़क दें। अल्युमिनियम फॉयल से ढककर अवन में पंद्रह मिनट पकायें।

नोट : यदि प्याज लहसुन भी डालना चाहें तो तीन प्याज एवं एक चम्मच लहसुन लें, इन्हें पीस लें एवं अदरक के साथ ही भून लें।

कटहल का छिलका छुड़ाने से पहिले हाथ में व चाकू में तेल लगा लें, इससे काटते समय कटहल चिपकेगा नहीं।

डोसा

तीन हिस्से उसना चावल और एक हिस्सा धुली उड़द की दाल लेकर अलग-अलग भिगो दें। भीग जाने पर अलग-अलग पिसवा लें, या मिक्सी में पीस लें। दाल चावल चुनकर साफ करके धोकर तब भिगोएँ।

इसमें उसना चावल जिसे सेला चावल भी कहते हैं, डाला जाता है। चावल को कम से कम आठ घण्टा भीगने दें। दाल को भी कम से कम आठ घण्टा भीगने दें। अच्छा हो कि रात को दाल एवं चावल अलग-अलग भिगोकर रख दें। उसी पानी में इन्हें पीसें।

भीगे चावल को मिक्सी में उसी का पर्याप्त पानी डालकर बारीक पीस लें, जैसा कि गाढ़ा घुला पकौड़ी का बेसन होता है। दाल को भी वही पानी डालकर गाढ़ा पीस लें।

चावल में व दाल में अंदाज का नमक डालकर अलग-अलग चार घण्टे तक रखें। बाद में दोनों को मिलाकर रखें। इससे ज्यादा अच्छा खमीर उठता है। शुरू में ही डोसा फैलाने लायक अंदाज का पानी डालकर रखें तो ज्यादा ठीक रहता है।

चावल दाल मिले घोल को गरम जगह पर रात भर छोड़ दें। एक रात में अच्छा खमीर उठ आता है, और फूलकर घोल करीब दुगना हो जाता है।

सामग्री :

उसना चावल (सेला)	-	तीन कटोरी
धुली उड़द दाल	-	एक कटोरी
मेथी दाना	-	एक छोटी चम्मच
चूड़ा	-	एक कटोरी
चनादाल	-	एक बड़ी चम्मच
मूँगदाल	-	एक बड़ी चम्मच
नमक	-	एक छोटी चम्मच
तेल/घी	-	डोसा सेकने लायक

विधि : दाल व चावल को सुबह अलग-अलग पानी में भिगो दें। उड़द दाल में ही थोड़ी सी मूँगदाल एवं चने दाल मिला दें एवं मेथीदाना भी मिला दें। दिन भर भीगने दें। शाम को अलग-अलग पीस लें। चावल पीसते समय उसी में चूड़ा डालकर पीस लें। दोनों को अलग-अलग रखें। चार घण्टे बाद दोनों को मिला दें, नमक डालकर छोड़ दें। रात भर किसी गर्म जगह रखा रहने दें इससे खमीर अच्छा उठेगा। यह ध्यान रखें कि जिस पानी में दाल चावल भिगोये हैं, वह पानी फेंके नहीं, उसी पानी में दाल व चावल पीस लें। पानी अंदाज से लें।

एक तवे पर घी लगाकर चिकना करें। तवा गर्म होने पर पानी का छींटा दें और एक करछी घोल तवे पर एक सा गोलाई में चीले की तरह फैला दें। चारों तरफ तेल/घी एक छोटी चम्मच डालें। जब डोसे के किनारे तवा छोड़ दें और डोसा नीचे से हल्का भूरा हो जाए, डोसे को तवे से उतार लें। इसी तरह सब डोसे बना लें।

गर्म सांभर एवं नारियल की चटनी के साथ डोसा परासें। डोसे को आधा मोड़कर दें या ऐसे ही दें।

नोट: 1. चूड़े की जगह एक कटोरी बचा हुआ बासी सादा चावल भी चावल पीसते समय मिलाया जा सकता है।

2. तीन कटोरी सेला चावल की जगह दो कटोरी सेला चावल एवं एक कटोरी अरवा चावल मिलाकर भिगोया जा सकता है।

3. इसी डोसे के अंदर आलू वगैरह भर देने से मसाला डोसा बन जाता है।

डोसे की भरावन (फिलिंग्स)

चार-पाँच आलू को उबाल लें। छीलें और मोटा-मोटा मसल लें। एक पैन/कड़ाही में थोड़ा तेल गरम करें, सरसों दाना डालें, एक छोटी चम्मच धुली उड़द दाल, एक छोटी चम्मच चना दाल, जरा सा अदरक कटा हुआ, एक दो हरीमिर्च बारीक कटी हुई और एक बड़ी चम्मच करीपत्ता, हल्दी आधी छोटी चम्मच, नमक एक छोटी चम्मच या अंदाज से डालें।

घी में सरसों दाना पटपटाने पर दोनों तरह की दाल डालकर हल्का भूरा होने तक भूनें। फिर अदरक, हरीमिर्च एवं करीपत्ता डालकर भूनें। यदि प्याज लेनी हैं तो थोड़ी कटी हुई प्याज डालें। हल्दी व नमक डालें।

इसी में मसले हुए आलू डालें और ठीक से मिलाकर उतार लें।

नोट : यदि अन्य सब्जियाँ भी डालनी है, तो आधे आलू लें, और आधे में कटी हुई गाजर, मटर एवं फूलगोभी का मिश्रण लें और एक टमाटर भी डालें, प्याज नमक हल्दी डालने के बाद ये सब्जियाँ डालें।

पनीर की भरावन : गाजर, मटर, फूलगोभी की जगह पनीर एवं टमाटर डाला जा सकता है। इसके लिए कॉटेज पनीर लें।

उत्तपम

इसके लिए सादे डोसे वाला घोल ही चाहिए। उत्तपम के ऊपर फैलाने के लिए थोड़ी-थोड़ी गाजर, पत्तागोभी, टमाटर, करीपत्ता, हरीमिर्च लें। सब्जियों को बारीक काटकर हल्के तेल में थोड़ा भूनें। उसको थोड़ा तेल से चिकना करें।

तवे पर एक करछी भर घोल डालकर मोटा डोसा फैलायें। इसके ऊपर सब्जियाँ डाल दें। एक छोटी चम्मच तेल चारों तरफ डालें ढक दें व धीमी आँच में पकायें। इसको दोनों तरफ हल्का भूरा होने तक सेकें।

सांभर व नारियल चटनी के साथ गर्म-गर्म दें।

इडली

सामग्री :

सेला चावल (उसना चावल) - एक कटोरी

अरवा चावल - एक कटोरी

धुली उड़ददाल - एक कटोरी

नमक - आधी चम्मच

दाल चावल को साफ करके अलग-अलग कम से कम आठ घण्टे पानी में फुला कर उसी पानी से पीस लें। डोसे के घोल से इडली का घोल थोड़ा गाढ़ा रहता है। रातभर खमीर उठने के लिए छोड़ दें। घोल फूलकर दुगना हो जायेगा।

इडली के सांचे में तेल लगायें एवं उसमें इडली का घोल डालें। इसे 10-15 मिनट तक भाप में पकायें। इडली पकाने का बर्तन अलग से आता है उसी में पकायें। पानी उबलने पर इडली का बर्तन रखें। पानी इतना रहे कि इडली तक न आए। इडली जब बन जायेगी तो चाकू की नोक से या टूथपिक से छूने पर चिपकेगी नहीं।

हल्का ठण्डा होने पर चाकू की सहायता से इडली को निकाल लें और सांभर व नारियल की चटनी के साथ परोसें।

सूजी का उत्तपम

सामग्री : सूजी, दही, हरा धनिया, हरीमिर्च, नमक

विधि : सूजी को सूखी भूनें, हल्का भूरा रंग होने तक उतार लें। फिर दही मिलाएँ, नमक डालें। हरा धनिया एवं बारीक कटी हरी मिर्च डालें। इसे थोड़ा गाढ़ा रखें। मोटे डोसे की तरह फैला लें और सेक लें। इसमें इच्छानुसार पतले-पतले छोटे टुकड़े काटकर टमाटर या अन्य सब्जियाँ भी डाल सकते हैं। सूजी के बराबर दही लें या दो हिस्सा सूजी और एक हिस्सा दही लें। स्वादिष्ट उत्तपम बन जायेगा।

सूजी की इडली

सूजी से इडली भी बना सकते हैं। इसके लिए दो हिस्सा सूजी एवं एक हिस्सा दही लें, उसमें थोड़ा नमक डालें। यदि दो कप सूजी है तो एक कप दही में घोलें, एक छोटी चम्मच नमक, एक छोटी चम्मच चीनी, एक छोटी चम्मच तेल, एक छोटी चम्मच नींबू का रस डालकर करीब पन्द्रह मिनट छोड़ दें। उसके बाद इडली स्टैण्ड में डालकर करीब 15 मिनट भाप में पकाएं।

38

खिचड़ी

खिचड़ी

खिचड़ी बनाने की विधि

खिचड़ी प्राय: चावल में मूँगदाल मिलाकर बनती है। छिलके वाली दली हुई मूँग दाल या धुली मूँगदाल में से कोई सी भी खिचड़ी में मिलाई जा सकती है। वैसे तो खिचड़ी प्रत्येक दाल की बनाई जा सकती है पर उड़द, मूँग एवं मसूर की दाल चावल के साथ ही गल जाती हैं, जबकि चना, मटर और अरहर आदि की दालें देर से गलती हैं।

विभिन्न तरीके : खिचड़ी पतली या गाढ़ी, भुनी हुई या साधारण या सब्जी आदि डालकर विभिन्न तरीकों से बनाई जा सकती है। पतली खिचड़ी बनाने के लिए पानी ज्यादा रखा जाता है। खिचड़ी के लिए चावल में दाल मिलाने का तरीका भी रुचि के अनुसार फरक है। कुछ लोग बराबर के दाल चावल रखते है, कुछ दो भाग चावल, एक भाग दाल रखते हैं, कुछ तीन हिस्सा दाल एक हिस्सा चावल रखते हैं या दो हिस्सा दाल और एक हिस्सा चावल रखते है।

खिचड़ी गरम-गरम खाने पर ही स्वादिष्ट लगती है। अत: जब खाना हो उससे कुछ देर पहिले ही खिचड़ी बनाएँ। पहिले से बनाकर न रखें। धार्मिक त्यौहार मकर सक्रांति के अवसर पर छिलके वाली दली हुई उड़द दाल एवं चावल की खिचड़ी बनाने का रिवाज है। इस दिन छिलके वाली उड़द दाल, चावल, घी, पापड़, नमक गुड़ आदि चीज़े दान करने का भी रिवाज है। इस मान्यता से खिचड़ी का महत्त्व पता चलता है। बीमारी आदि में जब और भोजन न पचता हो तब जीरे से छौंककर पतली खिचड़ी पथ्य की तरह दी जाती है।

साधारण खिचड़ी

सामग्री :

छिलकेवाली दली हुई मूँगदाल	- एक कटोरी
टूटे हुए चावल	- आधी कटोरी
जीरा	- आधी छोटी चम्मच

अदरक	- एक छोटी चम्मच पिसा हुआ या बारीक कटा हुआ
	या
पिसी सोंठ	- आधी छोटी चम्मच
हींग	- एक चुटकी
कुटी लालमिर्च	- चौथाई छोटी चम्मच
घी	- एक करछी
पानी	- छह कटोरी

विधि : दाल और चावल को साफ करके मिलाकर पानी में भिगो दें। करीब एक घण्टा भीगने दें।

प्रेशर कुकर में एक छोटी चम्मच घी गरम करें उसमें चौथाई छोटी चम्मच जीरा डालें, कटा पिसा अदरक डालें, हींग डालें, मिले हुए दाल चावल डालें, गरम किया हुआ पानी डालें। जिस पानी में खिचड़ी भिगोई है, उसी को बनाने के काम में लें, कम होने पर आवश्यकतानुसार और मिला लें। एक सीटी आने तक आँच तेज रखें, बाद में धीमी कर दें। धीमी आँच पर सात-आठ मिनट पकने दें। भाप निकलने पर कुकर खोलें। दाल चावल को आपस में अच्छे से मिला दें। देख लें कि ठीक से गल गए हैं।

बाकी बचा घी करछी में गर्म करें, चौथाई छोटी चम्मच जीरा एवं चौथाई छोटी चम्मच लालमिर्च डालकर खिचड़ी में ऊपर से छौंक लगा दें। गर्म-गर्म खाने के लिए परोसें। साथ में दही, पापड़, अचार रखें। आलू का भरता एवं टमाटर की चटनी भी इसके साथ परोसी जा सकती है।

नोट : यह खिचड़ी ढीली बनती है, जरा देर रखने पर थोड़ी गाढ़ी होती जाती है। यदि गाढ़ी खिचड़ी पसंद है तो दुगुने से एक कटोरी ज्यादा पानी डालें। छिलके वाली दाल की खिचड़ी में हल्दी नहीं डालते।

धुली हुई मूँग की दाल की खिचड़ी

सब तरीका जैसा ऊपर छिलकेवाली दाल के साथ लिखा है, वही है, अंतर इतना है कि धुली मूँग की दाल जल्दी गलती है, अत: इसमें पानी एक कटोरी कम डालें और कुकर में धीमी आँच पर चार-पाँच मिनट पकायें। धुली मूंगदाल की खिचड़ी में आधी छोटी चम्मच हल्दी भी डालें।

धुली मूँगदाल की खिचड़ी सब्जियों के साथ

इसका भी तरीका साधारण खिचड़ी जैसा है। अंतर इतना है कि इसमें चावल के साथ सब्जियाँ भी डाली जा सकती है। सब्जी में इच्छानुसार, फूलगोभी, टमाटर, मटर, लौकी, गाजर, कच्चा पपीता काटकर या कद्दूकस कर डाल सकते हैं। इसमें पानी कम पड़ेगा।

प्रेशर कुकर में घी गर्म करने के बाद उसमें जीरा, हींग एवं अदरक का फोरन दें फिर आलू डालकर थोड़ा भूनें, गोभी डालकर थोड़ा भूनें, फिर मिले दाल चावल डालकर चलायें, पानी डालें आधी छोटी चम्मच हल्दी भी डालें। तेज आँच करके पानीगरम होने दें। अच्छा हो यदि पानी पहिले से ही गर्म करके डालें। खिचड़ी के दुगने से एक कटोरी ज्यादा पानी डालें। जैसे डेढ़ कटोरी खिचड़ी है तो चार कटोरी पानी डालें। एक सीटी आने पर कुकर धीमा करें, तीन मिनट बाद बंद कर दें। भाप निकल जाने पर कुकर खोलें। इच्छानुसार गर्म घी का तड़का हींग जीरा, लालमिर्च डालकर दें।

मसालेदार खिचड़ी

[इसमें बराबर का दाल चावल लेते है। आधी कटोरी दाल तो आधी कटोरी चावल और इसको पानी में फुलाते नहीं हैं।]

सामग्री :

धुली मूँगदाल	- आधी कटोरी
टूटे चावल	- आधी कटोरी

घी	- दो बड़ी करछी
जीरा, काला जीरा (मंगरैला)	- आधी छोटी चम्मच
नमक	- एक छोटी चम्मच या स्वादानुसार
कुटी लालमिर्च	- आधी छोटी चम्मच या स्वादानुसार
हल्दी	- आधी चम्मच छोटी
अदरक	- एक इंच का टुकड़ा बारीक काटकर
हींग	- दो चुटकी
कुटा गरम मसाला	- आधी छोटी चम्मच
साबुत कालीमिर्च	- दो
लौंग	- दो
इलायची	- दो
दालचीनी	- आधा इंच का छोटा टुकड़ा
तेजपत्ता	- एक
पानी	- तीन, साढ़े तीन (3½) कटोरी

विधि : दाल एवं चावल को साफकर धोकर हवा में फैला दें। फिर पतीली/भगौने या कुकर में एक बड़ी करछी घी डालकर गरम करें, उसमें हींग डालें, दोनों तरह के जीरे डालें, लौंग, इलायची, दालचीनी, तेजपत्ता डालें, इन्हें एक दो मिनट घी में भूनकर खिचड़ी डालें, हल्दी डालें, खिचड़ी को खूब भूनें कि उसका रंग हल्का पलट जाए, हल्के गुलाबीपन पर आ जाए। जब खूब खुशबू आने लगे तो उसमें गरम किया हुआ पानी तीन या साढ़े तीन कटोरी डालें, नमक डालें। कुकर में बना रहे हैं तो सीटी आने के बाद आँच हल्की कर दें, पाँच मिनट पकने दें।

यदि भगौने, पतीली में पका रहे हैं तो एक उबाल आने के बाद आँच धीमी कर दें। धीमी आँच पर 15-20 मिनट पकने दें। बनने के बाद अच्छे से चलाकर दाल चावल मिला दें। गरम मसाला डालें।

खिचड़ी बन जाने पर परोसने वाले बर्तन में निकालकर छौंका दें। एक पैन/बड़ी करछी में घी गरम करें उसमें जीरा डालें, जीरा होने पर आग से हटा लें, लालमिर्च डालें और छौंका खिचड़ी पर डाल दें।

नोट : खिचड़ी में अलग से भी मक्खन डाला जा सकता है। छौंका बनाकर एक कटोरी में रखा जा सकता है, और अपनी रुचि के अनुसार छौंक कम या ज्यादा डाला जा सकता है।

टिप्स : खिचड़ी में पानी डालना इस बात पर निर्भर करता है कि आप खिचड़ी कैसी खाना चाहते हैं; पतली खाना चाहते है या गाढ़ी खाना चाहते हैं, या न ज्यादा पतली न ज्यादा गाढ़ी। मेरी पसंद के अनुसार सादी खिचड़ी थोड़ी पतली अच्छी लगती है और उसमें पानी डालने का फार्मूला है कि जितनी खिचड़ी है उसका तिगुना पानी और साथ में एक कटोरी और। अर्थात यदि एक कटोरी खिचड़ी है तो तिगुना तीन कटोरी पानी + एक कटोरी पानी एकस्ट्रा। यदि छिलकेवाली खिचड़ी है तो इससे आधी कटोरी पानी और ज्यादा पड़ेगा। मसालेदार खिचड़ी गाढ़ी या खिलवाँ अच्छी लगती है, अत: इसमें पानी कम पड़ता है। मसालेदार खिचड़ी खिली-खिली रहती है और स्वादिष्ट भी लगती है। इसमें शुद्ध घी अच्छे से पड़ता है।

39

दलिया

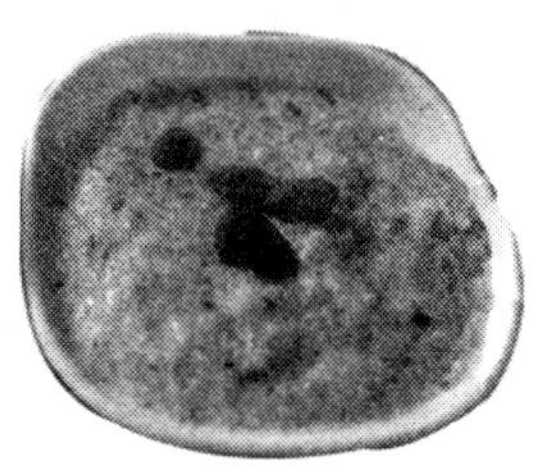

दलिया

दलिया

दलिया भी भिन्न-भिन्न अनाजों का बनाया जाता है। अधिकतर गेहूँ का दलिया बनता है। बाजरे का भी बनाया जाता है। दलिया दो प्रकार से बनाया जाता है— मीठा दलिया और नमकीन दलिया। दलिया सादा भी बनाया जाता है बिना मीठा या नमकीन डाले। इसे दाल तरकारी के साथ खाते हैं, या दूध में मिलाकर खाते हैं। दलिया शीघ्र पचता है और कमजोरी में दिया जा सकता है, यह गुणकारी और खाने में स्वादिष्ट होता है।

गेहूँ का मीठा दलिया दूध के साथ

(दो से तीन व्यक्तियों के लिए)

सामग्री :

दलिया	- आधी कटोरी
पानी	- तीन कटोरी
घी	- एक छोटी चम्मच
चीनी	- दो-तीन छोटी चम्मच स्वादानुसार
दूध	- दो कटोरी

विधि : दलिये को साफ करके एक चम्मच घी में हल्का गुलाबी होने तक धीमी आँच पर भून लें। कुकर में तीन कटोरी पानी गरम करें, उसमें भुना दलिया डालकर चला दें एवं ढकना बंद कर दें। आँच तेज रखें। एक सीटी आने पर आँच धीमी कर दें। 5 से 10 मिनट तक धीमी आँच पर पकने दें। फिर आँच बंद कर दें। प्रेशर खत्म होने पर कुकर खोलें। उसमें दो कटोरी दूध डालकर बिना प्रेशर के धीमी आँच पर पाँच मिनट के करीब पकायें। चीनी डालकर दो मिनट और पकाएँ और उतार लें। इसमें पसंद के अनुसार एक दो इलायची पीसकर डाल सकते है। यदि पसंद है तो एक छोटी चम्मच किशमिश एवं दो-चार बादाम की हवाईयाँ काटकर डाल सकते हैं। गर्म-गर्म सुबह के नाश्ते में दें।

नोट : यदि दलिया सादा रखना है तो इसमें दूध व चीनी न डालें। पकने पर उतार लें। कटोरे में रखकर सर्व करें।

इच्छानुसार अलग से दूध व चीनी अपनी पसंद के अनुसार मिला सकते है।

गेहूँ का नमकीन दलिया

सामग्री :

दलिया	- पौन कटोरी (3/4 कटोरी)
धुली मूँगदाल	- चौथाई कटोरी (1/4 कटोरी)
पानी	- चार कटोरी
नमक	- एक चम्मच
लौकी कसी हुई	- एक कटोरी
जीरा	- आधी चम्मच
हींग	- जरा सा चुटकी भर
अदरक	- बारीक कटा आधी छोटी चम्मच
कालीमिर्च	- चौथाई छोटी चम्मच
लालमिर्च	- चौथाई छोटी चम्मच
घी	- दो-तीन छोटी चम्मच

विधि : कड़ाही में घी डालकर दलिया हल्का गुलाबी होने तक भूनें। कुकर में एक छोटी चम्मच घी डालकर जीरे हींग का छौंक दें, उसमें अदरक डालें। फिर धुली मूँगदाल डालें, कसी हुई लौकी डालें, दलिया डालें, अच्छे से चलाएँ। कालीमिर्च, लालमिर्च डालें। यदि हल्दी डालना चाहते हैं तो चौथाई चम्मच हल्दी डालें। अच्छे से चलाकर पानी डालें। तेज आँच पर एक सीटी आने तक रखें। फिर आँच धीमी कर दें और पाँच से आठ मिनट तक पकाएँ। प्रेशर खत्म होने पर कुकर खोलें।

गर्म-गर्म सर्व करें। इसे दही या रायते के साथ दिया जा सकता है, अचार, चटनी, पापड़ भी साथ रख सकते है। टमाटर की चटनी के साथ भी परोसा जा सकता है।

नोट : यह दलिया बिना मूँगदाल या लौकी डाले भी बनाया जा सकता है। एकदम सादा नमकीन दलिया बना सकते हैं,या इच्छानुसार अन्य सब्जियाँ यथा- गाजर, मटर, फूलगोभी, बीन्स, टमाटर डाल सकते हैं। चटपटा बनाने के लिए अपनी पसंद के अनुसार मिर्च एवं गरममसाला डाल सकते हैं, ऊपर से घी का छौंका डाल सकते हैं।

दलिया पतला या गाढ़ा अपनी इच्छानुसार बनाइये। गाढ़ा रखना है तो तीन कटोरी पानी डालिये और पतला रखना है तो पाँच कटोरी पानी डालिये।

मीठा दलिया हलवे की तरह

सामग्री :

दलिया	- एक कटोरी
पानी	- तीन कटोरी/ चार कटोरी
घी	- एक या दो बड़ी चम्मच
चीनी	- पौना कटोरी (3/4 कटोरी) अथवा स्वादानुसार
छोटी इलायची दाना	- एक या दो पीसकर
किशमिश	- एक चम्मच
बादाम	- 5 या 6 बारीक कटे

विधि : दलिये को घी में धीमी आँच पर भूने,जब तक कि भुनते-भुनते लाली आने लगे। कुकर में तीन कटोरी पानी डालकर पकाएँ। एक सीटी आने पर आँच धीमी करें एवं पाँच मिनट बाद बंद कर दें। प्रेशर खत्म होने पर खोलें। उसमें चीनी डालकर धीमी आँच पर रखकर चीनी घुलने तक पकाएँ। इच्छानुसार मेवा डालें एवं आँच से उतार लें।

सुबह नाश्ते में गर्म-गर्म दलिया सर्व करें। इसे हलवे की तरह भी खाया जा सकता है, अथवा इसमें दूध मिलाकर भी लिया जा सकता है।

बाजरे का मीठा दलिया दूध के साथ

बाजरे में छिलका (भूसी) होता है, अत: पहिले इसे निकालना पड़ता है तब बाजरे को पकाते है। बाजरे को धोकर धूप में थोड़ी देर के लिए फैला दें, अथवा हवा में फैलाकर उसका पानी निकाल दें। उसको ओखली में कूटें और सूप से फटककर भूसी निकाल दें। ओखली में बाजरा पानी का छींटा दे देकर कूटें। दलिया बनाने के लिए बाजरे को मिक्सी में हल्का दल लें अथवा समूचा ही रखें।

सामग्री :

बाजरा	- एक कटोरी
दूध	- तीन कटोरी
पानी	- एक कटोरी
घी	- दो बड़ी चम्मच
चीनी	- एक कटोरी
मेवा	- इच्छानुसार

विधि : घी गरम करके बाजरे को धीमी आँच पर भूनकर लाल करें। कुकर में दूध व पानी डालकर बाजरा डालें और एक सीटी आने तक पकाएँ। उसके बाद बंद कर दें। प्रेशर समाप्त होने पर कुकर खोलें। धीमी आँच पर कुछ देर बाजरा गाढ़ा होने तक पकने दें, इसमें चीनी डाल दें। चलाते रहें। अन्यथा नीचे लग सकता है। गाढ़ा होने पर उतार लें।

इसमें किशमिश एवं कतरे हुए बदाम तथा इलायची कुचल कर इच्छानुसार डाल सकते हैं।

इसे बरफी की तरह भी जमा सकते हैं। थाली को चिकना करके उसमें गाढ़ा दलिया डालकर ठण्डा करें। ठण्डा होने पर बरफी सी काट लें। यह दलिया बल बढ़ाने वाला व भूख बढ़ाने वाला स्वादिष्ट होता है।

नोट : इसे कड़ाही या भगौने में भी पका सकते हैं, किंतु खीर की तरह बराबर चलाते रहना पड़ता है, अन्यथा नीचे लग सकता है, या गोली सी बन सकती है।

अन्नकूट के त्यौहार पर जब तरह-तरह के व्यंजन बनते हैं तब दूध डालकर मीठा बाजरा भी पकाया जाता है।

❑❑❑

40

पूरी

पूरी

पूरी

रोटी आग पर सेकी जाती है, पराठा तवे पर, पर पूरी कड़ाही में पूरा घी/तेल डालकर छानकर निकाली जाती है। तेल पूरा पड़ता है जिसमें पूरी अच्छी तरह से डूब जाय। पूरी कई तरह की बनाई जाती है। जेसे सादी पूरी नमकीन पूरी, बथुए या लालसाग या पालक की पूरी, आलू की पूरी, दलपूरी (चने की दाल भरकर), मटर की पूरी, सत्तू की पूरी, मक्के की पूरी, मक्के में मूली मिलाकर पूरी, मक्के में मेथी मिलाकर पूरी, मक्के में लौकी मिलाकर पूरी। पूरी किसी भी तरह की बना सकते हैं। आवश्यक है कि पूरी का बेसिक ज्ञान हो जाय कि पूरी कैसे बनती है, कैसे आटा साना जाता है।

घरों में प्राय: गेहूँ के आटे की पूरी बनाई जाती हैं। सभी प्रकार की पूरियों के लिए आटा कड़ा साना जाता है। कड़े आटे से पूरी बेलने में असानी होती है और बिना पलोथन (सूखे आटे) के सहारे के पूरी बेली जा सकती है।

सादी पूरी का आटा सानना

पूरी बनाने से यदि कुछ देर पहिले, आधा घण्टा पहिले आटा सानकर रख दिया जाय तो पूरी अच्छी बनती है। पूरी का आटा सानने के लिए धीरे-धीरे पानी डालते हैं, और हाथ से अच्छी तरह से गूंधते जाते है। गूंधने के बाद दोनों हाथों से पानी के सहारे खूब मलते हैं। आटा इतना कड़ा हो कि आसानी से लोई बन जाय एवं बेलने में सुविधा हो, आसानी से बिल जाय, चिपके भी नहीं, किनारे फटें भी नहीं। मठरी के आटे से पूरी का आटा थोड़ा नरम होता है, पर पराठे के आटे से ज्यादा कड़ा होता है। सबसे ढीला रोटी का आटा है, उससे थोड़ा कड़ा पराठे का आटा होता है, उससे कड़ा पूरी का आटा होता है, उससे ज्यादा कड़ा मठरी का आटा होता है। आटा सानने के बाद थाली में हल्का सा तेल लगाकर उसमें आटे को अच्छी तरह से उलट पुलट कर समेटकर ढककर रखें।

पेड़ी या लोई बनाना

आटे की पेड़ी बनाकर रख लें। यदि आधा किलो आटा साना है तो उसमें करीब तीस पेड़ियाँ बन जायेंगी। सब पेड़ियाँ बनाकर हल्का सा तेल का हाथ लगाकर चिकनी थाली में रखें, इससे पेड़ियाँ उठाने के समय चिपकेंगी नहीं। 10-15 मिनट ढककर रखी रहने दें। अच्छी पूरी बनेंगी।

पूरी बेलना

चूल्हे पर कड़ाही चढ़ा दें। उसमें तेल गरम होने रख दें। एवं चकले बेलन के सहारे पूरी बेलना शुरू कर दें। चकले व बेलन को हल्का सा चिकना कर लें इससे पूरी बेलते समय चिपकेंगी नहीं। हल्के हाथ से बेलन चलाकर पूरियाँ बेलते जाय, एक-एक पूरी करके कड़ाही में डालें।

पूरी छानना/तलना

हल्का सी मटर भर आटे की गोली कड़ाही में डालकर देख लें, यदि वह ऊपर उठ आती है, तो समझें कि तेल ठीक से गरम हो गया है, अब पूरी डाल कर तलकर निकालते जायें। जैसे ही डालें, हल्के हाथ से झंझरी से हिलाकर तुरंत पलट दें। पलटते ही पलटते फूल जायेगी। अथवा पलटकर सेकें, हल्का सा दबाकर सेकें, इससे ठीक से फूल जायेगी। जल्दी से निकाल लें। पूरी दो तीन बार पलटने पर ही ठीक से सिक जाती है। पूरी कड़ाही के किनारे पर थोड़ा तिरछा करके तब निकालें, इससे निकालते समय घी नहीं भरेगा।

अच्छा हो यदि पूरी बनाने में शुरू में किसी की सहायता ले लें। एक बेलता जाये एवं दूसरा सेकता जाये। यदि कोई दूसरी सहायता नहीं है तो 5-6 पूरी बेलकर पहिले रख लें तब तलें।

पूरी को रखना

सब बन जाने पर पूरी को दबाकर रखें जिससे नरम बनी रहें। गरम-गरम पूरी भी परोस सकते हैं।

नोट : ये पूरी पराठे से हल्की होती हैं क्योंकि जल्दी-जल्दी घी में तलकर बाहर निकाल ली जाती हैं; जबकि पराठा तवे पर सेका जाता है और जितना घी डाला जाता है, सब उसमें जज़्ब हो जाता है।

दूध के साथ पूरी का आटा सानना

यदि पूरी दो एक दिन रखनी हो, या किसी को यात्रा में साथ ले जाने को देनी हो तो प्राय: दूध में पूरी का आटा सानते हैं। इसको भी पानी में सने आटे की तरह बनाया जाता है। फर्क केवल इतना पड़ता है कि दूध से सनी होने के कारण सिकने पर इनकी रंगत हल्की गुलाबी आ जाती है। कोई-कोई लोग दही से भी आटा सानते हैं।

नमक अजवायन की पूरी

पूरी में आटा सानने से पहिले हल्का सा नमक एवं हल्की सी आजवायन डाल दें फिर आटे को ठीक से मिलाकर पानी या दूध से आटा सानें। आटा ठीक से गूंधने के बाद हाथ में हलका सा घी/तेल लगाकर आटे को हाथ से मलें एवं फिर ढककर थोड़ी देर रखकर तब बनायें। पूरा तरीका सादी पूरी बनाने की ही तरह है।

पूरी के आटे में बेसन मिलाना

एक दो चम्मच बेसन डालकर अथवा दो हिस्सा आटा एक हिस्सा बेसन लेकर भी पूरी का आटा सान सकते है। इसमें हल्का नमक मिर्च एवं एक छोटा चम्मच तेल/घी भी मिला सकते हैं। ये पूरी भी सादी पूरी की तरह बनाई जाती है, फर्क इतना है कि इनमें हल्का कड़ापन होता है, ये उतनी नरम नहीं होती। कभी-कभी स्वाद बदलने के लिए थोड़ी भिन्नता आ जाती है। 1½ कटोरी आटे में एक कटोरी बेसन एवं दो बड़े चम्मच तेल एवं नमक मिलाकर भी पूरी बना सकते हैं।

पालक की पूरी

पालक को साफ करके कड़ाही में हल्का सा भून लें, उसमें हल्का तेल, नमक मिर्च डालें। भूनने के बाद सिल पर पीस लें और पेड़ी के अंदर

भरकर बेल लें। दूसरा तरीका यह है कि पालक को हल्के पानी में उबाल लें। पानी इतना ही डालें कि पालक में सूख जाय, फेंकना ना पड़े। इस पालक को सिल या मिक्सी में पीस लें। पीसने के बाद इसी पालक से आटा सान लें। यदि जरूरत हो तो थोड़ा पानी और डालें। यदि पालक का पानी बचा है तो उसी को डालकर सान लें। यह आटा देखने में हल्का हरा हो जायेगा। सादी पूरी की ही तरह बेलकर सेक लें। देखने में ये पूरी हरी होती हैं।

लाल साग या बथुए की पूरी

ये भी पालक की पूरी की तरह बनती हैं। लाल साग या बथुए को साफ करके धोकर चुन लें, उनकी कड़ी डंडी निकाल दें। इन्हें थोड़े पानी में हल्का उबाल लें। फिर मसलकर कड़ाही में तेल डालकर नमक, मिर्च डालकर भून लें, स्वादानुसार अमचूर एवं गरम मसाला भी डाल सकते है। बथुए को पूरी के आटे के साथ पालक की ही तरह साना भी जा सकता है या पेड़ी के अंदर भरकर तब बेला जा सकता है इसी तरह लाल साग का भी आटे में सानकर या पेड़ी के अंदर भरकर पूरी बनाई जा सकती है।

एक दो आलू उबालकर उसे मसलकर भी बथुए में मिलाया जा सकता है। इसमें भी नमक मिर्च मिलाकर, अमचूर या गरम मसाला पसंद के अनुसार डालकर पूरी के आटे में साना जा सकता है, या पेड़ी के अंदर भरकर तब बेला जा सकता है। अपनी सुविधा अनुसार कोई भी तरीका अपनाया जा सकता है। सरल तरीका यह है कि साग को उबालकर पीसकर आटे में ही सान लिया जाय और तब पूरी बना ली जाय। पर दोनों पूरी का स्वाद में फर्क होता है।

आलू भरकर पूरी

आलू को उबालकर कद्दूकस कर लें। इससे एक से आलू भरते की तरह हो जाते हैं। कहीं मोटे कहीं पतले नहीं रहते। आलू में स्वादानुसार नमक, मिर्च, अमचूर मिला लें। अब थोड़ा कड़ा आटा सान लें। जितने आलू मैश किए हुए कड़े या ढीले हैं उसी के अनुकूल आटा भी कड़ा या

ढीला रखें। इससे आलू पेड़ी/लोई में ठीक से भरे जायेंगे, और पूरी तलने पर फूटेंगे नहीं, पूरी में घी नहीं भरेगा। लोई बनाकर उसमें आलू भर कर पूरी बेल कर तल लें।

या दूसरा तरीका है उबले हुए आलुओं में जितना खपे उतना आटा मिलाकर सान लें, इसमें पानी बिल्कुल न मिलायें, और पूरी बेलकर छान लें।

मटर भरकर पूरी

कच्ची मटर को पीस लें। हरे हरे ताजे मटर हों। पीसने के बाद कड़ाही में हलका तेल डालकर जीरा, नमक, मिर्च, अमचूर डालकर भून लें। थोड़ा सा अदरक भी स्वादानुसार मटर के साथ ही पीस लें। मटर में अदरक की खुशबू एवं स्वाद अच्छा लगता है। इसमें भी मटर एवं आटे का ढीलापन एक सा हो। यह नहीं कि मटर ढीले और आटा कड़ा। जितने ढीले या कड़े मटर हों उतना ही ढीला या कड़ा आटा हो तभी पूरी ठीक से बनेगी और फटेगी नहीं। यदि मटर कड़े हों, तो यह अच्छा होगा कि कुकर में या कड़ाही में उन्हें हल्का सा भाप लगा लें जिससे वे नरम हो जायें और तब उन्हें सिल पर या मिक्सी में पीस लें।

चने की दाल भरकर पूरी

चने की दाल को धोकर बीनकर तीन-चार घण्टे के लिए पानी में भिगो दें। फिर उसे या तो कच्ची पीस लें या। कड़ाही में थोड़े से तेल में हींग जीरे का छौंक देकर नमक, लालमिर्च डाल दें। थोड़ी सी भाप देने के बाद उसे पीस लें। उसमें हल्का गरम मसाला भी स्वादानुसार मिला दें। आटे की लोई में उसे भरकर मटर की पूरी की तरह बना लें।

लुचुई पूरी

यह खास तौर से बंगाल में बनती है। यह मैदे से बनाई जाती है। सादी पूरी की तरह ही इसमें भी मोयन (घी) मैदे में नहीं दिया जाता।

यह बहुत पतली बेली जाती है और बड़ी बेली जाती है। इसको भी सादी पूरी की तरह कड़ाही में तेल में छान लेते हैं।

मसाला भरी मीठी मैदे की पूरी

मैदे की मीठी पूरी में घी का मोयन डाला जाता है। 250 ग्राम मैदे में 15 ग्राम घी डालकर थोड़ा सा दही का पानी मिला दें। फिर पानी या दूध से उसको मुलायम सान लें। अंदर भरने के लिए 60 ग्राम मिश्री/बूरा, 15 ग्राम बादाम, 4-5 लौंग, 7-8 बड़ी इलायची, एक छोटी चम्मच कालीमिर्च, जरा सी जावित्री (¼ छोटी चम्मच) इन सबको मिलाकर एकदम बारीक पीस लें। फिर इस मसाले में हल्का सा घी मिला दें। मैदे की छोटी-छोटी लोई बनाकर उसमें यह तैयार मसाला भर दें। फिर हल्के हाथ से धीरे-धीरे बेलकर धीम आँच में कड़ाही में घी में सेक लें (छान लें)।

मूली की पूरी

मूली उबालकर कांटे या हाथ से मसल लें। फिर थोड़ा तेल देकर, जीरा अजवायन देकर, कड़ाही में भून लें। इसमें इच्छानुसार बारीक कटा हरा धनिया, बारीक कटी हरी मिर्च, बारीक कटा अदरक डालें। यदि प्याज, लहसुन पसंद करते हैं तो वह भी बारीक काटकर डाल सकते हैं। सबको अच्छे से काफी भून लें। इस तरह यह मूली की पिट्ठी बन गई। इस पिट्ठी को आटे की लोई में भरें। पिट्ठी के अनुसार ही आटा ढीला या कड़ा रहेगा। लोई में अंदाज से पिट्ठी भरकर ठीक से लोई बंद करें एवं चकले पर बेल कर पूरी बना लें और कड़ाही में डालकर तल लें।

इस पिट्ठी को आटे में सानकर भी पूरी बना सकते हैं। या केवल पिट्ठी को ही टिकिया की तरह तवे पर सेक सकते हैं, जैसे आलू की टिकिया सेकी जाती है। या पिट्ठी को ऐसे ही बड़े की तरह बनाकर पूरी की तरह तल सकते हैं।

सत्तू की पूरी

(लिट्टी की तरह यह बिहार की खास डिश (भोजन) है। चने का सत्तू बाजार से मंगाया जा सकता है या घर पर भी बनाया जा सकता है।)

(i) आटा गूंधना : आधे किलो आटे में थोड़ी सी अजवायन (करीब आधी छोटी चम्मच) एवं हलका सा नमक (करीब आधी छोटी चम्मच) डालकर अच्छे से मिला लें। इसमें अढ़ाई से तीन बड़ी चम्मच तक तेल डालकर मलें। फिर एक कटोरी दूध डालकर मलें। फिर अंदाज से पानी डालकर कुछ कड़ा आटा सानकर रख दें। आटा न ज्यादा कड़ा हो, न नरम। एक घण्टे आटे को ढककर छोड़ दें। फिर उसकी छोटी-छोटी लोई बना लें। करीब तीस लोई बन जायेंगी, फिर लोई को भी ढककर 10-15 मिनट छोड़ दें।

(ii) सत्तू का मसाला : 250 ग्राम सत्तू, नमक स्वादानुसार (करीब ½ छोटी चम्मच), कलौंजी (मंगरैला) एक छोटी चम्मच, अजवायन आधी छोटी चम्मच, अदरक एक इंच टुकड़ा बारीक कटा हुआ, हरीमिर्च तीन बारीक कटी हुई, लहसुन (वैकल्पिक) छह कली बारीक कटी हुई, सरसों तेल एक छोटी चम्मच, आम के अचार का मसाला डेढ़ छोटी चम्मच, आधे नींबू का रस, एक बड़ी चम्मच बारीक कटा हुआ हरा धनिया, थोड़ा सा पानी छींटा देने को। इन सब मसालों को अंगुलियों के पोरों से सत्तू में मिला दें। फिर पानी की छींटा दे देकर अच्छे से मलते रहें। जब थोड़ा नरम होकर सूखने सा लगे तो हाथ से अच्छे से रगड़कर मलें। करीब दस मिनट मलने में लगेगें। इससे सत्तू भुरभुरा होकर नरम हो जायेगा और अच्छे से भरा जायेगा। इसे भी मलने के बाद 10-15 मिनट ढककर छोड़ दें। यह ध्यान रखें कि एक साथ ज्यादा पानी न डालें।

(iii) सत्तू को लोई में भरना : सत्तू को भी तीस हिस्सों में बाँट लें। एक-एक लोई लेकर अंदाज से थोड़ा-थोड़ा सत्तू भरते जाये, फिर इसी तरह सब लोई बना लें।

कड़ाही में तेल गरम करें। पूरी तलने लायक गरम होने पर लोई को चकले बेलन से पूरी की तरह बेलकर कड़ाही में डालकर एक-एक करके सेकते जायें। यदि ऐसे बेलने में दिक्कत हो तो लोई को हाथ से दबाकर चपटा करें, हल्का सा पलोथन (सूखा आटा) शुरू में एक बार लगायें और बाद में हल्के हाथ से बेल लें। गरम घी में डालकर सेकते जायें। फूलने पर एक दो बार उलट-पलट कर सेककर निकाल लें। गरम-गरम परोसें। इसके साथ लुटपुटे आलू की सब्जी (कम रसे की) अच्छी लगती है।

सत्तू के अन्य उपयोग : सत्तू को पानी में घोलकर मट्ठे की तरह पतला कर नमक या मीठा डालकर शरबत की तरह पिया जाता है, या दही में घोलकर चीनी डालकर लस्सी की तरह बनाकर लिया जाता है। यह सभी तरह से फायदेमंद है। पेट की गैस दूर करता है। पूरा भोजन है। इसमें नमक, मिर्च, अदरक, लहसुन, अजवायन, कलौंजी मिलाकर पानी में घोलकर हल्का कागज़ी नींबू निचोड़ कर कटोरे चम्मच से लेकर खाया जाता है, या फिर कड़ा सानकर नमक व स्वादानुसार मसाले मिलाकर या बिना मसाला मिलाये भी थोड़ा सा सरसों का तेल व नमक मिलाकर ऐसे ही खाया जाता है। इसी सत्तू को रोटी में भरने पर सत्तू की रोटी, पराठे में भरने पर सत्तू का पराठा और पूरी में भरने पर सत्तू की पूरी बन जाती है। भरने के लिए इसे भुरभुरा कर खूब मला जाता है, तब भरने के काम में आता है।

देशी काले चने का सत्तू बनता है, इसी चने का मिस्सा आटा भी बनता है। मिस्सा आटा बनाने के लिए चने को कच्चा ही पिसवाया जाता है। लेकिन सत्तू भुने चने का बनता है। बहुत सी गृहिणियाँ चने का सत्तू घर पर ही तैयार करा लेती हैं।

चने का सत्तू बनाने का तरीका

सत्तू के लिए चना भूनने का खास तरीका है। चने को साफ कर धोकर पानी में डालकर पानी गर्म कर लें। पानी को उबालने की जरूरत नहीं है। पानी गर्म हो जाने पर चनों को आग से उतार लें। 5-10 मिनट

पानी में पड़ा रहनें दें। फिर पानी से निकालकर हवा या हल्की धूप में फैला दें। जरा गीले ही रहने दें। चूल्हे पर कड़ाही में रेत लें और उसमें चने डालकर लकड़ी की डंडी से उलटते पलटते रहें। आग पर रेत गरम होता रहेगा। थोड़ी देर में चने भुन जायेंगे लेकिन फूटेंगे नहीं, अर्थात खिलकर नहीं आयेंगे, साबुत रहेंगे। इन्हें रेत से निकालकर छान कर अलग कर लें। ठण्डा होने पर चक्की में पीस लें। पीसने के बाद छान लें। छलनी में छानने से छिलका अलग हो जायेगा। चने का आटा अलग रह जायेगा। यही चने का सत्तू है। पिसने व छानने पर इसकी खुशबू दूर-दूर तक फैलती है।

मक्के की पूरी

मक्के के ताजे पिसे आटे को गर्म पानी से सान लें। फिर हलके पलोथन के सहारे इसे चकले बेलन से बेल लें। मक्का का आटा जितना ज्यादा मला जायेगा पूरी बेलने में उतनी ही आसानी होगी। यह आटा सानकर रखा नहीं जाता, हाथ की हाथ बेल कर पूरी बना ली जाती है।

अथवा पनपथी रोटी की तरह इसे भी पानी के सहारे हाथ पर थपककर बढ़ाया जा सकता है। पानी एक तरफ लगायें और जिधर पानी नहीं लगाया, उस तरफ से तवे पर डालें।

उड़द दाल की पिट्ठी भरी मक्के की पूरी

पिसी हुई उड़द की दाल की पिट्ठी बनाकर लोई में भरी जाती है, तब बेल कर सादी पूरी की तरह उतार ली जाती है। पिट्ठी बनाने के लिए धुली हुई उड़द की दाल को तीन-चार घण्टे भिगोकर तब सिल पर पीसा जाता है, उनमें हींग, लालमिर्च, सौंफ, पिसा अदरक मिलाया जाता है।

मूली भरे मक्के की पूरी

मूली को धोकर साफ करके कद्दूकस कर लें। मक्के के आटे में पहिले कसी हुई मूली मिलाकर सानें। हरे धनिये की बारीक कटी पत्तियाँ भी

डाल दें। फिर जरूरत मुताबिक गर्म पानी से आटा सान लें। पानी के सहारे हाथ पर ही पूरी की तरह बनाकर तब कड़ाही में गरम तेल में डालकर सेक ली जाती है। मूली की जगह कसी हुई लौकी डालकर भी यह पूरी बनायी जा सकती है।

मक्के के आटे में बारीक कटी मेथी की पत्तियाँ मिलाने से मेथी की पूरी अच्छी बनती है। इस तरह थोड़ी सी कल्पना से फेर बदल किया जा सकता है।

नोट : मूली भरी पूरी पानी के सहारे से बनाने के लिए दोनों हथेलियों को पानी से अच्छे से गीली कर लें, इससे पूरी चिपकेगी नहीं।

41
कचौरी

कचौरी

उड़द दाल की कचौरी

सामग्री आटे के लिए :

आटा	- चार कटोरी (करीब 400 ग्राम) या आधा किलो (तीस कचौरी बन जायेंगी)
पानी	- दो-ढाई कटोरी
नमक	- एक छोटी चम्मच
तेल	- दो-तीन छोटीचम्मच

भराव के लिए :

उड़द दाल	- एक बड़ी कटोरी (करीब 250 ग्राम)
कुटी सौंफ	- दो-तीन छोटी चम्मच भरकर
कुटा धनिया	- एक छोटी चम्मच
कुटी लालमिर्च	- आधी छोटी चम्मच
हींग	- आधी छोटी चम्मच
अदरक	- एक इंच का टुकड़ा पिसा हुआ
हरीमिर्च	- दो पिसी हुई
हरे धनिये के पत्ते	- थोड़े बारीक कटे हुए

कचौरी तलने के लिए :

तेल/घी	- करीब छह कटोरी

संक्षेप में विधि : आटे में नमक मिलाकर गूंधें। उड़द दाल की पिट्ठी में सब मसाले मिला दें। आटे की छोटी-छोटी लोई (पेड़ी) बनाएँ, उनमें थोड़ी पिट्ठी भर दें। कड़ाही में तेल गरम करें। कचौरी को हाथ से थपकें या चकले पर बेलें और खूब गर्म घी में तल लें।

नोट : पिट्ठी में खटाई केवल अमचूर की पड़ती है। यदि डालना चाहें तो थोड़ा अमचूर डाल सकते हैं। इमली या टमाटर की खटाई डालने से पिट्ठी गीली हो जायेगी, अनार दाने से मुँह में दरदरा आयेगा।

विस्तार से : पिट्ठी बनाने के लिए एक कटोरी धुली उड़द दाल को चार घण्टे पहिले पानी में भिगो दें। उसके बाद पानी से निकालकर दाल को छलनी में रख दें। दो घण्टा फरेरा करके तब सिल पर दाल पीसें। दाल पीसते समय अदरक, हरीमिर्च, हरे धनिये के पत्ते एवं हींग डालें, इन्हें दाल के साथ ही पीस लें। पीसने के बाद सूखा मसाला सौंफ, धनिया एवं लालमिर्च पिट्ठी में मिलाये। मोटी सूखी पिट्ठी कचौरी के लिए चाहिए। आटे के लचीलेपन के अनुसार बाद में पिट्ठी उतनी ही लचीली कर लें। पिट्ठी में हींग एवं सौंफ की खुशबू मुख्य है।

छिलके वाली उड़द दाल को रात को भिगोकर सुबह छिलका छुड़ाकर उसकी पिट्ठी पीसने से फ्लेवर (सुगंध) ज्यादा अच्छी आती है।

आटे में हल्का नमक डालें। आटे के बीच में थोड़ा गड्ढा करके थोड़ा पानी डालें, इसमें आटे को अच्छी तरह मिलायें, फिर थोड़ा-थोड़ा पानी डालकर सानते जायें। मोटा-मोटा आटा सानकर कम से कम एक घण्टा पहिले ढककर रख दें। यह टाईम ग्लूटॅन बनने के लिए जरूरी है जिससे आटे में अच्छे से लोच उठ जाय और एकसा चिकना होकर फूल जाये। एक घण्टे के बाद आटे को फिर पाँच मिनट के लिए गूंधें और थाली में दो छोटी चम्मच तेल डालकर आटे को ठीक से मलकर ढककर रख दें। थोड़ा चिकना कर देने पर आटा परात/थाली में चिपकेगा नहीं।

सब आटे की पेड़ी बनाकर रख लें। करीब तीस पेड़ी बना लें। पेड़ी (लोई) भरने के लिए आटा बीच में मोटा किनारे पर पतला रखें। एक छोटी चम्मच पिट्ठी दाहिने हाथ से भरें, बाएं हाथ में लोई लें। पेड़ी को भरकर गोलकर हाथ से हल्के से दबा चपटी कर लें, फिर दोनों तरफ अंगुली से हल्का सा तेल लगाकर पेड़ी को थाली में रखते जायें। पहिले सब पेड़ी बनाकर पिट्ठी भरकर रखते जायें। सूखने न पाए इसलिए किसी मोटे साफ कपड़े से ढक दीजिए। तेल (घी) लगाकर रखने से पेड़ी थाली में चिपकेगी नहीं। फिर आधा घण्टा बाद सब कचौरी उतारना शुरू करें।

हाथ में थोड़ा सा तेल लगाकर हलके हाथ से कचौरी हाथ से ही थपक लें। अथवा चकले बेलन को थोड़ा चिकना करके हल्के हाथ से बेलन के सहारे बेल लें। कचौरी थोड़ी मोटी ही रखें। कचौरी पूरी जैसी पतली नहीं बनती है। थोड़ा आटा लगाकर भी चकले पर बेल सकते हैं, पर सूखा आटा ज्यादा नहीं लगाना है, बहुत हल्का सा लेना है।

हाथ से थपकने के लिए कचौरी का आटा पराठे के आटे से भी ज्यादा नरम रखा जता है। आटा और पिट्ठी एक सी नरमाई के होने चाहिए। यदि आटा ज्यादा नरम होगा तो कड़ी पिट्ठी ठीक से नहीं भरी जायेगी। अत: पिट्ठी व आटा एकसा नरम होना चाहिए। पिट्ठी को भी आटे जितना नरम कर लेना चाहिए। कचौरी बेलकर बनाने के लिए आटा ज्यादा नरम नहीं रखा जाता। पिट्ठी भी आटे के अनुसार नरम या कड़ी रखी जाती है।

पिट्ठी में नमक नहीं डालना है। नमक डालने से ढीली हो जायेगी। और भर नहीं सकेंगे। यदि पिट्ठी में नमक डालना है तो भरने से तुरंत पहिले डालें।

कचौरी के आटे के अंदर घी डालने की जरूरत नहीं है। पर कोई कोई लोग आधे किलो आटे के अंदर तीन बड़ी चम्मच तेल/घी डलते हैं। इससे कचौरी खस्ता हो जाती है और ज्यादा कुरकुरी हो जाती है।

कड़ाही में तेल तेज गरम करें। एक-एक करके धीरे से कचौरी कड़ाही में डालें, उनको हल्का सा हिलायें, पलटें और झंझरी से दबाकर फुलायें। हल्का सुनहरी भूरा रंग होने पर बाहर निकाल लें। इसी तरह सब कचौरी एक-एक कर तल कर निकाल लें।

यदि 20-25 व्यक्तियों को एक साथ कचौरी खिलानी है, तो पहिले कचौरी सबको तेज आँच में फुला फुलाकर सफेद सफेद ही उतारकर रखते जायें। इसे एक घण्टे दो घण्टे रख सकते हैं। खिलाने के समय दुबारा गर्म घी में डालकर सुनहरी भूरा तल लें। खूब गरम घी में डालनी चाहिए।

कचौरी को आलू और मीठे कद्दू की सब्जी के साथ परोसें। साथ में रायता रख सकते हैं।

मूँगदाल की कचौरी

एक कटोरी छिलके वाली दली हुई (आधा की हुई) मूँगदाल को साफ कर धोकर तीन-चार घण्टे पानी में भिगो दें। उसके बाद पानी से निकाल लें। पानी हटा दें। दाल को फरहरी कर लें, अर्थात् थोड़ी हवा लगा दें।

कड़ाही में एक चम्मच तेल गरम करें, उसमें जीरे हींग का तड़का दें एवं मूँगदाल डालकर तीन-चार मिनट चलायें। एवं उड़द दाल की पिट्ठी वाले सभी मसालें इसमें मिलाये—सौंफ, धनिया, लालमिर्च, हरीमिर्च, पिसा अदरक आदि। इसके बाद गैस बन्द कर दें। दाल को निकाल लें एवं सिल पर छिलके समेत महीन पीस लें। मूँगदाल की पिट्ठी तैयार है।

बाकी तरीका उड़द दाल की कचौरी की तरह है। इस पिट्ठी को लोई में भरकर कचौरी बना लें। चाहे बेलकर बनायें या थपक कर। बेलकर बनाने में पलोथन की जरूरत नहीं है, पर यदि पलोथन लगाना है तो हल्का लगायें।

आलू की पिट्ठी की कचौरी

उबालने के बाद पानी से निकालकर आलू अलग रख दें। पानी सूखने के बाद आलू छीलें। जिससे आलू एकदम सूखे रहें। फिर उड़द की दाल की पिट्ठी वाला मसाला मिला दें। आलू में नमक नहीं डालें। नहीं तो नमक बह जायेगा, आलू को गरम-गरम ही मैश करें। इससे आलू ठीक से मैश होंगे। यह ध्यान रहे कि जैसे आलू हैं वैसा ही आटा रहे तो ठीक से भरे जायेंगे। हल्के हाथ से बेलकर एक-एक कर कचौरी तलते जायें। आलू की पिट्ठी में अदरक हरीमिर्च एवं हरा धनिया बारीक काटकर डालें। यदि पसंद है तो हल्का गरम मसाला या भुना जीरा भी डाल सकते हैं। नमक आटे में मिला लें।

कचौरी उड़द दाल की (दूसरी विधि)

पाव भर (250 ग्राम) धुली हुई उड़द की दाल पिसवा लें दरदरी सी। उसे रख लें। (चौमासे में अर्थात वर्षा ऋतु में हल्का नमक डालकर रखें।)

जब कचौरी बनानी हो इसमें चार-पाँच छोटे चम्मच सौंफ, एक छोटी चम्मच लालमिर्च एवं एक छोटी चम्मच कुटा गरम मसाला, आधी छोटी चम्मच हींग, पिसी सोंठ आधी छोटी चम्मच मिलायें। इसमें पानी मिलाकर पिट्ठी बनाकर कचौरी बनाने से आधा घंटा पहिले भिगो दें। बनाते समय पिट्ठी में थोड़ा सा ईनो मिला दें। इसमें कचौरी खूब अच्छे से फूलेगी। कचौरी बनाने का बाकी तरीका कचौरी (रेसिपी) में देखें। 250 ग्राम पिट्ठी में करीब आधी छोटी चम्मच ईनो मिलायें।

❑❑❑

42

पराठा

पराठा

सादा नरम पराठा

सामग्री :

आटा	-	एक कटोरी (करीब 100-125 ग्राम) (करीब 8-10 पतले पराठे बनेगें)
पानी	-	आधा/पौना कटोरी (3/4 कटोरी)
घी	-	पराठा सेकने के लिए करीब 40-50 ग्राम (एक पराठे के लिए एक छोटी चम्मच घी)

विधि : आटे में थोड़ा-थोड़ा पानी डालकर आटा सानिये। इसे आधे घण्टे से एक घण्टे तक ढककर रख दीजिये। इसके बाद फिर पाँच मिनट तक गूंधिये।

आटे की 8/10 (आठ-दस) पेड़ियाँ बना लीजिये। हाथ में हल्का सा सूखा आटा लगाकर गोल पेड़ी कर लीजिये, फिर उसे हल्का सा दबाकर चपटा कर लीजिये।

चकले पर रखकर बेलन के सहारे पेड़ी को हल्का सा बेलें, करीब 2 इंच डायमीटर तक, इसके बीच में थोड़ा सा घी लगायें और चारों तरफ हाथ के सहारे किनारे मोड़कर पोटली सा बनाकर दबा दें। अब इसको हल्का सा पलोथन लगाकर चकले बेलन के सहारे बढ़ाकर पतला-पतला बेल लें। करीब 6 इंच डायमीटर का गोल बेल लें। पराठा बेलने के लिए सूखा आटा हल्का सा ही लगायें। तवे पर डालने से पहिले पराठे को दोनों हाथों से हल्का सा थपक दें। इससे फालतू आटा झड़ जायेगा।

तवा गरम करें। इसे घी लगाकर हल्का चिकना करें। फिर पानी की दो चार बूंदे छिड़ककर देखें कि ठीक गर्म हो गया है। पानी छींटने पर हल्की सी आवाज होगी और हल्का धुआँ सा उठेगा। मीडियम आँच रखें। गर्म तवे पर पराठा डालें। एक मिनट पड़ा रहने दें। जरा सा आटे का रंग

पलट जाये तो हिलाकर पलट दें। पलटने के बाद एक मिनट रहने दें। नीचे के हिस्से पर हल्की सी चित्ती पड़ जाय तो पराठे के ऊपर एक छोटी चम्मच पिघला घी डालकर पलट दें। कोंचे से दबाकर पराठा फुलायें। एक दो बार उलट-पुलट कर निकालें, कैसेरोल या किसी डिब्बे में रखें। अच्छे से सूती कपड़े में पराठे लपेट कर रख दें तो नरम रहेंगे। सब पराठे इसी तरह बना लें। ये पराठे दबे हुए खाने में स्वादिष्ट लगते हैं। यदि गरम-गरम खाना है तो तवे पर एक दो मिनट ज्यादा सेकें, हल्के सुनहरे भूरे होकर करारे हो जायेंगे। ये पराठे गोल बेले जाते हैं और पतले रहते हैं। इन पराठों को रखने के लिए पहिले लकड़ी का गोल कटोरदान जैसा डिब्बा आता था, जिसे 'फरवा' कहते थे। इसमें ये पराठे मुलायम रहते थे।

नोट : खस्ता करारे पराठे बनाने के लिए आटा व घी थोड़ा ज्यादा लें, क्योंकि ये ज्यादा पतले नहीं बनते, थोड़े मोटे (गद्दर) रहते हैं।

तिकोना पराठा

विधि : सब तरीका सादे पराठे की तरह है। अंतर इतना ही है कि यह हल्का मोटा रहता है और शेप में तिकोना होता है। आटे की थोड़ी बड़ी पेड़ी लें, इसे गोल बेलें। अब इस पर घी लगाकर इसे मोड़कर आधा कर दें। इस आधे पर घी लगायें और फिर मोड़े। इसकी शेप तिकोनी हो जायेगी। इसे यही शेप रखते हुए बढ़ा लें चकले बेलन के सहारे, हल्का पलोथन लगाकर। पराठे की मोटाई एक सेंटीमीटर से कम ही रहती है। वैसे अपनी इच्छानुसार पतला या मोटा रख सकते है। इसमें सौ ग्राम आटे में 6 या 7 पराठे बन जायेंगे। सेकने का तरीका सादे पराठे की तरह है। यदि पराठा थोड़ा मोटा है तो तेल/घी थोड़ा सा ज्यादा लगेगा। पराठा दोनों तरफ से ठीक से सेककर उतार लें और गरम-गरम खाएँ या ढककर दबाकर रखें।

चौकोर पराठा

विधि : तिकोने पराठे की तरह लोई लें। गोल बेलें बीच में व चारों तरफ हल्का पिघला घी लगायें। फिर पराठे को चारों तरफ से मोड़ें। इससे चौखूंटी शेप आ जायेगी। इसी तरह बढ़ा लें और तवे पर सेकें, तिकोने पराठे की तरह।

नमक-मिर्च भरा चटपटा पराठा

विधि : तिकोने पराठे की तरह थोड़ी मोटी लोई लें। उसको गोल बढ़ायें। उसमें घी लगायें साथ ही घी के ऊपर नमक व लालमिर्च पिसी हुई स्वादानुसार बुरकें। फिर पराठे को आधा मोड़ें, इस पर घी लगायें, नमक व मिर्च छीटें,फिर एक बार मोड़कर तिकोना करें। और हल्के पलोथन के सहारे बेल कर बढ़ा लें। तवे पर घी लगाकर उलट-पलट कर सेकें। अपनी पसंद के अनुसार करारा या नरम रखें।

चीनी भरा मीठा पराठा

विधि : तिकोने पराठे की तरह थोड़ी मोटी लोई लें। उसको गोल बढ़ायें। उसमें घी लगाये, उसके ऊपर चीनी या बूरा बुरकें। फिर पराठे को आधा मोड़ें, उस पर घी चीनी लगायें फिर एक बार मोड़कर तिकोना कर लें। अब हल्के पलोथन के सहारे बढ़ाकर तिकोना बेल लें। तवे पर घी लगाकर तिकोने पराठे की तरह सेकें। अपनी पसंद के अनुसार सुनहरी भूरा या हल्का लाल करके उतार लें। गरम-गरम परोसें।

बथुए का पराठा

विधि : बथुए को धोकर, साफ करके हल्का पानी देकर उबाल कर मसल लें। इसी से आटा सान लें, आटे में हल्का नमक, मिर्च, हल्का सा घी लगाएँ। और गोल सादे पराठे की तरह बेलकर सेक लें।

नमक-मिर्च का खस्ता पराठा

विधि : आटे में पिसी लालमिर्च, नमक अंदाज से स्वादानुसार मिलायें। थोड़ा सा घी भी मिलायें। हल्का सा गरम मसाला या अमचूर भी डाल सकते हैं। फिर तिकोने या गोल पराठे की तरह बेलकर सेक लें, करारा या नरम जैसा भी पसंद है। अथवा इसे गोल बेलने के बाद एक सिरे से काटकर गोल रोल कर लें, फिर पेड़ी बनाकर बेलें। इस तरह इसमें काफी परतें हो जाती है।

आलू भरकर पराठे

विधि : आलू को उबालकर, छीलकर, मसलकर भरता बना लें। इसमें बारीक कटा अदरक, बारीक कटी हरीमिर्च, बारीक कटा हरा धनिया, नमक, लालमिर्च, गरम मसाला, अमचूर, भुना पिसा जीरा, पिसी कालीमिर्च डालें। यदि लहसुन या प्याज पसंद हैं तो उसे भी बारीक काटकर मसलकर डालें।

आलू के पराठे का आटा हल्का कड़ा रहेगा। यह उतना ही कड़ा रखें जितना कड़ा आलू का मसाला (भरता) है। इससे पराठा ठीक से बेला जायेगा और फटेगा नहीं। पेड़ी के बराबर का यह मिश्रण लें और पेड़ी को बीच से दबाकर उसमें यह मिश्रण भरें, ठीक से पेड़ी दबाकर गोल कर लें। पराठा बेलकर तवे पर सेक लें। इसे दही, मक्खन एवं अचार के साथ गर्म-गर्म परसें।

मटर का पराठा

विधि : मटर को फलियों सहित दस मिनट के करीब उबाल लें। मटर छीलें, थोड़ा सूखने दें पानी, फिर उन्हें मसल लें। आलू के पराठों की तरह मटर में मसाला डालें, और मटर भरकर बेलकर पराठे सेक लें।

फूलगोभी का पराठा

विधि : फूलगोभी को धोयें, साफ फूल हो, कीड़े वगैरह न हों। फूलगोभी को कद्दूकस कर लें। आलू के पराठों की तरह फूलगोभी में मसाला मिलायें, और लोई में भरकर, बेलकर, पराठा सेक लें।

मूली का पराठा

विधि : मूली को कद्दूकस कर लें। मूली का पानी निचोड़ दें। मूली के पानी को ही आटा सानने में काम में ले लें। मूली में अजवायन, नमक, हल्की मिर्च (यदि पसंद है), हरा धनिया बारीक कटा हुआ मिलायें और लोई में भरकर पराठा सके लें।

अथवा मूली को कद्दूकस करके आटे में सान लें आटे में ही अजवायन, नमक, मिर्च, हरा धनिया (बारीक कटा), घी हल्का सा मिला दें। पराठा गोल या तिकोना जैसा चाहें, बेलकर मूली का पराठा बना लें।

पनीर का पराठा

विधि : पनीर घर पर ही फाड़ लें। पनीर के पानी से ही आटा सान लें। आटे में हल्का नमक, मिर्च व घी मिलायें। पनीर को हाथ से अच्छे से मसल लें। पनीर में अजवायन, बारीक कटा अदरक, हरीमिर्च, हराधनिया, नमक, कालीमिर्च, लालमिर्च स्वादानुसार मिलायें। पनीर व आटे की कड़ाई एक सी रहे। इससे पराठा ठीक बनेगा। लोई में इच्छानुसार पनीर भरकर पराठा बेलें, और घी लगाकर सेकें आलू के पराठों की तरह।

नोट: पनीर के पानी से ही आटा सानने पर अच्छे से पराठा बनता है, फटता नहीं है।

मेथी का पराठा

विधि : हरी मेथी को बारीक बारीक काटकर आटे में मिलाकर सान लें। हल्का नमक, मिर्च व घी आटे में मिलायें व सादे पराठों की तरह सेक लें। अथवा मेथी को उबालकर मसल लें और तेल में नमक मिर्च डालकर थोड़ा भून लें, तब पराठों में भरें, या आटे के साथ सान लें।

❑❑❑

प्रत्येक रोग का केवल एक कारण और एक उपचार होता है। कारण है गलत आहार। वेजिटेरियन लेटिन शब्द "वेजिटस" से निकला है जिसका अर्थ है—पूरा, पक्का, ताज़ा या सजीव।

"संयम के साथ अपने शरीर गठन से मेल खाता हुआ खाना खाईये। शरीर के लिए जो हम पचा सकते हैं, उसके अतिरिक्त कुछ भी अच्छा नहीं है।"

"यदि संभव हो, भोजन से पहिले थोड़ा घूम लीजिए, जिससे आप ताजे, प्रसन्न एवं शान्त हो जायें। खाने में शीघ्रता न कीजिये। अच्छी तरह चबाईये। भोजन को इतनी अच्छी तरह चबाईये कि आपके मुँह में ठोस खाद्य पदार्थ लार के साथ तरल बन जायें और तरल पदार्थ जैसे दही आदि गाढ़े बन जायें। आपकी लार में बहुत से पाचक एन्ज़ाईम हैं, उनका पूरा प्रयोग करें।"

43

बड़ा, दही बड़ा, पकौड़ी, गुझिया व सांभर बड़ा एवं सोंठ

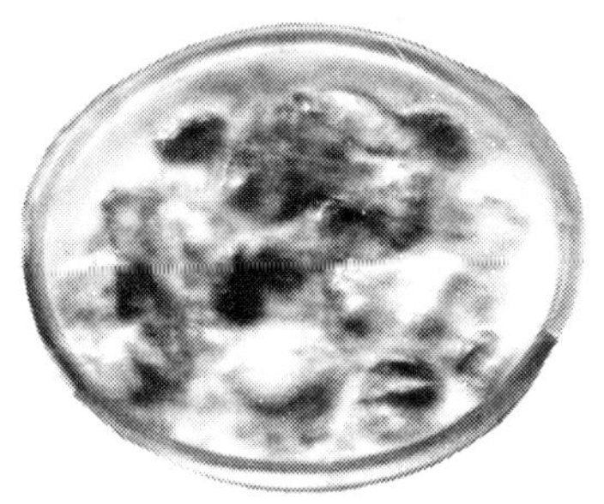

बड़ा, दही बड़ा, पकौड़ी, गुझिया व सांभर बड़ा एवं सोंठ

बनाने का तरीका

दही बडा या सांभर बड़ा अरहर दाल, चने की दाल, उड़द की दाल एवं मूँगदाल मिलाकर बनाए जा सकते हैं। इसमें हींग अदरक या हरी मिर्च मिलायी जा सकती है अथवा पालक, मूँगफली, गाजर, नारियल आदि स्वाद परिवर्तन के लिए डाल सकते हैं।

दही बड़ा या सांभर बड़ा बनाने के लिए दाल को भिगोकर पीसा जाता है। भीगी दाल सिल पर तो बिना पानी के पीस ली जाती है, पर मिक्सी में कम से कम पानी डालकर पीसा जाता है। पिसी दाल को बहुत अच्छे से फेंटा जाता है जिससे वह फूलकर बहुत नरम व हल्की हो जाये।

दाल ठीक से फिट गई है या नहीं इसे जांचने का तरीका यह है कि ठण्डे पानी के गिलास या कटोरे में एक बूँद दाल की (या आधी छोटी चम्मच दाल) तैराकर देखें। यदि दाल डूबकर तली में बैठ जाती है तो ठीक से फेंटी नहीं गई है, उसे और फेटना होगा, यदि ऊपर उठकर पानी के ऊपर आ जाती है तब ठीक से फिट गई है।

एक भीगा कपड़ा चकले पर बिछाकर उस पर बड़ा हाथ से गोल शेप में फैलाया जा सकता है, फिर कपड़ा हल्का सा टेढ़ा करके बड़ा हाथ पर लेकर कड़ाही में डीप फ्राई करने के लिए डाल देते हैं। मध्यम आँच पर इसको तला (फ्राई किया) जाता है। अथवा हाथ पर भी पानी लगाकर हथेली के सहारे बड़ा फैलाकर तब फ्राई करने डाल देते हैं। सांभर बड़े के लिए बड़े के बीच में छेद कर दिया जाता है। कोई कोई दही बड़े के बीच में भी हल्का छेद कर देते हैं।

मूँगदाल के बड़े के लिए करछी में पिसी दाल लेकर कड़ाही में डाल देते हैं। मूँगदाल ज्यादा नरम व हल्की रहती है इसलिए करछी से डालने में या हाथ से डालने में आसानी रहती है और कड़ाही में ही फूलकर इसका बड़ा गोल शेप ले लेता है। मूँगदाल को बहुत अच्छे से फेंटकर थोड़ी ढीली पतली कर लेते हैं, इसलिए करछी या चम्मच से डालने में आसानी रहती है।

कलमी बड़ा बनाने के लिए उड़द या चने की दाल के बड़े को हल्का सख्त होने तक तलते हैं लेकिन भूरा नहीं करते। इसके बाद उसे पतले टुकड़ों में काटकर दुबारा तलते हैं।

दही बड़ा बनाने के लिए फ्राई करने के बाद बड़े को नमक के पानी में पाँच दस मिनट डालते हैं। उसके बाद हल्के हाथ से निचोड़कर रख लेते हैं और ठण्डा होने पर दही में मिलाते हैं। बड़ा फ्राई करते समय ही किसी भगोने में दो तीन गिलास पानी में एक चम्मच नमक डालकर रख लेते हैं। इसी पानी में फ्राई करने के बाद बड़े को डाल देते हैं। दही की पकौड़ी के लिए भी ऐसा ही करते हैं।

गुझिया उड़द दाल की ज्यादा अच्छी बनती है। यदि एक कटोरी उड़द दाल है तो उसमें एक छोटी मुट्ठी मूँगदाल डाल देते हैं इससे ज्यादा अच्छी बनती है। इसकी दाल को भी पीसने के बाद खूब फेंटा जाता है जिससे कि काफी नरम हो जाये। इसमें भरने के लिए बारीक कटे बादाम, किशमिश व पिसी इलायची रखी जाती है। गुझिया के लिए भीगे कपड़े को चकले पर फैलाकर पहले बड़े की तरह गोल बना लेते हैं फिर उसमें एक किशमिश दो तीन बादाम के कतरे व जरा सी इलाचयची डालकर हल्के से आधा मोड़ देते हैं व किनारों को ठीक से दबा देते हैं, जिससे सामान बाहर नहीं निकले। फिर बड़े की तरह ही कड़ाही में सेक लिया जाता है। दही में डालने के लिए इसे भी नमक के पानी में पहले आठ दस मिनट भिगो देते हैं। बाद में बाहर निकाल हल्के से दबाकर फालतू पानी निकाल देते हैं और मथी हुई दही में डालते हैं।

नोट : एक खास बात नोट करने की है, बड़े को या पकौड़ी को दाल पीसने के बाद फेंट कर तुरन्त कड़ाही में तल कर उतारें, नहीं तो दही बड़े या पकौड़ी अच्छी नहीं उतरेंगी। उनमें घी भर जायेगा। वह फटने लगेंगे। इसलिए कभी पिट्ठी पीसकर नहीं छोड़ें। पिट्ठी तभी पीसें जब बड़े बनाने हैं। यदि कोई पार्टी देनी है तो बड़े एक दिन पहले बनाकर रख लें।

मूँगदाल की दही पकौड़ीः पकौड़ी बनाने के लिए मूँगदाल को भिगोकर तब पीसा जाता है। यदि एक कटोरी मूँगदाल है तो उसमें आधी मुट्ठी उड़द दाल मिला देने से पकौड़ी ज्यादा अच्छी बनती हैं। दही में डालने के लिए इनको भी बड़ों की तरह नमक के पानी में पाँच दस मिनट डालकर तब बाहर निकालकर हल्के से दबाकर मथी हुई दही में डालते हैं।

कितनी ही बहिनें पकौड़ी से पानी निचोड़ती हैं और दही में डालती हैं, तो कितनी ही बिना पानी में डाले सीधे दही में डालती हैं। पहले तरीके से पकौड़ी पिचक या टूट जाती है, चाहे कितना ही सम्भाला जाये। दूसरे तरीके से थोड़ा घी मुँह में जरूर आता है, चाहे कितना भी ध्यान रखा जाय। सही तरीका यह है कि पकौड़ी भी न टूटे, मुँह में घी भी न जाये। तो इसका तरीका यह है कि पकौड़ियों को पानी में डालें जरूर परंतु जरा सा नरम होते ही निकाल लें, पाँच दस मिनट बाद और बिना निचोड़े निकालें। धीरे धीरे पानी अपने आप सूख जायेगा।

जब पकौड़ी खानी हो उससे एक घंटे पहले पतली दही में पकौड़ी डालें, हल्का नमक मिलाकर। (पकौड़ी की पिट्ठी में नमक नहीं मिलाते। पकौड़ी बिना नमक डाले बनानी है, थोड़ा नमक तेल में डालते हैं। थोड़ा नमक पानी में डालते हैं।)

परोसने के समय पकौड़ी को फेंटी हुई गाढ़ी दही में डुबाकर प्लेट में सजायें, ऊपर से भुना पिरा जीरा, पिसी काली मिर्च, लाल मिर्च, हरा धनिया बुरकें और तब परोसें।

खाना बनाने की सावधानी का सबसे बड़ा सन्तोष एवं सुख यहीहै कि आपके परिवार के सदस्य प्रसन्न एवं स्वस्थ हों।

नोटः उड़द दाल व दही साथ खाना स्वास्थ्य की दृष्टि से ठीक नहीं है। अतः उड़द दाल के बड़े व गुझिया दही की जगह मीठी इमली की चटनी में डालकर खाए जा सकते हैं, अथवा उड़द दाल छोड़ कर बाकी तीन दाल मिलाकर बड़े बनाए जा सकते हैं।

मूँग की दाल की पकौड़ी

सामग्री :

धुली मूँगदाल	- एक कटोरी (करीब 200 ग्राम)
उड़द दाल	- आधी मुट्ठी
नमक	- आधी छोटी चम्मच या स्वादानुसार
भुना पिसा जीरा	- आधी छोटी चम्मच
पिसी काली मिर्च	- चौथाई छोटी चम्मच
पिसी लाल मिर्च	- चौथाई छोटी चम्मच
चाट मसाला	- एक छोटी चम्मच
दही	- 500 ग्राम
तेल	- तलने के लिए
कटी धनिया पत्ती	- सजाने के लिए

विधिः मूँग की दाल को धोकर करीब चार घंटा पानी में भिगो दें। दाल को सिल पर बारीक पिसवा लें। अथवा मिक्सी में पीस लें। पानी कम से कम डालें। इस पिसी दाल को खूब फेंटे, करीब 20-25 मिनट तक। इस मिश्रण की छोटी बूँद पानी में डालने पर तिरनी चाहिए। फेंटने के बाद दाल नरम एवं हल्की हो जानी चाहिए।

कड़ाही में तेल गरम करें। उसमें एक बार में सात आठ पकौड़ी डालकर तलें, जब तक कि हल्का रंग पलट जाय, सुनहरी हल्का गुलाबी हो जाए। मद्धिम आँच पर तलें। इसी तरह पकौड़ी का दूसरा, तीसरा घान भी निकाल लें। इसमें करीब 25 पकौड़ी बन जायेंगी।

पकौड़ी जब पलटो तो अपने ही पलटने लगती हैं, यह ठीक दाल फिंटे की पहचान है।

पकौड़ी तलने के बाद पानी में डालें। पानी में हल्का नमक डालें। फिर पाँच-दस मिनट बाद पकौड़ी को बाहर निकाल लें। थोड़ी देर रखी

रहने दें। हाथ से हल्का सा ही दबाएँ। इसके बाद मथी हुई दही में डालें। दही में नमक, भुना पिसा जीरा, काली मिर्च मिला दें।

दही में पकौड़ी डालने के बाद ऊपर से चाट मसाला बुरकें। हरे धनिये की पत्ती छींटें एवं प्लेट में सजाकर परसें। साथ में सोंठ या इमली की चटनी परसें। (सोंठ व इमली की चटनी/सोंठ बनाने की विधि आगे दी गई है।)

यह करीब आठ व्यक्तियों के लिए हो जाएगी।

नोटः पकौड़ी पर डालने का चाट मसाला घर पर ही तैयार कर सकते हैं। इसके लिए थोड़े से जीरे व साबुत धनिये को तवे पर सूखा भून लें। इसके हल्का भुन जाने पर इसी में थोड़ी कालीमिर्च एवं लौंग डालकर निकाल लें। हल्का भूनकर निकालें। फिर इसे बारीक पीस लें। इसी में अन्दाज से नमक, काला नमक, कुटी लाल मिर्च एवं अमचूर मिला दें।

मँगौरी

यह मूँग की दाल की पकौड़ी की तरह ही बनाई जातीहै। पर इसे पानी में नहीं डालते। तलकर सुनहरी गुलाबी रंगत होने पर निकाल लेते हैं। फिर रसेदार सब्जी की तरह छौंक देते हैं।

मसाले में धनिया, सौंफ, हल्दी, कुटी लाल मिर्च, नमक डालते हैं। थोड़े से तेल में जीरे का फोरन देकर एक दो करछी दही डालकर भूनते हैं, फिर मसाला डालकर भूनते हैं। फिर थोड़ा पानी डालकर उबलने पर मँगौरी डाल देते हैं। दही डालने से रसा गाढ़ा हो जाता है और यह खटाई का भी काम करती है। पिर अमचूर डालने की जरूरत नहीं रहती। पकने पर उतार लें।

इसमें हल्का गरम मसाला व कटी हरे धनिये की पत्ती डालकर सजाएँ एवं पराठा या रोटी के साथ सर्व करें।

मँगौरी की तहरी

तहरी में भी बड़ी की जगह ताजी मँगौरी डाली जा सकती है। मँगौरी के साथ थोड़ी किशमिश भी डाल दें एवं चावलों में पकाते समय हल्की हल्दी डालें।

मूँगदाल का बड़ा

एक कटोरी धुली मूँगदाल में करीब एक मुट्ठी धुली उड़द दाल मिला दें। इसे करीब चार से छह घंटा भीगने दें। इसके बाद इसको बारीक पीस लें। पानी कम से कम डालकर पीसें। इस पिसी दाल को खूब फेंटें। मूँग की पकौड़ी की तरह ही करीब 20-25 मिनट फेंटे। इस मिश्रण की एक बूँद पानी भरे कटोरे में डालकर देंखे। यदि यह ऊपर तिरकर आ जाती है तो दाल ठीक फेंटी गई है।

कड़ाही में तेल गरम करें। तेल कड़ाही में अच्छी मात्रा में डालें। तलते समय बड़ा कड़ाही की तली को न छुए, इस अंदाज से तेल डालें। दाल फेंटने के बाद नरम व हल्की हो जाती है। करछी से लेकर करीब आधा पौना करछी मिश्रण कड़ाही में डालें। एक बार में चार बड़े कड़ाही में तलें। रंगत सुनहरी हल्की भूरी गुलाबी होने पर निकाल लें। इसी तरह बाकी के भी बना लें। इस तरह करीब 15-16 बड़े बन जायेंगे।

इन बड़ों को सेकने के बाद नमक मिले पानी में डालते जाएँ। पानी में कुछ मिनट रखने के बाद बाहर निकाल लें। हल्के हाथ से दबाकर निकालें। बाहर थोड़ी देर रखने पर पानी अपने आप सूख जायेगा।

मूँग की दाल की पकौड़ी की ही तरह पहले पतली दही में बड़े डालें। हल्का नमक दही में मिलाकर। परोसने के समय फेंटी हुई गाढ़ी दही में डुबाकर प्लेट में सजाएँ, ऊपर से भुना जीरा, काली मिर्च, लाल मिर्च हरा धनिया बुरकें तब परोसें। अथवा पकौड़ी वाला चाट मसाला डालें। हरे धनिए की कटी पत्तियों से सजा दें।

इसे सोंठ या इमली की चटनी के साथ परसें। (यह बनाने की विधि आगे दी गई है।)

नोटः यदि सरसों के तेल में तल रहे हैं तो तेल गरम होने पर उसमें एक बड़ी चुटकी नमक की डाल दें। इससे तेल की खुशबू नहीं आती एवं तेल भी ठीक मात्रा में गर्म रहता है।

बड़े बनाते समय हर बार पिट्ठी को और फेंट लें। इससे बड़े नरम बनते हैं।

धुली उड़द दाल का बड़ा

सामग्री :

धुली उड़द दाल - एक कटोरी
नमक - पौना (3/4) चम्मच
मूँगदाल - एक मुट्ठी
हींग - एक-दो चुटकी (दाल पीसते समय डाल दें)
दही - आधा किलो
भुना पिसा जीरा - आधी छोटी चम्मच
पिसी काली मिर्च - चौथाई छोटी चम्मच
पिसी लाल मिर्च - चौथाई छोटी चम्मच
चाट मसाला - एक छोटी चम्मच
तेल - तलने के लिए

विधिः दाल को अच्छे से धोकर करीब आठ घंटे पानी में भीगने दें। उसके बाद पीस लें। बहुत हल्के पानी के साथ जिससे वह नरम हो जाए। उसे 15-20 मिनट खूब फेंटे। इससे वह फूलकर हल्की हो जायेगी। उसकी एक बूँद कटोरे भर पानी में डालकर देखें। यदि बूँद पानी के ऊपर उठ आती है तो दाल ठीक से फेंटी गई है।

कड़ाही में तेल गरम करें। एक चुटकी नमक तेल में डालें और एक एक कर बड़े को गीले हाथ पर फैलाकर तेल में डालते जायें। एक बार में चार बड़े तलें। हल्के सुनहरी भूरे होने पर निकाल लें। इसी तरह सभी बड़े तल लें। तलकर इन्हें नमक मिले पानी में पाँच दस मिनट के लिए डालें। फिर हाथ से हल्का दबाकर निकाल लें। इस तरह करीब 15-16 बड़े बन जायेंगे।

जैसे मूँगदाल के दही बड़े व दही पकौड़ी बनाई थी, इसी तरह पहले इन्हें पतली दही में डालें। उसके बाद परोसने के समय मथी हुई गाढ़ी दही में डुबाकर प्लेट में सजाएँ। दही में नमक मिर्च जीरा मिला दें। बड़ों के ऊपर चाट मसाला व हरे धनिये की कटी पत्तियाँ सजाएँ एवं इमली की चटनी, सोंठ के साथ परसें।

दही की उड़द दाल की गुझिया

सामग्री :

धुली उड़द दाल	- एक कटोरी
दही	- आधा किलो
चाट मसाला	- एक दो-छोटी चम्मच
किशमिश	- एक चम्मच छोटी
बारीक कतरे बादाम	- एक चम्मच छोटी
पिसी इलायची	- आधी छोटी चम्मच
नमक	- पौना (3/4) छोटी चम्मच
अदरक	- आधे इंच का टुकड़ा
हरे धनिये की पत्ती	- एक बड़ी चम्मच
तेल	- तलने के लिए

विधिः दाल को आठ घंटे भिगो दें। उसके बाद सिल पर या मिक्सी में पीस लें। अच्छे से खूब फेंट लें कि उसकी बूँद पानी में डालने पर ऊपर तिर आए। इतना फेंटे कि मिश्रण नरम व हल्का हो जाए।

एक चकले पर कपड़ा गीला कर फैला दें। उस पर छोटी छोटी गोली बनाकर रखें और पानी के सहारे उन्हें गोल फैला दें। इसके अन्दर एक या दो किशमिश, एक चुटकी कटा बादाम व एक दो दाने भर पिसी इलायची रखें। इसे मोड़कर आधा कर लें। किनारों को अच्छे से दबा दें। इस तरह इनकी शेप गुझिया (पेड़किया) की तरह हो जायेगी। इसे हाथ से उठा कर या चपटी चम्मची से उठाकर कड़ाही में तलने डालें। करीब 14-15 गुझिया बनेंगी। एक बार में चार-पाँच गुझिया तलें।

इन्हें मद्धिम आँच पर सुनहरी भूरा होने तक तलें। फिर नमक मिले पानी में डालें। करीब पाँच दस मिनट डालने के बाद निकालें। हल्के हाथ से दाबकर निकालें।

इन्हें भी पकौड़ी व बड़े की तरह पहले हल्का नमक मिली पतली दही में डालकर रखें। परोसने के समय गाढ़ी दही में डुबाकर प्लेट में सजाएँ। दही को अच्छे से पहले ही मथ लें। ऊपर से चाट मसाला छिड़कें व कटे हरे धनिये की पत्तियों से सजाएँ।

यह भी इमली की चटनी अथवा सोंठ के साथ परसें।

सादा उड़द दाल बड़ा सांभर के लिए

सामग्री :

धुली उड़द दाल	- एक कटोरी
नमक	- पौना (3/4) छोटी चम्मच
तेल	- तलने के लिए

विधिः दाल को धोकर भिगो दें। छह से आठ घंटे भीगने दें। इसके बाद सिल पर या मिक्सी में पीस लें। मिक्सी में कम से कम पानी डालकर पीसें। पीसने के बाद खूब अच्छे से थोड़ी देर फेंट लें। इतना फेंटे कि दाल नरम होकर हल्की हो जाय और एक बूँद पानी में डालने पर तिरकर ऊपर आ जाए।

कड़ाही में तेल गरम करें। गीले हाथ पर थोड़ा मिश्रण लेकर हाथ से चपटा कर गोल शेप दें और बीच में अंगुली से दबाकर छेद कर दें। इसे मद्धिम आँच पर हल्का सुनहरी भूरा होने तक तलें। तलकर बाहर निकाल लें। करीब 15 बड़े बन जायेंगे।

इन बड़ों को गर्म सांभर व नारियल चटनी के साथ सर्व करें।

मसाला बड़ा

यह भी सादे बड़े की तरह ही बनता है। फर्क इतना है कि इसमें पिट्ठी में बारीक कटा जरा सा अदरक, बारीक कटी एक हरी मिर्च एवं एक चम्मच कसा हुआ ताजा नारियल मिला देते हैं। साबुत धनिए के दो हिस्से करके उसके भी कुछ दाने आधी छोटी चम्मच के करीब इसमें मिला देते हैं। हल्का नमक मिला देते हैं।

फिर गीले हाथ पर चपटा गोल फैलाकर बीच में छेद करके कड़ाही में गरम तेल में तल लेते हैं। आँच साधारण गर्म रहती हैं।

इसको भी नारियल चटनी अथवा टमाटर चटनी के साथ परोस सकते हैं। अथवा इमली चटनी भी रखी जा सकती है।

कलमी बड़ा

कलमी बड़े के लिए एक हिस्सा उड़द दाल व दो हिस्सा चने की दाल भिगो दें। अथवा चारों दाल- उड़द दाल, अरहर दाल, चने की दला एवं मूँगदाल बराबर मात्रा में भिगो लें। चार से छह घंटे भीगने के बाद दाल को अलग अलग पीस लें। पीसने के बाद मिलाकर खूब अच्छे से फेंट ले। कलमी बड़े की पिट्ठी में हल्का नमक व थोड़ा सा पिसा अदरक व हरी मिर्च इच्छानुसार मिला दें व एक दो चुटकी हींग भी दाल पीसते समय मिला दें।

हाथ की मुट्ठी से लम्बा सा पेड़ा बनाकर कड़ाही में गर्म तेल में थोड़ा थोड़ा मिश्रण डालकर हल्का सख्त होने पर निकाल लें। बाद में उसके

पतले पतले टुकड़े काटकर दुबारा तल लें। मनपसन्द चटनी के साथ परोसें।

हरे चने के दही बड़े

सामग्री :

छिले हरे चने - 500 ग्राम

दही - 250 ग्राम

हींग, अमचूर, शक्कर, लाल मिर्च, भुना पिसा जीरा, नमक अन्दाज से तेल या घी तलने के लिए।

विधिः- हरे चनों को बारीक पीस लें। इसमें नमक जीरा व हींग मिला दीजिए।

दही को फेंटकर नमक, लाल मिर्च, भुना पिसा जीरा और शक्कर मिलाकर तैयार करें।

कड़ाही में तेल गर्म करें। चने की पिट्ठी के चपटे चपटे बड़े हाथ से बना लें और तेल में डालकर तल लें। एक बर्तन में गुनगुना पानी रखकर तले हुए बड़े उसमें डालते जायें।

पानी से बड़े निकाल लें। उसे दही व इमली की चटनी मिलाकर परोसिये।

इमली की सोंठ/चटनी

सामग्री :

पकी इमली - एक किलो

किशमिश - 60 ग्राम

छुहारा - 60 ग्राम

नमक - स्वादानुसार

कुटी लाल मिर्च - एक छोटी चम्मच

पिसा भुना जीरा - एक छोटी चम्मच

इलायची - दो पीसकर

चीनी या गुड - करीब आधा किलो

विधिः पकी इमली को लेकर छील लें। गुठलियाँ फेंक दीजिए और इमली को पानी में भिगो दीजिए। एक घंटा भर भीगी रहने दीजिए। इसके बाद इमली को मसलकर उसकी खटाई निचोड़ लीजिए और कूड़ा निकाल दीजिए। फिर इसे छलनी में छान लीजिए ताकि फोकला (छिलका) ऊपर रह जाये। इस फोकले को दबाकर सारा रस निचोड़कर फोकला फेंक दीजिये। अब पिसा जीरा मिर्च, नमक इसमें डाल दीजिए। किशमिश एवं छुहारा डाल दीजिए। छुहारे को उबालकर गुठली निकालने के बाद टुकड़े काटकर डालें। पिसी इलायची डालें।

गुड़ या चीनी को पीसकर इसमें मिला दें। यह बिना पकाए भी इस्तेमाल में लाई जा सकती हैं। पर पकाने पर ज्यादा दिन ठहर जाती हैं।

अतः गुड़ डालने के बाद इसमें दो तीन उबाल देने के बाद उतार लें और ठण्डी होने पर एयर टाईट मर्तबान में रखें।

यह सोंठ, दही बड़े, दही पकौड़ी, आलू टिकिया वगैरह के साथ परसी जा सकती है।

धनिये मेथी की खट्टी मीठी सोंठ

(यह कचौरी के साथ अच्छी लगती है एवं पकौड़ी व दही बड़े के साथ भी ली जाती है।)

सामग्रीः

कच्चे आम करीब आधा किलो छिलका छुड़ाकर, काटकर

मेथी - पचास ग्राम

धनिया - पचास ग्राम

काला नमक - एक छोटी चम्मच लबालब भरकर

सादा नमक	- एक छोटी चम्मच भरकर
हल्दी	- आधी छोटी चम्मच
हींग	- थोड़ा सा
गुड़	- 125 ग्राम (आधा पाव)
साबुत लाल मिर्च या साबुत हरी मिर्च	- तीन-चार
तेल	- थोड़ा सा छौंक के लिए

विधिः- धनिया और मेथी रात को पानी में फुला दिया। फुलाने के बाद उबालने की जरूरत नहीं है।

यदि नहीं फुलाया गया तो सुबह धनिया मेथी करीब एक डेढ़ गिलास पानी में कुकर में उबाल लिया, तीन चार सीटी आने तक ।

कुकर में थोड़ा सा तेल हींग व साबुत हरी या लाल मिर्च डालकर धनिये व मेथी को छौंक दिया। उसमें पानी नमक डालकर कटी हुई अम्बी डाल दी। हल्दी भी डाल दी। अम्बी सीझ गई तो गुड़ डाल दिया। गुड़ पकने पर पाँच मिनट बाद उतार लिया।

गीले नारियल की चटनी

आधा नारियल छिलका छुड़ाकर कद्दूकस कर लें। कसे नारियल के बराबर या उससे आधी दही ले लें। मिक्सी में नारियल व दही को मथकर एकसार कर लें। मिश्रण को मिक्सी से बाहर निकालें। इसमें हल्का नमक मिलाएँ। इसको जितनी ढीली रखना चाहें, रखें। जरूरत हो तो थोड़ा पानी मिलाएँ। अब इसे झौंक दें। छौके में एक छोटी चम्मच राई/सरसों, थोड़ा करीपत्ता लें। करछी में थोड़ा सरसों तेल करीब एक चम्मच लेकर उसमें राई व करीपत्ते का तड़का देकर यह छौंका नारियल चटनी पर डाल दें। स्वादिष्ट नारियल चटनी तैयार है।

यदि मिर्च पसन्द है, तो एक हरी मिर्च भी चटनी के साथ ही पीस सकते हैं।

टमाटर चटनी

चार-पाँच मीडियम साइज के लाल टमाटर लेकर बारीक काट लें। कड़ाही में एक चम्मच तेल में चौथाई चम्मच जीरा व एक खड़ी लालमिर्च डालकर छौंका दें और कटे टमाटर डालकर दो-तीन मिनट तेज आँच पर चलाएँ, फिर आँच धीमी कर दें। पाँच-सात मिनट धीमी आँच पर पकने दें। यदि टमाटरों ने पानी कम छोड़ा है तो एक-दो चम्मच पानी डाल दें। साथ ही गुड़ पीसकर दो बड़ी चम्मच गुड़ भी डाल दें। गुड़ न डालना चाहें तो चीनी डाल सकते हैं। गुड़ पिघलने पर टमाटरों को करछी से घोंट दें। दो-एक मिनट और पकाकर उतार लें। उतारते समय चौथाई छोटी चम्मच गरम मसाला डाल दें।

टमाटर की स्वादिष्ट चटनी तैयार है। इसे चीले, मसाला बड़ा वगैरह के साथ परसा जा सकता है।

मूँगफली की चटनी

यदि नारियल नहीं है तो उसकी जगह मूँगफली की चटनी बना सकते हैं। यह नारियल की चटनी की तरह लगेगी। इसके लिए एक करछी कच्ची मूँगफली सूखी भून लें, कड़ाही में भूनने के बाद छिलका छुड़ा लें एवं पानी के सहारे सिल पर पीस लें। साथ में आधी छोटी चम्मच जीरा, एक-दो इमली के छोटे टुकड़े व हल्का नमक भी पीस लें।

पिसी मूँगफली में इच्छानुसार थोड़ी दही मिला दें, एवं राई/सरसों व करी पत्ते से छौंक दें। एक छोटी चम्मच तेल में राई व करीपत्ता डालकर छौंक बना लें एवं चटनी पर डाल दें।

अच्छी स्वादिष्ट चटनी सहज ही तैयार है।

लाल शिमला मिर्च की चटनी

यदि टमाटर नहीं हैं, तो इसकी जगह लाल शिमला मिर्च की चटनी बनाई जा सकती है। दो-तीन लाल शिमला मिर्च लेकर अच्छे से धोकर बारीक काट लें, इसमें हल्का नमक, मिर्च, गरम मसाला एवं इच्छानुसार हल्की चीनी डालकर मिक्सी में चला दें।

तुरन्त खाने के लिए सहज ही अच्छी लाल चटनी तैयार हो जायेगी।

❑❑❑

44
शब्दार्थसूची

1.	चाशनी	-	चीनी में चीनी से आधा पानी मिलाकर रसा तैयार करना। यह एक तार, दो तार या तीन तार की बनती है। अँगूठे व तर्जनी के बीच एक बूँद दबाकर देखें यदि एक तार उठता है तो एक तार की चाशनी है।
2.	बासमती चावल	-	देहरादून का लम्बे दानों वाला चावल
3.	अरवा चावल	-	बिना उबाले धान से बना चावल इसका दाना पतला होता है।
4.	उसना चावल	-	धान को उबालकर बने चावल, इसका दाना मोटा होता है।
5.	कनी चावल	-	टूटे हुए चावल, जो खिचड़ी या खीर में काम आते हैं।
6.	दरड़ना	-	मोटा-मोटा कूटना। जैसे – इलायची दरड़ना अर्थात् ऐसे पीसना जिससे सफेद दाने दिखाई दें, पर बारीक चूरा न हो।
7.	कुटा मसाला	-	हल्का मोटा पिसा मसाला जो इमाम बिस्ते में कूटा गया हो या मिक्सी में मोटा पीसा गया हो।

8. पिसा मसाला	-	जो बारीक कूटा गया हो
9. बुकनी मसाला	-	जो बारीक पीसकर छानकर एकदम मैदा जैसा कर दिया गया हो।
10. गुंधा आटा	-	आटे में पानी मिलाकर इच्छानुसार नरम या कड़ा गूंधा गया आटा।
11. गूंधना, सानना	-	आटे में पानी मिलाकर गूंधना। आटा करना।
12. चीरना	-	लम्बी तरफ से काटना।
13. बुरकना	-	हल्का–हल्का छींटना।
14. खखोरना	-	हल्का-हल्का चाकू से रगड़कर आलू, गाजर, मूली, लौकी या किसी भी छिलके वाली सब्जी को साफ करना।
15. बड़ी चम्मच	-	एक टेबिल स्पून (बराबरी पर; लेवल पर)।
16. छोटी चम्मच	-	एक चाय की चम्मच (बराबरी पर)।
17. छौंकना, तड़का देना	-	घी हल्का गरम करके उसमें जीरे या सरसों का फोरन देना। जीरा या सरसों पटपटाने पर लालमिर्च, हरीमिर्च, अदरक, तिल, हराधनिया, करीपत्ता वगैरह डालना।
18. कन्नी की दाल	-	धुली उड़द की दाल (बिना छिलके की)

19.	हरा धनिया छिड़कना	-	हरे धनिये के पत्ते धोकर साफ करके बारीक काटकर बने सामान के ऊपर सजावट के लिए डालना।
20.	ऊपर से छौंक या तड़का लगाना	-	हल्के गरम घी या तेल में जीरा या सरसों भूनकर उसमें हल्की लाल मिर्च हींग डालकर इसे बनी सब्जी, दाल या खिचड़ी, कढ़ी में ऊपर से सजावट एवं सुगन्ध व स्वाद के लिए डाल देना।
21.	पलोथन	-	सूखा आटा, जो पराठा बेलने के समय हलका सा लगाकर पराठा बेला जाता है।
22.	दरदरा	-	हल्का मोटा, जैसे दरदरी सी दाल पीसना।
23.	हवाइयाँ काटना	-	बारीक बारीक बादाम काटना, जैसे बादम की हवाइयाँ काटकर हलवे पर बुरकना।
24.	चित्ती पड़ना	-	तवे पर सेकने पर पराठे या रोटी के नीचे की तरफ हल्के हल्के भूरे रंग के निशान पड़ना।
25.	पंचफोरन	-	इसमें जीरा, पीली या काली सरसों, मंगरैला (कलौंजी), सौंफ, अजवायन

		एवं मेथी रहते हैं। पाँच मसालों को मिलाकर पंचफोरन कहते हैं। कोईकोई इसमें सौंफ नहीं मिलाते। बिहार एवं बंगाल, उड़ीसा में सब्जी में प्राय: पंचफोरन का छौंका दिया जाता है।
26. सिझाना	-	अच्छी तरह से धीमी आँच पर गलाना।
27. फरहरा करना	-	धूप या हवा में थोड़ी देर रखकर पानी सुखा देना।
28. जोड़न, जामन	-	दूध से दही जमाने के लिए दूध में जो थोड़ीसी दही डाली जाती है, उसे ही जामन या जोड़न कहते हैं।
29. अदहन चढ़ाना	-	सादा पानी उबालने रखना, दाल, चावल या खिचड़ी पकाने के लिए।
30. दम देना, दम करना	-	धीमी आँच पर पकाना।
31. सामाँ (सामक) चावल,	-	छोटे दाने का व्रत में खाने वाला चावल
32. फोरन	-	छौंक का मसाला, यथा अरवी में अजवायन का फोरन, मीठे कद्दू में मेथी का, आलू में जीरे का फोरन।
33. खड़ी लालमिर्च	-	साबुत लालमिर्च

34. खड़ा मसाला	-	बिना कुटा, साबुत मसाला
35. मिर्च गुण्डी	-	पिसी हुई या कुटी हुई मिर्च
36. बीनना	-	चुनकर साफ करना, जैसे बथुआ बीनना, मेथी या हरा धनिया बीनना।
37. घुंगार	-	बघार, छौंक
38. घुंगारना	-	बघार , छौंक देना
39. छौंक	-	छौंक का नाता तरकारी छौंकने से है। इसमें पहले कड़ाही में तेल गर्म करते हैं फिर जीरा एवं हींग डालकर ऊपर से तरकारी डाली जाती है। छौंकने के बाद सब्जी को केवल पकाना है।
40. तड़का	-	घी या तेल गर्म किया, इसमें जीरा, हींग, राई, मिर्च, हरीमिर्च, करी पत्ता डाला और इसे बनी हुई दाल या कढ़ी या पालक साग, चने साग, सरसों साग पर डाल दिया, तो इसे ही तड़का लगाना कहेंगे।
41. बघार	-	बघार के लिए कड़ाही में तेल गरम किया, इसमें जीरा, मिर्च या मनपसन्द मसालें या टमाटर डालकर पकाया, इसके बाद कड़ाही

में ही पकी हुई दाल डालकर बघार दी।

वस्तुत: छौंक, तड़का व बघार समान अर्थ में है पर करने का अंतर है। तरीका फर्क है।

42. फुला दिया - भिगो दिया।

43. दाल फुला दी - दाल भिगो दी।

44. सीझना - अच्छे से गल जाना, पक जाना

45. मोयन - जो सूखे आटा में थोड़ा घी मिलाते हैं उसे मोयन कहते हैं। जैसे आटे मैदे की मठरी में घी डालकर तब आटा मलते हैं।

46. फटकना - साफ करना किसी छाज वगैरह में रखकर। जैसे गेहूँ फटकना।

47. झल मारना - हाथ में चिरमिराहट लगना, जैसे हरीमिर्च, अरवी या जमींकन्द काटने छीलने पर लगती है।

48. खद्दा या खद्का पड़ जाना- अर्थात् उबाल आ जाना।

49. पानी खौल जाना - उबल जाना।

50. कुट्टू, फाफड़ा, फाफर - कुट्टू पौधे के सफेद फूल से निकलने वाले बीज को पीसकर इसका आटा तैयार किया जाता है। भारत में सबसे ज्यादा भूटान के जंगली इलाकों में इसकी पैदावार है। कुट्टू का आटा गरम होता है।

51. भात - पके हुए चावल को भात कहते हैं।

52. चौगुना - चार गुना (four times) अर्थात् एक कटोरी चावल है तो चार कटोरी पानी।

53. दुगुना - दो गुना (two times)

54. खिच्चा - नया कोमल, जैसे खिच्ची लौकी, खिच्ची भिण्डी।

55. घान - कड़ाही में डीप फ्राई करने के लिए एक बार में जितनी वस्तु जैसे मठरी या समोसे डाले जाते हैं उसे एक घान कहते हैं।

56. नया नया खाना बनाना सीखने वाले, नौसिखिया - फ्रेशर, लर्नर, बिगनर

57. साग छाना - जैसे धनिया छाना, मेथी छाना, बथुआ छाना। अर्थात् साग का घास पात व कड़ी डंठल बीनकर साग ठीक करना।

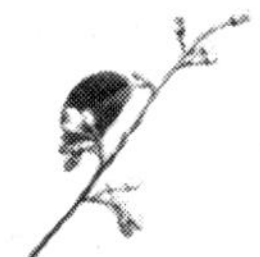

45

किचिन टिप्स

1. जीरा और राई को कड़ी धूप दिखाकर रखें, जिससे यह सालभर खराब नहीं होंगे।
2. हींग में जरा सा तेल डालकर काँच की शीशी में रखें, जिससे हींग मुलायम बनी रहेगी।
3. लालमिर्ची पाउडर बनाते समय ढांस उठती है तो उसमें जरा सा तेल डालें। ढांस नहीं आयेगी। मिर्ची पाउडर में नमक व हींग डालकर रखने से मिर्ची खराब नहीं होती।
4. दाल को धूप दिखाकर रखें, इससे दाल साल भर तक सुरक्षित रहेगी।
5. चावल को कभी भी धूप में न रखें, उसमें नमक डालकर रखें, सुरसुली (कीड़े) नहीं पड़ेंगे।
6. सूजी व दलिये को मंदी आँच पर बिना तेल या घी के हल्का सा भूनकर रखें, इससे उसमें कीड़े एवं जाले नहीं पड़ेगें।
7. जिस बर्तन में रोटियाँ रक्खी जाती हैं, रोटियाँ रखकर यदि उस बर्तन के ऊपर भीगा कपड़ा लपेट दिया जाय तो सूख जाने के बजाय रोटियाँ बड़ी मुलायम रहती हैं।
8. ताजे नींबुओं को अच्छा रखने के लिए उन्हें किसी शीशे के बर्तन से इस प्रकार ढकें कि उसमें जरा सी भी हवा न जाने पावे। जब जरूरत हो तब नींबू निकालें और फिर ढक दें। यदि नींबुओं में हवा न लगेगी तो वे बहुत अच्छे बने रहेंगे।
9. चावल पकाने के बर्तन में यदि अन्दर चिकनाई चुपड़ दी जाय तो चावलों में पर्त नहीं पड़ेगी।

10. पिसे नमक के साथ थोड़े से चावल रख देने से नमक के ढेले नहीं बनेंगे।

11. हींग असली, नकली जानने की विधि है कि हींग आग में डालने पर यदि तुरन्त भड़के तो असली और देर से भड़के तो नकली।

12. किसी शाक को हाथ से न तोड़कर यदि चाकू से काटा जाय तो उसका स्वाभाविक स्वाद नष्ट हो जाता है।

13. नींबू को कुछ देर के लिए पानी में छोड़ने के बाद उसको काटने से उससे रस बहुत निकलता है।

14. किसी भी तरकारी को जहाँ तक हो सके, थोड़े पानी में पकाएँ इससे तरकारी स्वादिष्ट लगती है।

15. बासी भोजन को गरम करके न खाना चाहिए।

16. फल और घी / चिकनाई से बनी चीज़ें खाने के बाद तुरन्त पानी नहीं पीना चाहिए। आधा घंटा ठहरकर पानी पियें।

17. नमक को हमेशा ढककर रखें।

18. नींबू का रस निचोड़ कर खाने के काम में लायें और जो उसके छिलके हों उनमें पिसा नमक भरकर पीतल के बर्तनों पर मलें तो वे बहुत चमकने लगते हैं।

19. नमक को पानी में घोलकर उस पानी से प्याज वाले बर्तनों को धोने से उनकी बदबू चली जाती है।

20. जिस जगह मक्खियाँ बहुत हो गई हों, उस जगह आम की सूखी पत्तियों को सुलगा दें। इससे मक्खियाँ एकदम भाग जायेंगी।

21. हरी तरकारी को यदि नमक के पानी से धोया जाये तो उसमें जो कीड़े होंगे, सब मर जायेंगे।

22. गरम दूध या चाय अथवा अन्य प्रकार की कोई गरमगरम चीज़ खाने के बाद तुरंत ठण्डा पानी पीने से दाँतों की जड़ कमज़ोर हो जाती है।

23. कांसे और तांबे के बर्तन में घी या दही न रखें, इससे वह खराब हो जाता है और खाने में हानिकारक है।

24. कलई किए हुए बर्तनों में यदि वे गरम है तो ठण्डा पानी नहीं छोड़ना चाहिए, इससे उनकी कलई खराब हो जाती है।

25. जिन बर्तनों में चिकनाहट बहुत हो उनको पानी में दो चार बूंदें सिरके की डालकर उससे साफ कर लेना चाहिए। ऐसा करने से चिकनाहट एकदम साफ हो जाती है।

26. तारपीन के तेल में छनी हुई राख मिला लें और फिर इसको लोहे पीतल की चीज़ों पर कुछ देर तक मलें। इससे वे खूब साफ होकर चमकने लगती हैं।

27. शीशे के बर्तन में गरम चीज़ रखने से पहिले बर्तन के नीचे कपड़े की मोटी भीगी गद्दी सी बनाकर रख दें। इससे बर्तन के टूटने या चटकने का डर नहीं रहता। किसी लकड़ी की सतह पर यह बर्तन रखें।

28. यदि दाल चावल पकाते समय उनमें बारबार उबाल आए तो उनमें थोड़ा सा घी या तेल डालकर पकाएं, बारबार उबाल न आयेंगें। कुकर में दाल पकाते समय थोड़ा घी डाल दें तो दाल उबलकर बाहर नहीं निकलेगी।

29. जब आलू उबालने को चूल्हे पर चढ़ाएं तो उनमें थोड़ा सा नमक या शक्कर मिलाकर उबालें। इससे आलू उबलकर सूखे और स्वादिष्ट तैयार होंगे।

30. संतरे के छिलके सुखाकर पीसकर उसका मुँह पर उबटना करने से फुंसी, मुंहासा और झाई आदि अच्छी हो जाती है तथा चेहरे का रंग भी साफ होता है।

31. जिस जगह चीटियाँ बहुत हों, वहाँ अगर सुहागा पीसकर छिड़क दिया जाये तो दोतीन घण्टे में चीटियाँ भाग जायेंगी।

32. खाना पकाते समय या किसी कारण से हाथ पैर जल जायें तो जले हुए स्थान पर जैतून या तिल का तेल लगाना चाहिए। तेल और चूने का पानी दोनों को अच्छी तरह मिलाकर रखें। जलने पर इसे लगाने से तुरंत लाभ होगा।

33. मच्छर भगाने का सहज उपाय यह है कि मीठे तेल में थोड़ा सा अजवायन का तेल मिला दें, फिर उस तेल में कागज के टुकड़ों को भिगोकर कमरे के चारों कोनों में लगा दें।

34. मुँह की बदबू दूर करने के लिए एक लोटे पानी में एक नींबू निचोड़कर उससे कुल्ला करना चाहिए।

35. फटे हुए हाथ पैरों को शक्कर की शरबत से धोना चाहिए इससे फटे हुए हाथ पैर अच्छे हो जाते है।

36. एक शीशी में ग्लीसरीन एवं नींबू का रस बराबर मात्रा में मिलाकर रख लें। काम कर चुकने पर साबुन से हाथ धोकर नींबू मिले हुए ग्लीसरीन को हाथों में मल लेना चाहिए। इससे हाथ कोमल और चिकने रहेंगे।

37. दाल में नीम की सूखी पत्ती डालकर रखें, यह खराब नहीं होगी।

38. चावल में हल्का सा अरण्डी का तेल लगाकर रखें, खराब नहीं होगा।

39. गरमियों में दूध जल्दी खराब न हो इसके लिए दूध को उबालते समय दोतीन छोटी इलायची पीसकर डालें तथा ठण्डा करके फ्रिज या अन्य ठण्डे स्थान पर रख देने से अधिक समय तक खराब होने से बचाया जा सकता है।

40. गर्मियों में दही जल्दी खट्टी होकर पानी छोड़ देती है इसके लिए जब दही जम जाय तो दही के ऊपर बर्फ वाला पानी (आधा कप) डाल कर फ्रिज में रख दें। प्रयोग करने से पहिले ऊपर से पानी निथार कर प्रयोग करें।

41. गर्मियों में गुंधे हुए आटे पर सूखी सख्त सी एक पपड़ी जम जाती है इसके लिए आटा गूंधने के बाद घी या तेल का हाथ लगाकर गीले कपड़े से ढककर रखें।

42. हरे धनिये पर पानी छिड़कने से गल जाता है और वैसे ही रखने से सूख जाता है, ताजा रखने के लिए जड़ की ओर से पानी में रखिए और हर रोज़ पानी बदलिये।

43. फ्रूट क्रीम या सलाद बनाने पर कई बार सेब व केले काले पड़ जाते है इसके लिए सेब व केले पर नींबू का रस छिड़ककर रखें। फिर ये काले नहीं पड़ेंगे।

44. मूली गाजर सूखने का डर हो तो उनकी पत्तियाँ काटकर रखें।

45. यदि दूध जल जाए तो एक या दो हरे पान के पत्ते इसमें डाल कर गर्म करें। जले की महक निकल जायेगी और इसे इस्तेमाल कर सकते है।

46. यदि दूध बहुत देर तक खुले में रह गया है और आपको लगता है कि यह फट जायेगा तो इसको हल्का सा गर्म करके दही का जोड़न डाल दें, दही जम जायेगी।

47. डबल रोटी सूख गई हो तो उसे पीसकर रसेदार सब्जी में डालें। रसा गाढ़ा हो जायेगा और सब्जी स्वादिष्ट।

48. पुदीना सूख जाये तो पत्तियों को अलगअलग करके और अधिक सुखाकर बारीक पीस लें। ताज़ा पुदीना न होने पर इसे दही में डालकर या आम के पन्ने में डालकर पियें।

49. अदरक के छिलके धोकर सुखाकर चाय की पत्ती के डिब्बे में डाल दें। चाय स्वादिष्ट बनेगी।

50. करेले के छिलकों को खुरचकर सुखाकर मैदा बेसन व दाल के डिब्बों में मिलाकर रख दें। कीड़े नहीं लगेंगे।

51. चाय की उबाली हुई पत्तियों से दरवाजे व खिड़कियों के शीशे साफ कीजिए।

52. ताजी सब्जियों को कुछ देर तक नमक मिले पानी में रखने से सब्जी के कीड़े मर जाते हैं।

53. यदि कहीं बहुत चींटियाँ निकल रही हों तो थोड़ा सा आटा डाल दीजिए, थोड़ी देर में वे गायब हो जायेंगी

54. दही में डण्डी समेत हरीमिर्च डाल दो, दही अच्छी जमेगी।

55. चॉप (टिक्की) में चूड़ा भिगोकर मिला दो, क्रिप्स (कुरकुरा) बनेगा।

56. भटूरे में मैदा ज्यादा, थोड़ा आटा सूजी मिला दो, भटूरा अच्छा बनेगा। भटूरे के आटे में डबल रोटी भिगोकर मिला दो, भटूरा अच्छा फूलेगा।

57. मटर की सब्जी बनाते समय थोड़ी सी चीनी डाल देने से जहाँ मटर का रंग हरा रहता है, वहाँ स्वाभाविक मिठास भी आ जाती है।

58. पुलाव बनाते समय छौंक में या तो केवल जीरा डालें, या हींग। यदि हींग डालें तो तेजपत्ता, दालचीनी न डालें, क्योंकि हींग सभी साबुत मसालों की सुगंध दबा देता हैं।

59. कच्चा केला साबुत उबालें। यदि काटकर उबालते हैं तो उबालते समय इसमें थोड़ा नमक व हल्दी डाल दें, केला काला नहीं होगा।

60. सूप बनाते समय साबुत मसालों की बजाय गर्ममसाला डाल देने से सुगंध अच्छी आती है।

61. पूरियाँ कुरकुरी बनें, इसके लिए आटे में एक या दो अरबी उबालकर फिर पीसकर मिला दें।

62. भरवाँ सब्जी बनाते समय मसाले में थोड़ा बेसन डाल देने से सब्जी स्वादिष्ट बनती है।

63. यदि कड़ाही में पूरी छानी है और उसी में आलू भूनना है तो सारा घी निकाल लें, कड़ाही में और घी न डालें, क्योंकि चारों तरफ बहुत घी फिर भी बचा रहता है।

64. बेसन पकौड़ा को ज्यादा कुरकुरा बनाने के लिए उसमें दो छोटी चम्मच पकी हुई और मसली हुई अरहर दाल मिला दो, पर ज्यादा नहीं, नहीं तो स्वाद बदल जाता है।

65. यदि तलते समय कटलेट टूटते हों, तो उन्हें पाँच मिनट के लिए फ्रीज़र में रख दें।

66. यदि ज्यादा खाना पकाना है, तो एक जग में गर्म पानी भरकर रख लेना अच्छा है, जिससे चम्मच, कांटे, चाकू को जल्दी से धोया जा सके और दुबारा इस्तेमाल किया जा सके।

67. दालों को काफी पतला बनाया जाय, क्योंकि गाढ़ी दाल का अधिकाँश भाग शरीर द्वारा उपयोग में नहीं आता।

68. भोजन में हरे पत्तों व शाकों का उपयोग समुचित मात्रा में करें ताकि विटामिन एवं खनिज भरपूर मात्रा में मिलते रहें।

69. पालक, मेथी, सरसों, चौलाई आदि के साग डालकर दालें बनाई जायें। ऐसे उपायों से हरे साग को रुचिकारक रूप में खाकर उनका स्वास्थ्यवर्द्धक लाभ प्राप्त किया जा सकता है।

70. खाद्य पदार्थ अधिक से अधिक प्राकृतिक रूप में और ताजा हो।

71. चावल बनाते समय दो बूंद नींबू का रस डालने से चावल सफेद तथा अलग अलग रहते हैं।

46
रसोई के जरूरी टिप्स

1. अरहर दाल को ज्यादा देर न भिगोयें। उसका पीला रंग कम हो जाता है। वह ज्यादा घुल जाती है।

2. मूँगदाल को चार घण्टे के लिए भिगोयें, फिर पीस लें। इससे मँगौरी या पकौड़ी या बड़ा पीलापीला बनेगा। ज्यादा देर फुलाने से रंग उतर जायेगा।

3. दाल या सब्जी जल जाने पर उसमें टमाटर के छोटेछोटे टुकड़े करके एवं साथ में जीरे का छौंक देने से जलन की महक दूर हो जाती है।

4. यदि कुचले हुए आलू बहुत नरम हो जाये तो उसमें सफेद डबल रोटी का चूरा डालकर खूब मलिये, इससे आलू सूखे एवं कुरकुरे हो जायेंगे। और उन्हें भरने या बनाने में आसानी होगी।

5. ब्रेड को पॉलीथीन में रखकर फ्रिज में रखने से वह कई दिन तक खराब नहीं होती।

6. मूँग की दाल के बड़े बनाने के लिए दाल की पीठी में थोड़ा सा आटा या बेसन मिला दें। अथवा एक कटोरी मूँगदाल फुलाते समय उसमें एक मुट्ठी उड़द दाल भी डाल दें। इससे बड़े अच्छे बनेंगे।

7. काबुली चना भिगोते समय थोड़ी चने की दाल साथ में भिगोकर उबालने से चने बड़ी जल्दी नरम हो जाते हैं।

8. रसेदार सब्जी में नमक अधिक हो जाने पर उसमें आटे की एक लोई डाल दें। परोसने से पहिले इसे निकाल लें।

9. फ्राईड डिश बनाने के लिए मोटे तले की कड़ाही लें। इसमें कुरकुरे व अच्छे फ्राईड स्नैक्स तैयार होते हैं। क्योंकि बर्तन के मोटे तले के कारण तेल समानरूप से गर्म होता है।

10. स्नैक्स को समान रूप से पकाने के लिए एक बार में कम मात्रा में स्नैक्स तलें, इससे वे समानरूप से व अच्छी तरह तले जायेंगे।

11. गर्म तेल में स्नैक्स डालने से पहिले उनका पानी, नमी हटा दें, इससे तेल के छींटें नहीं उचटेंगें।

12. स्नैक्स तलते समय नमक न मिलाये। तलने के बाद नमक छिड़कें। नमक से नमी आती है और पानी के छींटे उचट सकते हैं।

13. बढिया खाना पकाने के लिए उचित बर्तन एवं ठीक आँच की आवश्यकता है।

14. जहाँ तक संभव हो, तलने में कम तेल का इस्तेमाल करें। इससे उस तेल को स्टोर करने को जरूरत नहीं पड़ती।

15. जीरा या हींग डालने से पहिले तेल को बहुत देर तक गर्म नहीं करना चाहिए। तड़का तैयार करते समय मसालों को बहुत अधिक घी या तेल में देर तक न भूनें।

16. सब्जियों को देर तक पकाने या बारबार गर्म करने से बचें। ताजी मौसमी सब्जियाँ इस्तेमाल करें, वे जल्दी पकती हैं और स्वादिष्ट बनाने के लिए अधिक मसालों या तेल की जरूरत भी नहीं होती।

17. खाद्य पदार्थों को देर तक पकाने से उनके पोषक तत्त्व कम हो जाते हैं और उनका टैक्सचर व रंग भी बदल जाता है। सब्जियों के हरे रंग में कई महत्त्वपूर्ण पोषक तत्त्व होते हैं, अत: ज्यादा भूनकर उनका हरा रंग खत्म न करें।

18. हरी पत्तेदार सब्जियों को काटने से पहिले धो लेना चाहिए। बारीक काटने के बाद न धोयें, क्योंकि हरी पत्तियों में मौजूद विटामिन एवं मिनरल पानी में घुलनशील होते हैं। साथ ही इन्हें ढककर पकायें।

19. भिण्डी चीरने के बाद मत धोईये नहीं तो यह लेस छोड़ देती है।

20. सब्जी को यथा फ्रेंचबीन, गाजर वगैरह को काटने से दस मिनट पहिले ठण्डे पानी में छोड़ दें। सब्जियाँ ज्यादा ताजी लगेंगी।

21. यदि सब्जी में पीली सरसों पड़ी है तो गरम मसाला नहीं पड़ेगा, क्योंकि दोनों ही तेज खुशबू वाले हैं।

22. भुनी हुई तरकारियों में पानी गरम करके डालें, इससे सब्जियों की सुगंध ठीक रहती है और सब्जी भी अधिक अच्छी और एकसार गलती है। टूटी टूटी सी नहीं होती।

23. साबुत हरीमिर्च या लालमिर्च कभी गरम तेल में न डालें यह तड़ककर आप पर आ सकती है और दुर्घटना हो सकती है। अत: उसमें छेदकर या हल्का सा चीरकर या तोड़कर तब तेल में डालें, जिससे भुनने पर चटखे नहीं।

24. मिर्च काटने पर हाथ अवश्य मिट्टी या साबुन या सूखे आटे से धोकर साफ कर लें, यदि भूल से भी आँख पर अंगुली लग गई तो जलन होने लगती है मिर्च लगने से।

25. कटहल छीलते समय हाथ में चिपकने लगता है, इससे बचने के लिए चाकू पर एवं हाथों पर सरसों का तेल लगाईये, कटहल नहीं चिपकेगा, चाकू भी गंदा नहीं होगा, साफ करने में भी असानी होगी।

26. कटहल उबालने से पूर्व बर्तन में सरसों का तेल या रिफाईण्ड ऑयल मल दीजिए, बर्तन गंदा नहीं होगा, माँजने में भी आसानी होगी।

27. बैंगन या कच्चा केला काटते समय भगौने में पानी भरकर पास रखिये और काट काटकर उसमें डालते जाईये इससे ये काले नहीं पड़ेगें। नहीं तो कटे हुए टुकड़े हवा लगने से काले पड़ जाते हैं।

28. कच्चे चावलों में छानी हुई राख मिलाकर रखिये, चावलों में कीड़ा नहीं लगेगा।

29. बादाम के छिलके फेंकिये नहीं। इसको जलाकर ढक दीजिए लोहे की कड़ाही से। धीरे-धीरे उसी तरह ठण्डा होने दीजिए। फिर पीसकर छान लें। थोड़ा नमक मिला दें। दाँत का बढिया मंजन तैयार है।

30. घी थोड़ा गरम होने पर जीरा डालें, इससे जीरा पटपट करेगा, साथ ही सुगंध अच्छी आयेगी।

31. प्याज को छीलकर थोड़ी देर करीब दस या पन्द्रह मिनट पानी में भिगो दें, तब काटें। तब उसका तीखापन कम हो जायेगा और आँख से पानी नहीं निकलेगा।

32. भरवाँ सब्जी के लिए सौंफ घर की कुटी हुई हो, थोड़ी मोटी, इससे सुगंध अच्छी आयेगी।

33. कमल ककड़ी के कोफ्तों को नरम बनाने के लिए उसमें उबले हुए एक दो आलू मसलकर डाल दें।

47

शब्दावली (Glossary)

दाल (Pulses)

1. चना, बूट........................ - Bengal Gram, Gram
2. उड़द.............................. - Black Gram
3. लोभिया........................ - Cow Pea
4. मूँग............................... - Green Gram
5. मसूर............................. - Lentil
6. अरहर............................ - Red Gram
7. काबुली चना................... - Chick Pea
8. राजमा........................... - Red Kidney Beans
9. छोटी मटर..................... - Dwarf Pea Gram
10. हरा चना, बूट................. - Green Gram

अनाज (cereal)

11. चावल............................ - Rice
12. अरवा चावल.................. - Rice extracted from unboiled paddy
13. उसना चावल.................... - Parboiled Rice
14. चूड़ा, चिवड़ा..................... - Rice Flakes
15. मुरमुरा, मूढ़ी..................... - Rice Puffed

आटा (Flour) - Whole Wheat Flour

16. मैदा............................... - Fine Flour

17. सूजी............................ - Semolina

मसाले (spices)

18. हींग............................ - Asafoetida
19. तेजपत्ता........................ - Bay Leaves
20. जीरा............................ - Cumin Seeds
21. कलौंजी, मंगरैला, काला जीरा - Nigella, Black Cumin
22. काला नमक................ - Black Salt
23. नमक.......................... - Salt
24. सेंधा नमक.................. - Rock Salt, Mineral Salt
25. अजवायन.................... - Carom Seeds, King's Cumin, Bishop's weed
26. दालचीनी..................... - Cinnamon
27. लौंग........................... - Cloves
28. धनिया........................ - Coriander
29. सौंफ.......................... - Fennel
30. छोटी सौंफ................ - Aniseed
31. मेथी......................... - Fenugreek Seeds
32. हल्दी........................ - Turmeric
33. लालमिर्च.................. - Red Chilli
34. बनारसी राई, राई....... - Black Mustard
35. पीली सरसों, सफेद राई - Yellow Mustard
36. सरसों........................ - Mustard Seeds
37. अदरक........................ - Ginger
38. सोंठ............................ - Dry Ginger
39. अनारदाना................... - Pomegranate Seeds

40. खसखस, पोस्तादाना........ - Poppy Seeds
41. पुदीना........................... - Mint
42. अमचूर........................... - Mango Powder
43. इमली............................ - Tamarind
44. गुड़................................ - Jaggery
45. छोटी इलायची................. - Green Cardamom
46. बड़ी इलायची.................. - Black Cardamom
47. नारियल गीला................. - Coconut Fresh
48. गोला, नारियल सूखा......... - Coconut Dry
49. हरा धनिया..................... - Cilantro, Coriander Leaves
50. दही.............................. - Yogurt, Curd
51. तिल.............................. - Sesame, Gingelly Seed, Gingili
52. केसर, जाफरान............... - Saffron
53. लहसुन........................... - Garlic
54. प्याज............................. - Onion

48

नाप तोल

कितनी वस्तु कितने मनुष्यों के लिए बनानी है, इस बात का बहुतों को प्राय: ज्ञान नहीं होता और प्रारंभ में तो लगभग सभी इस प्रकार के अंदाज से अनभिज्ञ रहते हैं। कुछ अंदाज से काम चलाने लगते हैं। नाप-तोल का ज्ञान न होने से वस्तु का बहुत अपव्यय होता है। नाप और तोल इन दोनों शब्दों का पृथक-पृथक ज्ञान होना आवश्यक है। नाप किसी वस्तु के नापने को कहते हैं, जैसे एक साधारण गिलास का नाप एक पाव का अर्थात 250 ग्राम का होता है। नाप तरल व सूखी दोनों प्रकार की वस्तुओं का हो सकता है। बाट, तराजू द्वारा जो चीज़ तोली जाती है उसे तोल कहते हैं। बिना किसी असुविधा के तराजू से आसानी से वस्तु तोली जा सकती है। अथवा गृहस्थ के सदस्यों की संख्या के अनुसार कुछ बर्तनों का नाप बना लिया जाय तो बड़ी सरलता रहती है। नाप के लिए चम्मच, कटोरी, गिलास, डिब्बे या कप आदि का प्रयोग कर सकते है।

एक छोटी चम्मच	-	5 ग्राम (या 5 मिली लिटर)
एक बड़ी चम्मच	-	15 ग्राम (या 15 मिली लिटर)
एक कटोरी	-	करीब डेढ़ सौ ग्राम
एक कप	-	करीब दो सौ ग्राम
एक गिलास	-	करीब 250 ग्राम

नापते समय चम्मच, कटोरी, गिलास या कप को समान सतह तक नापना चाहिए जबकि अन्यथा न लिखा गया हो।

नाप के द्वारा समय की बचत होती है। आटे व दाल का नाप बना लेने से व्यर्थ की सामग्री नष्ट नहीं होती। अधिक व्यक्ति बढ़ने पर नाप भी उन्हीं के अनुसार बढ़ायी जा सकती है। हलुए में एक कटोरी सूजी में एक कटोरी चीनी डालनी है और चार कटोरी पानी डालना है तो कटोरी से नापकर आसानी से चीज़ बनायी जा सकती है। दूध व पानी को गिलास

द्वारा नापने से बड़ी सुविधा रहती है और सही अंदाज रहता है, तोलने की आवश्यकता नहीं पड़ती। नाप-तोल की वस्तु घर में रहने से बहुत सुविधा रहती है। खाना बनाने से पूर्व भंडार घर से वस्तुओं को अंदाज से निकालकर काम में लाना सीखना भी अति आवश्यक है।

49

पकाने की प्रमुख विधियाँ

1. **उबालना :** उबालने का बर्तन खाद्य पदार्थ के परिमाण के अनुसार होना चाहिए। आलू, शकरकन्दी आदि को छिलके सहित उबालना चाहिए। उबालने का पानी इतना होना चाहिए जिसमें खाद्यपदार्थ डूब जायें। मटर, सोयाबीन, बन्दगोभी आदि को तीव्र गति से पकाना चाहिए। गाजर, आलू, शलजम को उनकी आकृति बनाये रखने के लिए धीरे-धीरे पकाना चाहिए।

2. **तलना :** दो प्रकार का है — एक अधिक घी में तलना जैसे कचौरी, पूरी, समोसे। अधिक घी में तलने से भोजन के कई तत्त्व जल जाते हैं। अत: इस विधि का प्रयोग कम करना चाहिए। दूसरा, कम घी में तलना या सेंकना जैसे पराठे आदि। इससे खाद्यपदार्थ के तत्त्व प्राय: नहीं जलते। तरकारियों में आलू, अरवी, गोभी, भिण्डी आदि तलकर अधिक स्वादिष्ट बनते हैं।

3. **भाप द्वारा पकाना :** इसमें अधिक समय लगता है, परन्तु इससे भोजन सुपाच्य, हल्का तथा स्वादिष्ट होता है। एक बड़े बर्तन में पानी खौला लिया जाता है और एक छोटे बर्तन में खाद्य पदार्थ रखकर उस छोटे बर्तन को बड़े बर्तन में रख दिया जाता है। इस विधि में यह आवश्यक है कि पतीली या बर्तन का ढक्कन ठीक से बन्द किया गया हो, जिससे भाप बाहर न निकल सके। इडली, ढोकला, पतौड़, मोमो भाप में पकते हैं। आजकल भाप में पकाने का काम स्टीमर आदि मिलने से आसान हो गया है। इडली पकाने का भी अलग बर्तन आता है।

4. **धीमी आँच पर देर तक पकाना :** इस विधि द्वारा सूप या रोगी का भोजन तैयार किया जाता है। इस विधि से खाद्य के तत्त्व नष्ट नहीं होते। इससे भोजन भी स्वादिष्ट बन जाता है। खाद्य पदार्थ को नमक, मिर्च मसाले सहित बर्तन में डालकर तथा उसमें पानी

डालकर ढक्कन से ढक देना चाहिए। फिर धीमी आँच पर देर तक पकाने के बाद उतारना चाहिए।

5. **भूनना** : भूनने के कई प्रकार हैं — तवे पर रखकर सूखा भूनना जैसे जीरा आदि भूना जाता है। कड़ाही में घी या तेल डालकर बिना पानी डाले भूनना, साथ साथ थोड़ी चिकनाई डालते हुए खाद्य को भूनना आदि भूनने के तरीके हैं। भूनने की और भी विधियाँ हैं जैसे — गर्म भूभल (गर्म राख) में दबाकर भूनना, यथा—आलू, शकरकंदी, सिंघाड़ा, बैंगन आदि को भूनना। गर्म रेत में दबाकर भूनना जैसे चने, मक्का एवं मूँगफली आदि भूने जाते हैं। इस विधि में खाद्य पदार्थों को तब तक गर्म राख या गर्म रेत में दबाए रखते हैं जब तक कि वे पक न जायें। यदि बहुत अधिक न भूना जाये तो इस विधि से खाद्य के उपयोगी तत्त्व नष्ट नहीं होते। नमक में डालकर भी भूना जाता है जैसे काजू आदि।

6. **उबालकर भूनना** : जैसे आलू अरवी आदि उबालकर सूखे भूने जाते हैं।

7. **भार द्वारा भाप से पकाना** : प्रेशर कुकर का उपयोग सबसे अच्छा है। कुकर के अन्दर भाप दबाव द्वारा एकत्र होती रहती है और इसी भाप से खाद्य बहुत शीघ्र तैयार हो जाता है। चने, काबुली चने, राजमा, दाल आदि इस विधि से जल्दी पक जाते हैं।

   प्रेशर कुकर का उपयोग करना सही से सीख लेना चाहिए, उसकी निर्देश पुस्तिका को ठीक से समझकर पढ़ लेना चाहिए। प्रेशर कुकर को कभी भी आधे या दो तिहाई से ज्यादा न भरें, अन्यथा यह ठीक से काम नहीं करेगा। उबालने के लिए पानी पर्याप्त रहे कि सब्जी उसमें पूरी तरह डूबी रहे। इसे खोलें भी तभी जब पूरा प्रेशर खत्म हो जाए, अर्थात् पूरी भाप निकल जाए।

8. **सेकना** : यह कार्य तंदूर या ऑवन द्वारा किया जाता है। तन्दूर की रोटी, बिस्किट, केक आदि इस तरह बनाए जाते हैं। चूल्हे में

सेककर भी कई चीज़ें तैयार की जाती हैं, जैसे पापड़, भुर्ते के लिए बैंगन, रोटी आदि।

9. **कवाब बनाना :** इस विधि से खाद्य लोहे की सलाखों पर लपेट दिया जाता है और उन्हें सीधी आँच पर भूना जाता है। इस तरह खासकर आमिष पकाया जाता है। पनीर के टुकड़ों को भी इस तरह भूना जाता है।

10. **छौंकना :** जो सब्जियाँ आदि कच्ची ही काटकर बनाई जाती हैं, उन्हें छौंकने की आवश्यकता होती है। चूल्हे पर पतीली/कड़ाही चढ़ाकर घी में मसाले डालकर जो सब्जी छोड़ी जाती है, उसे छौंकना कहते हैं। दाल बनने के उपरान्त करछी/चमचे द्वारा घी में मसाले डालकर जो दाल में डाला जाता है, उसे भी छौंकना कहते हैं। उसके साथ ही रायते व सोंठ को स्वादिष्ट बनाने के लिए भी छौंक की आवश्यकता होती है।

सर्वे भवन्तु सुखिनः, सर्वे सन्तु निरामयाः।
सर्वे भद्राणि पश्यन्तु, मा कश्चिद् दुःखभाग भवेत् ।।

यत्करोषि यदश्नासि यज्जुहोषि ददासि यत् ।
यत्तपस्यसि कौन्तेय तत्कुरुष्व मदर्पणाम् ।।